CONVERSACIONES CON
DIOS 2

Siga disfrutando una experiencia extraordinaria

Neale Donald Walsch

CONVERSACIONES CON DIOS 2

Siga disfrutando una experiencia extraordinaria

Conversaciones con Dios II

Título original en inglés: *Conversations with God.*
An uncommon dialogue. Book 2

2a. edición. Décimo séptima reimpresión: enero, 2009

D. R. © 1997, Neale Donald Walsch

Traducción: Ma. Elisa Moreno y Agustín Bárcena
de la edición de Hampton Roads Publishing Company, Inc.
Charlottesville, VA, 1997

D. R. © 2004, derechos de edición mundiales en lengua castellana:
Random House Mondadori, S.A. de C.V.
Av. Homero núm. 544, Col. Chapultepec Morales,
Del. Miguel Hidalgo, C.P. 11570, México, D.F.

www.rhmx.com.mx

Comentarios sobre la edición y contenido de este libro a:
literaria@randomhousemondadori.com.mx

ISBN 970-051-135-9

Impreso en México / *Printed in Mexico*

Para Samantha, Tara-Jenelle, Nicholas,
Travis, Karus, Tristan, Devon, Dustin, Dylan.

Ustedes me han ofrendado mucho más
de lo que yo les he dado.
No soy el padre que hubiese querido ser.
Sin embargo, esperen, no hemos terminado.
Ésta es una tarea incesante.

Agradecimientos

Siempre quiero colocar en la parte superior de mi lista de agradecimientos Eso que es Todas las Cosas, que es la Fuente de todo los que nos rodea, incluyendo este libro. Algunos de ustedes eligen llamarlo Dios, igual que yo, sin embargo, no es importante el nombre que le den a La Fuente. Ha sido, es y siempre será La Fuente Eterna, y aun más infinita.

Segundo, quiero agradecer que tuve unos padres maravillosos, a través de quienes fluyó la fuente misma de la vida de Dios, así como tantos de los más importantes recuerdos de mi vida. En conjunto, mi padre y mi madre fueron un equipo estupendo. Es factible que muchos de los que los veían desde fuera no concuerden con esto, pero los dos fueron muy claros al respecto. Se llamaban "Peste" y "Veneno" el uno al otro. Mamá decía que papá era una "peste", y papá decía que mamá era un "veneno" al cual no podía resistirse.

Mi madre, Anne, era una persona extraordinaria; una mujer de compasión inagotable, de profunda comprensión, de misericordia discreta y sin fin, de generosidad aparentemente ilimitada, de paciencia constante, de sabiduría privilegiada y de una perdurable fe en Dios tan intensa que, momentos antes de su muerte, el nuevo y joven sacerdote que le había administrado los ritos finales de la Iglesia Católica Romana (y quien estaba evidentemente nervioso), se acercó a mí desde la cabecera de la cama de mi madre temblando de admiración. "Dios Mío —susurró—, ella me estaba consolando."

El mayor tributo para mamá consiste en decir que no me sorprendió lo anterior.

Mi padre, Alex, tenía pocas de las cualidades de los seres más gentiles. Era tempestuoso, brusco, podía ser vergonzosamente áspero, y hay quienes dicen que, con frecuencia, era cruel, en particular con mi madre. No estoy

9

dispuesto a juzgarlo por eso (ni por cualquier otro motivo). Mi madre se rehusó a juzgarlo o condenarlo (al contrario, lo alabó incluso con sus últimas palabras), y no me puedo imaginar lo inconveniente que sería el ignorar su claro ejemplo con una conducta opuesta.

Además, mi padre tenía un repertorio colosal de rasgos enormemente positivos, rasgos ante los cuales mi madre nunca cerró los ojos. Éstos incluían una inquebrantable fe en lo indomable del espíritu humano, y una profunda claridad de que las condiciones que necesitaban cambiarse no se modificarían quejándose de ellas, sino por medio de un buen liderazgo. Él me enseñó que yo podía hacer cualquier cosa que me propusiera. Fue un hombre en quien su esposa y familia podían, y lo hicieron, depender hasta el último momento. Era la encarnación absoluta de la lealtad, nunca permaneció pasivo, sino que siempre adoptó una postura, y se rehusó a aceptar un "no" como respuesta de un mundo que derrotaba a tantos otros. Su mantra frente a las dificultades más abrumadoras era: "Ah, no tiene nada de particular". Yo usé ese mantra en cualquier ocasión desafiante de mi vida. Siempre funcionó.

El mayor tributo hacia mi padre consiste en decir que no me sorprendió lo anterior.

Entre los dos me sentí desafiado y llamado a una condición de suprema confianza en mí mismo, y a un amor incondicional para todos los demás. ¡Qué combinación!

En mi libro anterior agradecí a otros miembros de mi familia y círculo de amigos su enorme contribución a mi vida —contribución que aún persiste—. Deseo incluir ahora a dos personas especiales que llegaron a mi vida cuando escribí el primer libro y han causado un extraordinario impacto en mi persona:

El doctor Leo y la señora Letha Bush, quienes me han demostrado con sus vidas cotidianas que las recompensas más ricas de la vida se encontrarán en los momentos de afecto desinteresado por la familia y los seres queridos, de interés por los amigos, de bondad para los necesitados, de hospitalidad para todos, y de fe perdurable y amor mutuo. Ambos me están instruyendo e inspirando profundamente.

En este espacio deseo también expresar mi agradecimiento a algunos de mis otros maestros, ángeles especiales enviados por Dios para traerme un mensaje particular, el cual ahora estoy convencido de que era importante que lo escuchara. Con algunos de ellos tuve un contacto personal, varios desde la distancia y otros desde un punto tan lejano de la Matriz que ni siquiera saben (en un nivel consciente) que existo. Aun así, su energía la recibí aquí, en mi alma. Aquí se incluyen otros filósofos, líderes, modeladores de opinión, escritores y compañeros de viaje en El Camino, cuyas contribuciones a través de los años a la Conciencia Colectiva han ayudado a crear un tesoro de sabiduría que proviene de, y por lo tanto constituye, la Mente de Dios. Es de esta fuente que conozco que ha llegado el material para *Conversaciones con Dios*. Mientras dedico el Libro 2 de esta trilogía, veo de nuevo que esta obra es una culminación de todò lo que he aprendido, se me ha dicho, me he encontrado expuesto a, o he entendido antes, llevado a un nuevo nivel de accesibilidad por medio del recurso de esta última de una serie de conversaciones que toda la vida he tenido con Dios en muchas formas. En verdad, no hay ideas nuevas en el universo, sólo reafirmaciones de la Verdad Eterna.

Aparte de este agradecimiento general a todos mis maestros, deseo dar las gracias a las siguientes personas por sus regalos a mi vida:

Ken Keyes, Jr., cuyas perspectivas conmovieron a miles de vidas (incluyendo la mía propia). Ahora él ha regresado al Hogar, tras de ser un mensajero de grandes méritos.

El doctor Robert Mueller, cuyo trabajo en favor de la paz mundial nos ha bendecido a todos, e infundido en este planeta una nueva esperanza y una visión espectacular durante más de medio siglo.

Dolly Parton, cuya música, cuya sonrisa y cuya personalidad bendicen a una nación y alegran con tanta frecuencia mi corazón —incluso cuando estuvo roto y yo estaba seguro de que nunca podría volver a recobrarse—. Ésa es una magia especial.

Terry Cole-Whittaker, cuyo ingenio, sabiduría, lucidez, alegría en la vida y honestidad absoluta son para mí un ejemplo y un parámetro desde el día que la conocí. Ha contribuido al engrandecimiento, realce y una nueva vida para miles.

Neil Diamond, quien ha llegado a la profundidad de su alma con su arte, y así ha alcanzado lo más hondo de la mía, y conmovido el alma de una generación. Su talento y la generosidad emocional con la cual lo ha compartido, es monumental.

Thea Alexander, quien por medio de sus escritos me desafió a despertar la posibilidad de expresar afecto humano sin limitación, sin angustia, sin agendas ocultas, sin celos amargos, y sin requisitos o expectativas. Thea ha vuelto a encender en el mundo el inquieto espíritu del amor ilimitado y nuestro deseo más natural de celebración sexual, convirtiéndolo de nuevo en algo maravilloso y bello e inocentemente puro.

Robert Rimmer, quien ha hecho exactamente lo mismo.

Warren Spahn, quien me enseñó que alcanzar la excelencia en cualquier área de la vida significa el establecimiento de los estándares más altos, y rehusarse a abdicar de ellos; demandarse lo máximo a uno mismo, incluso cuando apenas se notaría si se aceptara lo menos (tal vez, especialmente entonces). Un héroe deportivo de primera magnitud, un héroe del campo de batalla bajo fuego, y un héroe de la vida quien nunca ha vacilado en su compromiso para superarse, sin importar el trabajo que cueste.

Jimmy Carter, quien valerosamente insiste en intervenir en la política internacional sin desempeñar puestos políticos, sino desde su corazón, y desde lo que sabe que es lo correcto bajo la Ley Suprema. Un soplo de aire tan fresco que este mundo viciado a duras penas ha sabido qué hacer con él.

Shirley MacLaine, quien ha demostrado que el intelecto y el entretenimiento no son mutuamente excluyentes; que podemos levantarnos sobre la base y el denominador común banal y más bajo. Insiste en que podemos hablar de temas grandiosos así como pequeños; temas de peso, así como ligeros; temas profundos así como poco hondos. Está luchando por elevar el nivel de nuestro discurso, y así, el de nuestra conciencia; de usar constructivamente su enorme influencia en el mercado de las ideas.

Oprah Winfrey, quien está haciendo exactamente lo mismo.

Steven Spielberg, quien está haciendo exactamente lo mismo.

George Lucas, quien está haciendo exactamente lo mismo.

Ron Howard, quien está haciendo exactamente lo mismo.

Hugh Downs, quien está haciendo exactamente lo mismo.

Y Gene Roddenberry, cuyo Espíritu puede oír esto ahora, y está sonriendo... ya que él dirigió el camino en una gran parte de esto; aceptó el reto; ascendió hasta el borde; llegó, en verdad, hasta donde nadie había acudido antes.

Estas personas son tesoros, como lo somos todos. Sin embargo, a diferencia de muchos de nosotros, han elegido otorgar del tesoro de su Yo en una escala masiva; ubicarse a sí mismos en el mundo en una forma notoria; arriesgar todo; perder su privacía y lanzar su mundo personal en un torbellino eterno a fin de obsequiar el contenido de sus seres verdaderos. Ni siquiera han sabido si se recibirían los dones que tenían para entregar. Sin embargo, los regalaron.

Les expreso mi reconocimiento por eso. Gracias a todos. Mi vida se ha vuelto más rica por ustedes.

Introducción

Éste es un documento extraordinario.

Es un mensaje de Dios, y en él, Dios sugiere una revolución social, sexual, educativa, política, económica y teológica en este planeta como nunca la hemos visto, y rara vez la imaginamos.

Esta sugerencia se hace en el contexto de nuestros propios deseos manifestados como habitantes del planeta. Hemos dicho que elegimos crear una mejor vida para todos, elevar nuestra conciencia, buscar un mundo más nuevo. Dios no nos condenará, no importa cuál sea nuestra elección, pero si elegimos la que sugiere, Él está dispuesto a mostrarnos el camino. Sin embargo, no nos obligará a aceptar Sus sugerencias. Ni ahora, ni nunca.

Encuentro las palabras de este libro cautivadoras, inquietantes, desafiantes y ennoblecedoras a la vez. Son cautivadoras por cuanto me quitan el aliento con la esfera de acción y la envergadura de su alcance. Son inquietantes en cuanto me muestran a mí mismo —y a la raza humana— en una forma que es muy perturbadora. Son desafiantes porque me fijan un reto como nadie ni nada lo ha hecho antes. El reto de ser mejor, el reto de ser la Fuente de un mundo en el cual el enojo, los celos mezquinos, la disfunción sexual, la injusticia económica, las bufonadas educativas, la desigualdad social y los secretos políticos, las artimañas y los juegos de poder ya no vuelvan a ser parte de la experiencia humana. Son ennoblecedoras por cuanto ofrecen la esperanza de que todo esto sea posible.

¿Podemos realmente construir un mundo más evolucionado? Dios considera que sí, y todo lo que se requiere de nosotros es que en verdad elijamos hacerlo.

Este libro es un diálogo real con Dios. Es el segundo de una serie de tres volúmenes que captan una conversación con la Deidad que se ha prolongado por más de cinco años y continúa hasta el día de hoy.

Es factible que ustedes crean que este material no proviene realmente de Dios, pero no es necesario que se convenzan de lo contrario. Para mí, lo único importante es si el material mismo tiene algún valor, induce a alguna iluminación, produce un despertar, enciende cualquier deseo renovado, o promueve algún cambio fructífero en nuestra vida cotidiana en la Tierra. Dios lo sabe, algo tiene que cambiar. No podemos seguir como hasta ahora.

La trilogía *Conversaciones con Dios* empezó con la publicación del primer libro de esta serie en mayo de 1995. Ese libro abordó principalmente inquietudes personales y transformó mi vida. De hecho, cambió muchas otras vidas. En unas cuantas semanas se convirtió en un sorprendente éxito de ventas, cuya distribución alcanzó niveles extraordinarios. Para el final de su primer año estaba vendiendo 12 000 ejemplares al mes, y seguía en aumento. Desde luego, el "autor" de este libro era casi desconocido. Y es precisamente esa característica la que hizo al documento tan fascinante y tan poderoso.

Estoy profundamente agradecido por ser parte de este proceso, el proceso por medio del cual miles de personas pueden recordar de nuevo algunas grandes verdades. Estoy personalmente complacido y muy feliz de que sean tantos los que han encontrado valor en la obra.

Quiero que sepan que al principio estaba intensamente atemorizado. Se me ocurrió que los demás podrían pensar que estaba demente, que sufría sueños de grandeza. O que, si creían que el material de veras lo había inspirado el Creador, seguirían realmente el consejo. ¿Y por qué me atemorizaba esto? Muy sencillo, sabía que todo lo que había escrito podía estar equivocado.

Entonces comenzaron a llegar cartas. Cartas desde todo el mundo. Y lo supe. En lo más hondo, lo supe. Estaba en lo correcto. Era exactamente lo que el mundo necesitaba oír, ¡en el momento correcto precisamente!

(Desde luego, no existe lo "correcto" y lo "equivocado", excepto en la relativa experiencia de nuestro existir. Por consiguiente, lo que sé que significa que el libro es "correcto" está dado por quienes y lo que decimos que queremos ser en este planeta.)

Ahora aparece el Libro 2, y observo que temo de nuevo. Este libro se ocupa de aspectos más extensos de nuestra vida individual, así como de consideraciones geofísicas y geopolíticas de implicaciones mundiales. Como tal, este volumen comprenderá, sospecho, muchos más conceptos con los que discrepará el lector promedio. Y por eso temo. Tengo miedo de que no les guste lo que leerán aquí. Me atemoriza que me consideren "equivocado" en parte de su contenido. Temo que agitaré un avispero, armaré una tormenta, provocaré olas. Y, una vez más, temo que podría estar equivocado todo lo que expongo aquí.

Ciertamente, debería saber que no hay razón para abrigar estos temores. Después de todo, ¿no publiqué ya un primer libro? Pues bien, aquí está el siguiente. Mi naturaleza humana de nuevo. Verán, el objetivo de publicar estas transcripciones no es sacudir a nadie. Sólo deseo honesta y directamente transmitirles a ustedes lo que Dios me comunicó, en respuesta a mis preguntas. Le prometí a Dios que difundiría estas conversaciones y no puedo quebrantar mi promesa.

Ustedes tampoco pueden faltar a la suya. Es obvio que prometieron dejar que se cuestionen uno tras otro sus pensamientos, ideas y convicciones. Sin duda, establecieron un profundo compromiso de crecer sin cesar. Sólo una persona con ese compromiso podría elegir un libro como éste.

Por lo tanto, parece que estamos juntos en esta tarea. Y no hay nada que temer. Somos lo que somos, y hacemos lo que hacemos como resultado de esa situación, y todo lo que tenemos que hacer es permanecer fieles a esa condición y no hay nada que temer. Ahora me doy cuenta de que creo que he sabido todo el tiempo que somos mensajeros, ustedes y yo. Si no lo fuésemos, no estaría escribiendo esto, y ciertamente ustedes no lo estarían leyendo. Somos mensajeros, y tenemos trabajo por realizar. Primero, debemos asegurarnos de que entendemos claramente el mensaje que se nos ha dado en *Conversaciones con Dios*. Segundo, debemos integrar el mensaje en nuesta vida a fin de que se vuelva funcional. Y tercero, tenemos que transmitir ese mensaje a otros, llevando esta verdad a todos aquellos a cuya vida nos hemos acercado, con el recurso simple y exquisito de nuestro ejemplo.

Me complace que hayan elegido emprender este viaje conmigo. Es mucho más fácil y mucho más divertido con ustedes que sin ustedes. Ahora caminemos juntos a través de estas páginas. De vez en cuando será un poco incómodo. No es como el libro anterior. Ese libro fue un abrazo de Dios; un estrujón intenso y cálido alrededor de los hombros. El Libro 2 es una sacudida igualmente amorosa, pero más desapacible y gentil de esos hombros. Una llamada a despertar. Un reto para alcanzar el siguiente nivel.

Saben, siempre hay un siguiente nivel. A su alma —la cual vino aquí para la experiencia más rica, no la más pobre; la máxima, no la mínima— no le gustaría que descansaran. Y si bien la elección es siempre suya, su alma merece que nunca se vuelvan complacientes o se sientan autosatisfechos, y, ciertamente, que nunca se hundan en la apatía. Hay demasiado que cambiar en su mundo, es mucho lo que deben crear a partir de lo que contiene su ser. Siempre hay una nueva montaña qué escalar, una nueva frontera qué explorar, un nuevo temor qué superar. Siempre hay un lugar más imponente, un concepto más extenso, una visión más grandiosa.

Por lo tanto, este libro puede ser un poco más incómodo que el volumen previo. Toleren la incomodidad cuando la perciban. Sosténganse firmemente del bote si éste empieza a mecerse. Después vivan con un nuevo paradigma. Mejor aún, por medio del prodigio y el ejemplo de la propia vida que han llevado, ayuden a crear otra.

Neale Donald Walsch
Ashland, Oregon
Marzo de 1997

1

Gracias por venir. Gracias por estar aquí.

Están aquí por una cita, es verdad; pero aun así, podrían no haberse presentado. Podrían haber decidido no cumplir con el compromiso. En cambio, eligieron estar aquí, a la hora convenida, en el lugar preestablecido, para que este libro llegara a sus manos. Gracias.

Ahora bien, si todo lo han hecho subconscientemente, sin saber siquiera qué estaban haciendo o por qué, parte de esto puede ser un misterio para ustedes, y se impone una pequeña explicación.

Empecemos pidiéndoles que observen que este libro ha llegado a su vida en el momento idóneo y perfecto. Tal vez no lo sepan ahora, pero cuando terminen con la experiencia que les espera, lo sabrán sin ninguna duda. Todo sucede en un orden perfecto, y la llegada de este libro a su vida no es la excepción.

Lo que tienen aquí es lo que buscaban, lo que anhelaban durante largo tiempo. Lo que tienen aquí es el último —y para algunos de ustedes tal vez el primero— contacto real con Dios.

Éste es un contacto, y es muy real.

Ahora Dios va a sostener una conversación verdadera con ustedes a través de mí. Hace unos cuantos años, no habría dicho esto; lo digo ahora porque ya establecí ese diálogo y sé que es posible. Y no sólo es posible, sino que tiene lugar todo el tiempo. Así es como está ocurriendo, justo aquí y ahora.

Es importante que entiendan que son ustedes, en parte, quienes ocasionaron que esto sucediera, así como procuraron que este libro se encuentre en sus manos en este momento. Todos motivamos la creación de acontecimientos en nuestras vidas, y todos, como co-creadores, participamos con el Gran Creador en la gestación de cada una de las circunstancias que condujeron a esos hechos.

Mi primera experiencia de hablar con Dios a nombre de ustedes ocurrió en 1992-1993. Había escrito una carta enojada a Dios preguntándole por qué mi vida se había convertido en un monumento de lucha y fracaso. En todos los aspectos, desde mis relaciones románticas, mi vida de trabajo, mis interacciones con mis hijos, hasta mi salud —en *todo*— no estaba experimentando más que lucha y fracaso. Mi carta a Dios demandaba saber por qué y qué se necesitaba para que funcionara mi vida.

Para mi asombro, esa carta recibió respuesta.

Cómo se respondió y cuáles fueron esas respuestas se convirtió en un libro, publicado en mayo de 1995 con el título *Conversaciones con Dios.* Tal vez hayan oído hablar de él, o puede ser que lo hayan leído. De ser así, no necesitan mayor preámbulo para esta obra.

Si no están familiarizados con el primer libro, espero que pronto lo estén, debido a que en él se delinea con mucho mayor detalle cómo empezó todo esto y responde a muchas preguntas acerca de nuestra vida personal —preguntas acerca de dinero, amor, sexo, Dios, salud y enfermedad, alimentación, relaciones, "el trabajo correcto" y muchos otros aspectos de nuestra experiencia cotidiana—, las cuales no se abordan aquí.

Si yo pidiera a Dios un regalo para el mundo en este momento, sería la información que contiene el Libro 1. En forma consecuente ("Incluso antes de que preguntéis, Yo habré contestado"), Dios ya lo habría concedido.

Así, espero que al concluir la lectura de este libro (o incluso tal vez antes), decidan leer el anterior. Todo es cuestión de elección, al igual que la Pura Elección los llevó a ustedes a estas palabras ahora mismo. Así como la Pura Elección ha creado cada experiencia que hayan tenido. (Un concepto que se explica en ese primer libro.)

Estos primeros párrafos del Libro 2 fueron escritos en marzo de 1996 para proporcionar una breve introducción a la información que sigue. Como en el volumen anterior, el proceso por medio del cual "llegó" esta información fue exquisitamente sencillo. En una hoja de papel en blanco sólo escribía una pregunta —cualquier pregunta—, generalmente la primera que me venía a la cabeza, y apenas había escrito la pregunta cuando ya la respuesta se formaba en mi cerebro, como si Alguien estuviese susurrando en mi oído. ¡Estaba tomando dictado!

Con excepción de estas pocas líneas introductorias, todo el material de este libro llegó al papel entre la primavera de 1993 y el año siguiente. Me gustaría presentárselo a ustedes ahora, justo como salió de mí y como me llegó...

Es el domingo de Pascua de 1993, y, como se me instruyó, estoy aquí. Estoy aquí, lápiz en mano, el papel ante mí, listo para empezar.

Supongo que debo decirles que Dios me pidió que estuviera en este lugar. Teníamos una cita. Empezaremos hoy el Libro 2, el segundo de una trilogía que Dios y yo y ustedes estamos experimentando juntos.

Todavía no tengo idea de lo que va a decir este libro, o siquiera de los temas específicos que se abordarán. Ello es porque no tengo en la mente un plan para este libro. No puedo tenerlo. No soy yo quien decide su contenido. Es Dios.

El domingo de Pascua de 1992 —hace un año hoy— Dios empezó un diálogo conmigo. Sé que suena inverosímil, pero eso fue lo que sucedió. Hace poco tiempo, el diálogo terminó. Se me dieron instrucciones de que tomara un descanso, pero también se me dijo que tenía una "cita" para proseguir con esta conversación este día.

Ustedes también tienen una cita. Están cumpliendo con ella en este momento. Tengo muy en claro que este libro no sólo se está escribiendo para mí, sino para ustedes a través de mí. Aparentemente, ustedes han buscado a Dios —y la Palabra de Dios— durante un largo tiempo. Yo he hecho lo mismo.

Hoy encontraremos juntos a Dios. Ésa es siempre la mejor forma de encontrarlo. Juntos. Si nos apartamos, nunca lo encontraremos. Quiero decir esto en dos formas: Nunca encontraremos a Dios mientras *nosotros* estemos distantes. El primer paso para descubrir que no estamos apartados de Él consiste en descubrir que no estamos separados unos de otros, y hasta que sepamos y nos demos cuenta de que todos *nosotros* somos Uno, no podremos saber y darnos cuenta de que nosotros y Dios somos Uno.

Dios no está lejos de nosotros, nunca, y sólo *pensamos* que estamos alejados de Él.

Es un error común. Pensamos, asimismo, que estamos distantes unos de otros. Y la forma más rápida que he descubierto para "encontrar a Dios" consiste en encontrarnos mutuamente. Dejar de escondernos unos de otros. Y, desde luego, dejar de escondernos de nosotros mismos.

La forma más rápida de dejar de escondernos es decir la verdad. A todos. Todo el tiempo.

Empiecen desde ahora a decir la verdad, y nunca se detengan. Empiecen por decirse la verdad acerca de sí mismos. Después díganse la verdad acerca de otra persona. Y digan a otros la verdad sobre sí mismos y sobre otros. Por último, digan la verdad a todos acerca de todo.

Éstos son los *Cinco Niveles de Veracidad*. Es el camino de cinco pasos hacia la libertad. La verdad los liberará.

Este libro es acerca de la verdad. No mi verdad, sino la verdad de Dios.

Nuestro diálogo inicial —el de Dios y el mío— concluyó hace justo un mes. Presumo que fluirá como el primero. Es decir, yo formulo preguntas y Dios responde. Creo que me detendré, y le preguntaré a Dios ahora mismo.

Dios, ¿es así como va a ser?

Sí.

Así lo pensé.

Excepto que en este libro yo expondré algunos temas por Mí Mismo, sin que me preguntes. No hice mucho de eso en el primer libro, como bien lo sabes.

Sí. ¿Por qué añades ese giro aquí?

Porque este libro se escribe a solicitud Mía. Yo te pedí que vinieras —como lo has señalado—. El primer libro fue un proyecto que empezaste por ti mismo.

Para el primer libro elaboraste una agenda. Para este libro no la hay, excepto cumplir con Mi Voluntad.

Sí, es lo correcto.

Ésa, Neale, es una muy buena posición. Espero que tú —y otros— la adoptarán con frecuencia.

Pero yo pensaba que Tu Voluntad era mi voluntad. ¿Cómo puedo *no* cumplir con Tu Voluntad si es la misma que la mía?

Ésa es una pregunta compleja —y no es un mal punto para empezar; un punto de despegue sin ninguna falla para que empecemos este diálogo.

Retrocedamos unos cuantos pasos. Yo nunca dije que Mi Voluntad era tu voluntad.

¡Sí, lo hiciste! En el libro anterior dijiste muy claramente: "Tu voluntad es Mi Voluntad".

20

En efecto, pero no es lo mismo.

¿No lo es? ¿Acaso me engañaste?

Cuando yo digo "Tu voluntad es Mi Voluntad", no es lo mismo que decir "Mi Voluntad es tu voluntad".

Si cumplieras con Mi Voluntad todo el tiempo, no tendrías que hacer nada más para alcanzar la Iluminación. El proceso habría terminado. Ya estarías ahí.

Un día de no hacer nada excepto Mi Voluntad te llevará a la Iluminación. Si hubieses hecho Mi Voluntad todos los años de tu vida, no necesitarías enfrascarte en este libro ahora.

Por lo tanto, es evidente que no has estado cumpliendo con Mi Voluntad. De hecho, la mayor parte del tiempo ni siquiera *conoces* Mi Voluntad.

¿No la conozco?

No, no la conoces.

Entonces, ¿por qué no me dices cuál es?

Lo hago. Pero tú no escuchas. Y cuando escuchas, no oyes realmente. Y cuando oyes, no crees lo que estás oyendo. Y cuando crees lo que estás oyendo, no sigues las instrucciones de todas formas.

Así que decir que Mi Voluntad es tu voluntad es obviamente inexacto.

Por otra parte, tu voluntad es Mi Voluntad. Primero, porque la conozco. Segundo, porque la acepto. Tercero, porque la alabo. Cuarto, porque la amo. Quinto, porque Yo la poseo y la llamo *la Mía Propia*.

Esto significa que *estás en libertad* de hacer lo que desees y que Yo haré Mía tu voluntad, por medio de un amor incondicional.

Ahora bien, para que Mi Voluntad fuera la tuya, tendrías que hacer lo mismo.

Primero, tendrías que conocerla. Segundo, tendrías que aceptarla. Tercero, tendrías que alabarla. Cuarto, tendrías que amarla. Finalmente, tendrías que referirte a ella como *la tuya propia*.

En toda la historia de tu raza, sólo unos cuantos hicieron esto consistentemente. Un puñado lo hizo casi siempre. Otros lo intentan mucho. Una buena parte de personas lo hacen de vez en cuando. Y, prácticamente, todo el mundo lo hace en raras ocasiones, si bien algunos nunca lo han hecho.

¿En qué categoría me ubico?

¿Acaso importa? ¿En qué categoría quieres estar *a partir de ahora*? ¿No es ésa una pregunta pertinente?

Sí.

¿Y tu respuesta?

Me gustaría estar en la primera categoría. Me gustaría conocer y cumplir Tu Voluntad todo el tiempo.

Eso es loable, encomiable y probablemente imposible.

¿Por qué?

Es mucho lo que aún tienes que madurar antes de que puedas pretender eso. Sin embargo, yo te digo: *podrías* proponértelo, podrías moverte hacia la Divinidad en este mismo instante si así lo eligieras. Tu madurez no requiere mucho tiempo.

Entonces, ¿por qué *ha* tomado tanto tiempo?

Es verdad. ¿Por qué ha sido así? ¿Qué estás esperando? ¿Acaso crees que Yo te estoy reteniendo?

No. Creo con certeza que yo me estoy reteniendo a mí mismo.

Bien. La claridad es el primer paso hacia la maestría.

Me gustaría obtener la maestría. ¿Cómo puedo hacerlo?

Sigue leyendo este libro. Ahí es exactamente a donde te estoy llevando.

2

Estoy incierto sobre la dirección que deberá seguir este libro. No estoy seguro de por dónde empezar.

Tomemos el tiempo.

¿Cuánto? Ya me ha tomado *cinco meses* pasar del primer capítulo a éste. Sé que las personas que lo lean pensarán que todo se escribió en un flujo constante, ininterrumpido. No se darán cuenta de que transcurrieron 20 *semanas* entre los párrafos 32 y 33 de este libro. No comprenden que a veces los momentos de inspiración se alejan durante *medio año*. ¿Cuánto tiempo más necesitamos?

No fue eso lo que quise decir. Me refiero a que tomemos el "Tiempo" como nuestro primer tema, como una base para empezar.

Oh, bien. Pero ya que estamos en el tema, ¿por qué algunas veces se lleva meses completar un simple párrafo? ¿Por qué Tus visitas son tan espaciadas?

Mi querido y maravilloso hijo, mis "visitas" no son espaciadas. *Nunca* me separo de ti. Simplemente no siempre estás *consciente* de que estoy contigo.

¿Por qué? ¿Por qué no estoy consciente de Tu Presencia si siempre estás aquí?

Porque tu vida se queda atrapada en otras cosas. Enfrentémoslo; has estado muy ocupado durante cinco meses.

En efecto, sí lo he estado. Han ocurrido muchas cosas.

Y todo ello fue más importante que Yo.

No considero que ésa sea mi verdad.

Te invito a revisar tus acciones. Has estado más profundamente entregado a tu vida física. Le has puesto muy poca atención a tu alma.

Fue un periodo muy apremiante.

Sí. Mayor razón para haber incluido tu alma en el proceso. Esos meses pasados hubiesen sido mucho más tranquilos con Mi ayuda. Por lo tanto, ¿puedo sugerirte que no pierdas el contacto?

Trato de permanecer cerca, pero parece que me pierdo —me entrego, como Tú lo expusiste, a mi propio drama—. Y entonces, en alguna forma, no encuentro tiempo para Ti. No medito. No rezo. Y, ciertamente, no escribo.

Lo sé. Es una ironía de la vida que cuando tú necesitas más nuestra conexión, te alejas de ella.

¿Cómo puedo dejar de hacer eso?

Deja de hacerlo.

Eso es lo que acabo de decir. ¿Pero cómo?

Dejas de hacerlo dejando de hacerlo.

No es tan sencillo.

Es así de sencillo.

Desearía que lo fuese.

Entonces *realmente* lo será, porque lo que tú deseas es mi mandato. Recuerda, Mi apreciado hijo, tus deseos son Mis deseos. Tu voluntad es Mi Voluntad.

Muy bien. Entonces deseo que este libro esté terminado para marzo. Ahora es octubre. Deseo que no haya más espacios de cinco meses en el material que viene.

Así será.

Bien.

A menos que no sea así.

Oh, por favor. ¿Tenemos que transitar por estos juegos?

No. Pero hasta ahora así es como has decidido vivir tu Vida. Continuamente cambias de parecer. Recuerda: la vida es un proceso constante de creación. Cada minuto estás creando tu realidad. La decisión que tomas hoy, con frecuencia no es la elección que haces mañana. Sin embargo, he aquí un secreto de todos los Maestros: *cada vez que elijas, elige lo mismo.*

¿Una y otra vez? ¿No es suficiente una vez?

Una y otra vez hasta que tu voluntad se manifieste en tu realidad.
Para algunos podría llevar años. Para otros, meses. Para otros más, semanas. Para aquellos que se acercan a la maestría, días, horas, o minutos incluso. Para los *Maestros,* la creación *es instantánea.*
Podrás decir que estás en el camino de la maestría cuando veas la brecha entre Albedrío y Acción.

Tú dijiste: "La decisión que tomas hoy con frecuencia no es la elección que haces mañana". ¿Cómo interpretar tus palabras? ¿Acaso nunca debemos permitirnos un cambio de parecer?

Cambia tu parecer todo lo que quieras. Sin embargo, recuerda que con cada cambio de idea se produce un cambio en la dirección de todo el universo.
Cuando "tomas una decisión" acerca de algo, pones en movimiento al universo. Ciertas fuerzas más allá de tu capacidad de comprensión —mucho más sutiles y complejas de lo que podrías imaginar— participan en un proceso cuyas intrincadas dinámicas estás ahora a punto de empezar a entender.

Estas fuerzas y este proceso son todos partes de la extraordinaria red de energías interactivas que comprenden la totalidad de la existencia que tú llamas vida.

Son, en esencia, *Yo mismo*.

Así que cuando cambio de idea, te estoy creando dificultades, ¿es así?

Nada es difícil para Mí, pero podrías volver las cosas muy difíciles para ti mismo. Por lo tanto, establece un juicio y un solo propósito acerca de una situación. Y no distraigas tu mente hasta que lo hayas convertido en una realidad. Mantente enfocado. Permanece concentrado.

Esto es lo que significa ser firme. Si eliges algo, elígelo con todo tu poder, con todo tu corazón. No seas apocado. ¡Sigue adelante! Sigue acercándote. Apégate a tu determinación.

No aceptar un *no* como respuesta.

Exactamente.

¿Pero qué sucede si el *no* es la respuesta correcta? ¿Qué pasa si lo que queremos no es propio para nosotros, no es para nuestro bien, ni en nuestro mejor interés? Entonces no nos lo darás, ¿verdad?

Incorrecto. Yo te "daré" lo que pidas, ya sea "bueno" para ti o "malo" para ti. ¿Has examinado tu vida últimamente?

Se me ha enseñado que no siempre podemos tener lo que deseamos, que Dios no nos lo dará si no es para nuestro bien más elevado.

Eso es lo que te dicen cuando no quieren que te sientas decepcionado con un resultado particular.

Antes que nada, retrocedamos a la claridad acerca de nuestra relación. Yo no te "doy" nada, tú lo pides. El libro anterior explica exactamente cómo lo haces, con muchos detalles.

En segundo lugar, Yo no hago juicios acerca de lo que pides. Yo no califico a una cosa como "buena" o "mala". (Tú también harías bien en no juzgar.)

Tú eres un ser creativo —hecho a imagen y semejanza de Dios—. Puedes tener cualquier cosa que elijas. Pero no puedes tener todo lo que quieras. De hecho, nunca podrás obtener *cualquier* cosa que quieras si la deseas con suficiente intensidad.

Lo sé. Lo explicaste también en el volumen anterior. Dijiste que el acto de querer una cosa la aleja de nosotros.

Sí, ¿y recuerdas por qué?

Porque los pensamientos son creativos, y el pensamiento de querer una cosa es una manifestación al universo, una declaración de una verdad —la carencia—, la cual el universo produce entonces en mi realidad.

¡Precisamente! ¡Exactamente! Has *aprendido*. Entiendes. Eso es estupendo.

Sí, así es como funciona. En el momento en que dices "yo quiero" algo, el universo dice "En efecto, eso quieres", y te da esa experiencia precisa: *¡la experiencia de "quererlo"!*

Lo que sea que pongas detrás de la palabra "yo" se convierte en tu mandato creativo. El genio en la botella —que Soy Yo— sólo existe para obedecer.

¡Yo produzco lo que pides! Tú pides precisamente lo que piensas, sientes y dices. Tan sencillo como eso.

Entonces, dímelo de nuevo. ¿Por qué me toma tanto tiempo crear la realidad que elijo?

Por numerosas razones. Porque no crees que puedes tener lo que eliges. Porque no sabes *qué* eliges. Porque te empeñas en definir lo que es "mejor" para ti. Porque quieres garantías anticipadas de que todas tus elecciones serán "buenas". ¡Y porque continúas cambiando de idea!

Permítame ver si entiendo. ¿No debo tratar de definir lo que es mejor para mí?

"Mejor" es un término relativo, que depende de un ciento de variables. Eso dificulta mucho las elecciones. Cuando se toma una decisión, sólo se debe tomar en cuenta este criterio: ¿Es esto una declaración de Quién Soy Yo? ¿Es una proclama de Quién Elijo Ser?

Todo lo relativo a la vida debe ser una proclama. De hecho, lo *es* toda la vida. Puedes permitir que esa proclama sea hecha por *azar o por elección.*

Una vida que se vive por elección es una vida de acción consciente. Una vida que se vive por azar es una vida de reacción inconsciente.

Una reacción es precisamente una acción que has realizado antes. Cuando "re-accionas" lo que haces es valorar los datos entrantes, buscar en tu banco de memoria la misma o casi la misma experiencia, y *actuar en la misma forma que lo hiciste antes.* Todo esto es trabajo de la mente, no de tu alma.

Tu alma te pondría a buscar en su "memoria" para ver cómo podrías crear una *experiencia verdaderamente genuina* de tu Ser en el Momento Actual. Ésta es la experiencia de "búsqueda de alma" de la cual has oído con tanta frecuencia, pero literalmente tendrías que estar "fuera de tus cabales" para hacerlo.

Cuando pasas el tiempo tratando de determinar qué es lo "mejor" para ti, estás haciendo justamente eso: *pasando el tiempo.* Es mejor que ahorres tu tiempo y no que lo gastes dispendiosamente.

El hecho de estar fuera de tus cabales —o de tus esquemas— ahorra mucho tiempo. Las decisiones se alcanzan rápidamente, las elecciones se activan con prontitud, porque tu alma crea a partir de la experiencia presente únicamente, sin revisión, análisis y crítica de pasados encuentros.

Recuerda esto: *el alma crea, la mente reacciona.*

En su sabiduría, el alma sabe que la experiencia que estás teniendo en Este Momento es una experiencia que te envió Dios, que asentó antes de que tuvieses un conocimiento consciente de ella. Esto es lo que significa una experiencia "pre-sente". Ya está en camino aun antes de que la busques —ya que incluso antes de que preguntes, te habré contestado—. Cada Momento Actual es un regalo glorioso de Dios. Por eso se llama el *presente.*

El alma busca intuitivamente la circunstancia y la situación perfectas que se necesitan ahora para corregir el pensamiento equivocado y otorgarte la legítima experiencia de Quién Eres Realmente.

El deseo del alma es llevarte de regreso a Dios, traerte a casa Conmigo.

La intención del alma es conocerse a sí misma por experiencia, y así, conocerme a Mí. El alma entiende que Tú y Yo somos Uno, aun cuando la mente niegue esta verdad y el cuerpo actúe esta negación.

Por lo tanto, en momentos de gran decisión, salte del orden habitual de tu mente, y realiza una búsqueda del alma.

El alma entiende lo que la mente no puede concebir.

Si pasas el tiempo tratando de determinar lo que es "mejor" para ti, tus elecciones serán cautelosas, tus decisiones serán interminables y tu destino se precipitará en un mar de expectativas.

Si no tienes cuidado, te *ahogarás* en tus expectativas.

¡Vaya que es una buena respuesta! ¿Pero cómo escucho a mi alma? ¿Cómo sé que la estoy oyendo?

El alma te habla en sentimientos. Escucha tus sentimientos. Sigue tus sentimientos. Respeta tus sentimientos.

¿Por qué me parece que el respeto a mis sentimientos es precisamente lo que ha ocasionado que tenga problemas en primer lugar?

Porque tú has etiquetado la madurez como "problema" y la pasividad como "segura".

Yo te digo: tus sentimientos *nunca* te traerán "problemas", porque tus sentimientos son tu *verdad.*

Si quieres vivir sin seguir nunca tus sentimientos, sino que cada sentimiento se filtre a través de la maquinaria de tu Mente, hazlo. Tienes libertad para hacerlo. Toma tus decisiones basado en el análisis de tu Mente sobre la situación. Pero no busques alegría en esas maquinaciones, ni celebración de Quién Eres Realmente.

Recuerda esto: La verdadera celebración es espontánea, no pasa por procesos racionales.

Si escuchas a tu alma sabrás lo que es "mejor" para ti porque lo mejor para ti es tu verdad.

Cuando actúas únicamente a partir de lo que es verdad para ti, aceleras tu camino por la senda. Cuando *creas* una experiencia basada en tu "verdad actual" en vez de *reaccionar* a una experiencia basada en una "verdad pasada", produces un "nuevo tú".

¿Por qué lleva tanto tiempo crear la realidad que eliges? He aquí la razón: porque no vives tu verdad.

Conoce la verdad, y la verdad te liberará.

Sin embargo, una vez que hayas conocido tu verdad, *no sigas cambiando de parecer al respecto.* Cuando esto sucede es que tu mente trata de definir lo que es "mejor". ¡Detenla! Salte de tus esquemas. ¡Recupera el juicio!

Eso es lo que significa "recuperar el juicio". Es volver a cómo te sientes, no a cómo piensas. Tus pensamientos son sólo eso: pensamientos. Construcciones mentales. Creaciones "fabricadas" de tu mente. Pero tus sentimientos sí son reales.

Los sentimientos son el lenguaje del alma. Y tu alma es tu verdad.

Ahí está. ¿Te das cuenta de que todo está vinculado?

¿Significa esto que debemos expresar cualquier sentimiento, sin importar cuán negativo o destructivo sea?

Los sentimientos no son negativos ni destructivos. Son verdades simplemente. Lo importante es cómo expresas tu verdad.

Cuando expresas tu verdad con amor, es raro que ocurran resultados negativos o dañinos y, cuando sucede, se debe generalmente a que alguna otra persona ha elegido experimentar tu verdad en una forma negativa o perjudicial. En ese caso, es probable que no puedas hacer nada para evitar las consecuencias.

Sin duda, la falla en la expresión de tu verdad difícilmente sería adecuada. Sin embargo, las personas lo hacen todo el tiempo. Tienen tanto miedo a causar o enfrentar posibles desavenencias que ocultan su verdad por completo.

Recuerda esto: no es tan importante lo bien que se recibe un mensaje como lo bien que se envía.

No puedes asumir la responsabilidad en razón del favor con que otro acepta tu verdad; sólo puedes asegurarte de lo bien que se comunica. Y al decir "bien", no me refiero únicamente a la claridad; aludo a lo amorosa, compasiva, sensible, valiente y plena que debe ser.

Esto no deja espacio para verdades a medias; es la "verdad brutal", o incluso la "verdad llana". Significa la verdad, toda la verdad y nada más que la verdad, que Dios te ayude.

La parte "Dios te ayude" es la que conlleva las cualidades divinas de amor y compasión, ya que, si me lo pides, Yo siempre te ayudaré a comunicarte en esa forma.

Por lo tanto, expresa lo que llamas tus sentimientos más negativos, pero no destructivamente.

El hecho de no expresar (es decir, expulsar) los sentimientos negativos no significa que desaparezcan; *se guardan en el interior.* La negatividad "guardada" perjudica el cuerpo y abruma el alma.

Pero si otra persona oye cada pensamiento negativo que uno tiene acerca de ella, la relación se afectará, sin importar cuán amorosamente se transmitan esos pensamientos.

Dije que expresaras (expulsaras, liberaras) tus sentimientos negativos, no dije cómo, o a quién.

No es necesario que toda la negatividad se comparta con la persona por quien se siente. Sólo se necesita comunicar esos sentimientos a otro cuando la omisión en hacerlo comprometería tu integridad u ocasionaría que otro creyera algo que no es verdad.

La negatividad nunca es una señal de una verdad fundamental, incluso si parece tu verdad en ese momento. Puede surgir de una parte que no ha sanado de ti. De hecho, *siempre es así.*

Por eso es tan importante sacudirse de estas negatividades, liberarse de ellas. Sólo dejándolas ir —poniéndolas en el exterior, colocándolas frente a ti— las puedes ver lo suficientemente claras para saber si en realidad crees en ellas.

Has dicho todas las cosas —cosas desagradables— sólo para descubrir que, una vez que las dijiste, ya no se sienten como "verdad".

Has expresado todos los sentimientos —desde temor hasta enojo y rabia— sólo para descubrir que, una vez que los has expresado, ya no revelan cómo te sientes *realmente.*

De esta forma, los sentimientos pueden ser engañosos. Los sentimientos *son* el lenguaje del alma, pero debes asegurarte de que estás escuchando a *tus verdaderos sentimientos* y no a algún modelo falsificado construido en tu mente.

Vaya, ahora no puedo siquiera confiar en mis *sentimientos.* ¡Estupendo! ¡Yo pensaba que ése era el camino a la verdad! Pensaba que eso era lo que Tú me estabas *enseñando.*

Y así es. Pero escucha, porque es más complejo de lo que ahora entiendes. Algunos sentimientos son *sentimientos verdaderos,* es decir, sentimientos que nacen en el alma, y algunos sentimientos son falsos. Éstos se construyen en tu mente.

En otras palabras, no son "sentimientos" en lo absoluto, sino *pensamientos.* Pensamientos *enmascarados* como sentimientos.

Estos pensamientos están basados en tu experiencia previa y la experiencia observada en otros. Tú ves que alguien hace una mueca cuando se le extrae un diente, y *tú* haces una mueca cuando te extraen un diente. Tal vez ni siquiera te *duela,* pero haces una mueca de todos modos. Tu reacción no tiene nada que ver con la realidad, sólo con la forma en que *percibes* la realidad, basada en la experiencia de otros o en algo más que *te* haya sucedido en el *pasado.*

El mayor reto como ser humano es Estar Aquí Ahora, ¡dejar de inventar cosas! Cesar de crear pensamientos acerca de un momento predeterminado (un momento que tú mismo "determinaste" antes de que pensaras al respecto). Estar *en el momento.* Recuerda, *tú determinaste* tu Ser en ese momento como un regalo. El momento contenía la semilla de una verdad formidable. Es una verdad que deseaste recordar. Sin embargo, cuando llegó el momento, inmediatamente empezaste a construir pensamientos a su alrededor. En vez de estar *en* el momento, permaneciste *fuera* y lo juzgaste. Entonces, re-accionaste. Es decir, actuaste como lo hiciste *una vez antes.*

Ahora mira estas dos palabras:

REACTIVO

CREATIVO

Observa que son *la misma palabra.* ¡Sólo moví la "C"! Cuando colocas la "C" en el lugar correcto, te vuelves Creativo, en vez de Reactivo.

Esto es muy ingenioso.

Claro, Dios es así.

Pero, mira, lo que estoy tratando de establecer es que cuando tú llegas limpio a cada momento, *sin un pensamiento previo al respecto,* puedes *crear* quién *eres,* en vez de re-accionar como quien *fuiste una vez.*

¡La vida es un proceso de creación, y tú sigues viviendo como si fuese un proceso de re-presentación!

¿Pero cómo puede cualquier ser humano racional ignorar la experiencia previa en el momento en que ocurre algo? ¿Acaso no es normal invocar todo lo que uno conoce sobre el tema y responder a partir de esa base?

Puede ser normal, pero no es *natural.* "Normal" significa algo que se hace generalmente. "Natural" es cómo eres cuando no estás tratando de ser "normal".

32

Natural y normal no son lo mismo. En cualquier momento dado puedes hacer lo que haces normalmente, o puedes hacer lo que proceda de modo natural.

Te digo esto: *Nada es más natural que el amor.*

Si actúas amorosamente, estarás actuando de forma natural. Si reaccionas con temor, resentimiento, enojo, puedes estar actuando *normalmente,* pero nunca estarás actuando de modo *natural.*

¿Cómo puedo actuar con amor cuando todas mis experiencias previas me están gritando que es probable que ese "momento" particular sea doloroso?

Ignora tu experiencia previa y *entrégate al momento.* Sé tú Aquí y Ahora. Observa lo que es trabajar con el *ahora precisamente* para *volver a crearte a ti mismo.*

Recuerda, *eso es lo que estás haciendo aquí.*

Llegaste a este mundo en esta forma, en este tiempo, en este lugar, para Saber Quién Eres, y para crear Quién Deseas Ser.

Éste es el propósito de todo en la vida. La vida es un proceso continuo e interminable de re-creación. Los seres humanos se dedican a recrearse a sí mismos en la imagen de su siguiente idea más elevada acerca de ellos mismos.

¿Pero no es algo parecido al hombre que saltó desde el edificio más alto, seguro de que podría volar? Ignoró su "experiencia previa" y la "experiencia observada de otros" y saltó desde el edificio, mientras gritaba: "¡Yo soy Dios!" A mi modo de ver, no parece un acto muy inteligente.

Y yo te digo: los hombres han logrado resultados mucho más grandiosos que volar. Los hombres han curado la enfermedad. Los hombres han resucitado a los muertos.

Un hombre lo hizo.

¿Crees que sólo a un hombre se le han otorgado esos poderes sobre el universo físico?

Sólo un hombre los ha demostrado.

No es así. ¿Quién separó las aguas en el Mar Rojo?

Dios.

En efecto, ¿y quién acudió a Dios para hacer eso?

Moisés.

Exactamente. ¿Y quién acudió a Mí para curar a los enfermos y resucitar a los muertos?

Jesús.

Sí. Ahora bien, ¿piensas que tú *no puedes* hacer lo que hicieron Moisés y Jesús?

¡Pero ellos no lo *hicieron*! ¡Te lo pidieron a *Ti*! Es muy diferente.

De acuerdo. Seguiremos con tu interpretación por ahora. ¿Y piensas que *tú* no puedes pedirme esos mismos actos milagrosos?

Supongo que podría.

¿Y te los concedería?

No lo sé.

¡Ésa es la diferencia entre tú y Moisés! ¡Eso es lo que te separa de Jesús!

Muchas personas creen que si piden en nombre de Jesús, Tú *les concederás* sus peticiones.

Sí, muchas personas creen eso. Creen que no tienen ningún poder, pero *han visto* (o les creen a otros que han visto) el poder de Jesús, por eso piden en su nombre. Aun cuando él dijo: "¿Por qué estáis tan asombrados? Estas cosas, y más, las haréis vosotros también". Sin embargo, la gente no podía creerlo. Muchos no lo creen aún.

Todos se imaginan que son indignos. Por eso piden en el nombre de Jesús. O de la Bendita Virgen María. O del "santo patrón" de esto o lo otro. O del Dios Sol. O del espíritu del Oriente. Usarán el nombre de quien sea —de quien sea—, ¡menos el propio!

Sin embargo, yo te digo: *Pide y se te dará. Busca y encontrarás. Llama y se te abrirá la puerta.*

Salta de un edificio y volarás.

Existen personas que levitan. ¿Lo crees?

Bueno, he sabido de ciertos casos.

Y personas que han atravesado muros. E incluso que han abandonado sus cuerpos.

Sí, sí, pero nunca *he visto* a nadie atravesar muros —y no le sugiero a nadie que lo intente—. Tampoco pienso que debemos saltar desde edificios. Quizá no sea bueno para la salud.

Ese hombre murió al saltar no porque no pudiera haber volado de haberse encontrado en el estado correcto del Ser, sino porque *nunca* podría haber demostrado Divinidad tratando de presentarse como separado de los demás.

Por favor, ¿quisieras ser más explícito?

El hombre del edificio vivía en un mundo de autoengaño en el cual se imaginaba que *era diferente al resto del género humano*. Con la declaración "Yo soy Dios", *empezó* su demostración con una mentira. Esperaba convertirse en alguien diferente. Más grande y más poderoso.
Fue un acto del ego.
El ego —el cual es separado, individual— nunca puede duplicarse o demostrar que es Uno.
En la búsqueda de demostrar que él era Dios, el hombre del edificio sólo exhibió su disgregación, no su unidad, con todas las cosas. Por lo tanto, buscaba demostrar Divinidad exhibiendo Impiedad, y fracasó.
Jesús, por otra parte, demostró Divinidad exhibiendo Unidad y viendo Unidad e Integridad en todas partes (y en quien fuese) que mirara. En esto su conciencia y Mi conciencia eran Una, y, en ese estado, cualquier cosa que pidiese se manifestó en su Divina Realidad en ese Sagrado Momento.

Ya veo. ¡Por lo tanto, se requiere "Conciencia de Cristo" para realizar milagros! Bueno, eso debe de simplificar las cosas...

En realidad, así es. Es más sencillo de lo que piensas. Y muchos lograron esa conciencia. Muchos fueron Ungidos, no sólo Jesús de Nazaret.
Tú también puedes ser Ungido.

¿Cómo?

Con la búsqueda y la elección de serlo. Pero es una elección que debes hacer todos los días, cada minuto. Debe convertirse en *el único propósito de tu vida.*
Es el propósito de tu vida, sólo que no lo sabes sencillamente. E incluso si lo sabes, incluso si recuerdas la exquisita razón de tu misma existencia, no parece que sepas *cómo llegar ahí* desde donde estás.

Sí, ése es el caso. ¿Cómo *puedo* llegar desde donde estoy a donde quiero estar?

Yo te digo de nuevo: *Busca y encontrarás. Llama y se te abrirá la puerta.*

He estado "buscando" y "llamando" durante 35 años. Me perdonarás si soy un poco escéptico ante esa frase.

Por no decir que te sientes desilusionado, ¿verdad? Pero realmente, si bien te doy buenas calificaciones por intentarlo —una "A por esfuerzo"—, por así exponerlo, no puedo decirlo, no puedo concordar contigo, en que has estado buscando y llamando durante 35 años.
Estarás de acuerdo en que buscaste y llamaste de manera inconstante la mayor parte de las veces.
Antes, cuando eras muy joven, venías a Mí cuando te hallabas en problemas, cuando necesitabas algo. Al hacerte adulto y maduro, te diste cuenta de que probablemente no cultivabas una *relación adecuada* con Dios, y buscaste crear algo más significativo. Incluso entonces, difícilmente sucedía más que *de vez en cuando.*
Más tarde, cuando comprendiste que la *unión* con Dios sólo se puede lograr por medio de la *comunión* con Dios, emprendiste las prácticas y conductas que podrían *lograr* la comunión; sin embargo, te dedicaste a ellas esporádica e inconsistentemente.

Meditaste, acudiste a rituales, Me llamaste en oraciones y cánticos, evocaste el Espíritu de Mí en ti, pero sólo cuando te convenía, sólo cuando te sentías inspirado.

Y, gloriosa como fue tu experiencia de Mí, incluso en esas ocasiones, todavía pasaste 95 por ciento de tu vida atrapado en la ilusión de *disgregación,* y sólo unos cuantos vacilantes momentos aquí y allá en la comprensión de la *realidad fundamental.*

Que aún pienses que tu vida se reduce a reparaciones de automóviles, recibos de teléfono y lo que deseas obtener de tus relaciones, tiene que ver con los *dramas* que has creado, en vez de ser *el creador* de nuevas circunstancias.

Necesitas aprender por qué sigues creando dramas. Estás demasiado ocupado representándolos.

Dices que entiendes el significado de la vida, pero no puedes vivir tu comprensión, no la asimilas. Dices que conoces el camino hacia la comunión con Dios, pero no tomas ese camino. Afirmas que estás en *la senda,* pero no caminas por ella.

Ahora vienes a Mí y dices que has estado buscando y llamando durante 35 años.

Lamento ser Yo quien te desilusione, pero...

Es hora de que dejes de estar desilusionado de Mí y empieces a verte como eres realmente.

Ahora, Yo te digo: ¿Quieres ser *Ungido?* Actúa como Cristo, *cada minuto de cada día.* (No se trata de que no sepas cómo hacerlo. Él ya mostró el camino.) Sé como Cristo en cada circunstancia. (No es que no puedas. Él dejó *instrucciones.)*

No careces de ayuda en esto, y debes buscarla. Yo te estoy brindando orientación cada minuto de cada día. Yo soy la tenue voz tranquila en tu interior que sabe hacia dónde debes cambiar la dirección, cuál camino tomar, cuál respuesta dar, cuál acción emprender, cuál palabra pronunciar, cuál *realidad crear* si realmente buscas la comunión y la unidad Conmigo.

Sólo escúchame.

Creo que no sé cómo hacerlo.

¡Oh, tonterías! *¡Lo estás haciendo ahora mismo! Hazlo todo el tiempo* simplemente.

No puedo caminar de un lado a otro con un block tamaño oficio cada minuto del día. No es posible que deje todo pendiente y empiece a escribir notas para Ti, esperando que Tú estarás ahí con una de Tus sabias respuestas.

Gracias. *¡Son sabias!* Y he aquí otra: *¡Sí, tú puedes!*
Lo que quiero decir es lo siguiente: si alguien te dijese que podrías tener una Conexión directa con Dios —un enlace directo, una línea directa— y todo lo que tienes que hacer es asegurarte de que tengas papel y pluma a la mano en todo momento, ¿lo harías?

Sí, por supuesto.

Sin embargo, acabas de decir que *no podrías.* O "no puedo". ¿Qué es lo que pasa contigo? ¿Qué estás diciendo? ¿Cúal *es* tu verdad?
La Buena Noticia es que ni siquiera *necesitas* papel y una pluma. *Yo estoy contigo siempre.* Yo no vivo en la pluma. *Vivo en ti.*

Eso *es* verdad, ¿no es así?... Quiero decir, realmente puedo creer eso, ¿o no?

Por supuesto que puedes creerlo. Es lo que te he estado *pidiendo* que creas desde el principio. Es lo que cada Maestro, incluyendo a Jesús, te ha dicho. Es la enseñanza central. Es la verdad fundamental.
Yo estoy contigo siempre, incluso al final del tiempo.
¿Crees esto?

Sí, ahora lo creo. Más que nunca, quiero decir.

Bien. Entonces, dispón de Mi Presencia. Si te funciona tener a la mano una pluma y papel (y debo decir que parece que funciona muy bien para ti), entonces sírvete de ellos. Con más frecuencia. Todos los días. Cada hora, si tienes que hacerlo.
Acércate a Mí. *¡Acércate a Mí!* Haz lo que puedas. Haz lo que tengas que hacer. Haz lo que se requiera.
Reza un rosario. Besa una piedra. Inclínate hacia el Oriente. Entona un cántico. Oscila un péndulo. Prueba un músculo.
O escribe un libro.
Haz lo que se requiera.

Cada uno de ustedes tiene su propia interpretación. Cada uno Me entiende —Me crea— a su propia manera.

Para algunos Soy un hombre. Para otros, Soy una mujer. Para otros más, soy ambos. Y existen quienes consideran que no encarno ninguno de los dos géneros.

Algunos me conciben como energía pura. Para otros, soy el sentimiento fundamental, el cual llaman amor. Y algunos no tienen idea de qué Soy. Simplemente saben que YO SOY.

Y así es.

YO SOY.

Yo Soy el viento que agita tu cabello. Yo Soy el sol que calienta tu cuerpo. Soy la lluvia que danza en tu rostro. Soy el aroma de flores en el aire, y Soy las flores que envían su fragancia hacia lo alto. Soy el aire que *transporta* la fragancia.

Yo Soy el principio de tu primer pensamiento y el final de tu último. Soy la idea que precipitó tu momento más brillante. Soy la gloria de su realización. Soy el sentimiento que impulsó el acto más amoroso que hayas hecho. Soy la parte de ti que anhela ese sentimiento una y otra vez.

Sea lo que fuere que funcione para ti —*cualquier* ritual, ceremonia, manifestación, meditación, pensamiento, canción, palabra o acción que elijas para "reconectarte"—, hazlo.

Hazlo en Mi honor.

3

Haciendo una recapitulación de lo que me dices, extraigo estos puntos principales:

- La vida es un proceso continuo de creación.
- Un secreto de los Maestros es mantener la firmeza de un pensamiento, es decir, frenar los cambios de idea, y procurar que la elección siga un mismo camino.
- No adoptes un "no" como respuesta.
- Nosotros "atraemos" lo que pensamos, sentimos y decimos.
- La vida puede ser un proceso de creación o reacción.
- El alma *crea,* la mente *reacciona.*
- El alma entiende lo que la mente no puede concebir.
- Deja de tratar de imaginarte lo que es "mejor" para ti (cómo puedes ganar lo máximo, cómo puedes perder lo menos, obtener lo que quieres) y empezar a avanzar con lo que sientes que conforma Quién Eres Tú.
- Tus sentimientos son tu verdad. Lo que es mejor para ti es lo que es la verdad para ti.
- Los pensamientos *no* son sentimientos; más bien son ideas acerca de cómo "debes" sentir. Cuando se confunden los pensamientos y los sentimientos, la verdad se vuelve nebulosa, se pierde.
- Volviendo a tus sentimientos, *salte de tus esquemas y recupera la sensatez.*
- Una vez que conozcas la verdad, *vívela.*
- Los sentimientos negativos no son sentimientos verdaderos; más bien, son tus pensamientos acerca de algo, basados en tu experiencia previa y la de otros.
- La experiencia previa no es indicadora de la verdad, ya que la Verdad Pura se crea aquí y ahora, no se reactúa.

• A fin de cambiar tu respuesta a cualquier cosa, vive en el presente (es decir, el momento "pre-sente"), el momento que es y ya era lo que es, antes de que hubieses pensado al respecto. En otras palabras, sé Aquí Ahora, no en el pasado o en el futuro.

• El pasado y el futuro sólo suelen existir en tu pensamiento. El Momento pre-sente es la Única Realidad. *¡Permanece* ahí!

• Busca y encontrarás.

• Ejecuta lo que se requiera para permanecer conectado con Dios/Diosa/ Verdad. No interrumpas las prácticas, las oraciones, los rituales, las meditaciones, las lecturas, la escritura, *lo que funcione* para ti para permanecer en contacto con Todo Lo Que Es.

¿Qué te parece este resumen?

¡Estupendo! Hasta ahora, vamos bien. Lo has entendido. No obstante, ¿puedes vivirlo?

Lo voy a intentar.

Bien.

¿Podemos ahora continuar? Háblame acerca del Tiempo.

¡No *hay* Tiempo como el presente!
Ya lo has oído antes, estoy seguro. Pero no lo entendías. Ahora ya lo percibes.
No hay más tiempo que *este* tiempo. No hay ningún momento más que este momento. "Ahora" es todo lo que existe.

¿Qué pasa con "ayer" y "mañana"?

Productos de tu imaginación. Construcciones de tu mente. Inexistentes en la Realidad Fundamental.
Todo lo que ha sucedido alguna vez, está sucediendo, y lo que sucederá, está sucediendo *ahora* mismo.

No entiendo.

Y no puedes, no completamente. Pero puedes *empezar.* Y todo lo que se necesita es captar el principio.

Por lo tanto... escucha.

El "tiempo" no es un continuo. Es un elemento de relatividad que existe vertical, no horizontalmente.

No pienses en él como algo de "izquierda a derecha", una llamada línea de tiempo que transcurre desde el nacimiento hasta la muerte para cada individuo, y *desde* un punto finito *hasta* un punto finito para el universo.

¡El "Tiempo" es un concepto "vertical"! Piensa en él como si fuese un eje que representa el Momento Eterno del Ahora.

Ahora imagínate hojas de papel adheridas a ese eje, una junto a otra. Éstos son los elementos del Tiempo. Cada elemento separado y distinto, y, sin embargo, existiendo *al mismo tiempo que otros.* ¡Todo el papel a la vez! Tantas hojas como *habrá* siempre, tantas como hubo siempre...

Sólo hay Un Momento —este momento—, el Momento Eterno de Ahora.

Es *ahora mismo* que todo está sucediendo, y estoy glorificado. No hay espera para la gloria de Dios. Abrí este camino porque *¡no podía esperar!* Era tan feliz de Ser Quien Soy que no podía esperar para proclamar este testimonio de Mi realidad. Por lo tanto, *BUUM,* aquí está, justo aquí, justo ahora, ¡TODO LO QUE ENCARNA ES!

No hay Principio para esto, y no hay Final. El Todo de la Totalidad sólo Es.

En lo que Es radica tu experiencia, y es tu mayor secreto. Te puedes mover en conciencia del Ser a cualquier "tiempo" o "lugar" que elijas.

¿Significa que podemos viajar en el tiempo?

En efecto, y muchos lo han hecho. En realidad, *todos* lo han hecho, y lo hacen rutinariamente, en general, en lo que llaman el estado del sueño. La mayoría no están conscientes de ello, no pueden retener esa conciencia. Pero la energía se adhiere como pegamento, y algunas veces queda suficiente residuo para que otros, sensibles a esa energía, puedan rescatar algo acerca de su "pasado" o su "futuro". Ellos sienten o "leen" este residuo, y ustedes les llaman videntes o psíquicos. En ocasiones hay suficiente residuo para que incluso tú, en tu limitada conciencia, te des cuenta de que "has estado aquí antes". ¡Todo tu ser se sacude súbitamente por la comprensión de que has "hecho esto antes"!

¡Déjà vu!

Sí. O ese maravilloso sentimiento cuando te encuentras con algunas personas *a quienes has conocido toda tu vida,* ¡o por *toda la eternidad!*

Es un sentimiento espectacular. Es un sentimiento fabuloso. Y es un sentimiento *verdadero.* ¡Has conocido a esa alma desde siempre!

¡Desde siempre es justo *aquí y ahora!*

Con frecuencia has mirado hacia arriba o hacia abajo, desde tu "hoja de papel" en el eje y ¡has visto todas las demás hojas! Y te has visto a ti mismo ahí, ¡porque una parte de Ti está en cada hoja!

¿Cómo es posible eso?

Te diré lo siguiente: Tú siempre has sido, eres ahora y siempre serás. *Nunca* ha habido un tiempo que no seas tú, ni nunca *habrá* tal tiempo.

¡Pero, espera! ¿Qué hay acerca del concepto de *almas viejas?* ¿No hay algunas almas que sean "más antiguas" que otras?

Nada es "más antiguo". Yo creé TODO A LA VEZ, y TODO existe justo ahora.

El concepto de "más viejo" y "más joven" al que te refieres, tiene que ver con los *niveles de conciencia* de un alma en particular, o Aspecto del Ser. Tú eres todos los Aspectos del Ser, simplemente partes de lo Que Es. Cada parte tiene encarnada la conciencia del Todo, cada elemento la lleva impresa.

El "Conocimiento" es la experiencia del despertar de esa conciencia. El aspecto individual del TODO se vuelve consciente de Sí mismo. Literalmente, se vuelve autoconsciente.

Después, poco a poco se vuelve consciente de todos los demás y, entonces, de hecho no *hay* otros; Todos son Uno.

Así, finalmente, toma conciencia de Mí, de Mi Magnificencia.

Vaya, realmente te *agradas* a ti mismo, ¿verdad?

¿A ti no te agrado?

¡Sí, sí! ¡Creo que eres fabuloso!

Concuerdo contigo. ¡Y pienso que *tú eres grandioso*! Es el único punto en el que Tú y Yo discrepamos. *¡Tú no crees que eres grandioso!*

¿Cómo puedo verme como grandioso cuando me doy cuenta de todas mis debilidades, todos mis errores, toda mi maldad?

Yo te digo: ¡No *hay* maldad!

Desearía que fuese cierto.

Tú eres perfecto, tal como eres.

Desearía que eso también fuese cierto.

¡Es verdad! Un árbol no es menos perfecto porque sea una plántula. Un infante pequeño no es menos perfecto que uno mayor. Es la *perfección en sí misma*. El hecho de que no pueda *hacer* nada, no *conozca* nada, no lo vuelve menos perfecto.

Un niño comete errores. Se pone de pie, empieza a caminar, se cae. Se levanta de nuevo, un poco inseguro, deteniéndose de la pierna de su madre. ¿Eso hace que el niño sea imperfecto?

¡Te digo que es justo lo contrario! Ese niño es la *perfección misma*, total y completamente adorable.

Así, tú también eres perfecto.

¡Pero el niño no hace nada malo! El niño no ha desobedecido conscientemente, ni ha lastimado a otro, ni se ha perjudicado a sí mismo.

El niño no puede distinguir entre el bien y el mal.

Precisamente.

Tampoco tú.

Yo sí puedo. Sé que está mal dar muerte a otras personas, y que está bien amarlas. Sé que es malo herir y correcto sanar, mejorar las cosas. Sé que está mal tomar lo que no es mío, usar a otro, ser deshonesto.

Podría mostrarte casos en que cada una de esas acciones es correcta.

Ahora estás jugando conmigo.

En lo más mínimo. Sólo soy objetivo.

Si estás diciendo que hay excepciones para cada regla, entonces estoy de acuerdo.

Si hay *excepciones* a una regla, entonces no es una *regla*.

¿Me estás diciendo que *no* es malo matar, herir, robarle a otro?

Depende de lo que estés tratando de *hacer.*

Está bien, está bien, lo entiendo. Pero eso no convierte esas cosas en *buenas.* Algunas veces se tienen que realizar actos perniciosos para alcanzar un buen fin.

En esos casos, no se convierten en "acciones malas", ¿no es verdad?

¿Estás diciendo que el fin justifica los medios?

¿Tú qué piensas?

No, absolutamente no.

Así sea.

¿No ves lo que estás haciendo aquí? ¡Estás elaborando las reglas en tu camino!

¿Y no ves algo más? Está perfectamente bien.

¡Eso es lo que *supones* que estás haciendo!

Toda la vida es un proceso de decidir Quién Eres tú, y después experimentarlo.

¡Mientras sigas expandiendo tu visión, formulas nuevas reglas para cubrir tus actos! En tanto agrandas tu idea acerca de tu Ser, creas nuevos "se hace y no se hace, síes y nos" para rodearlos. Éstos son los límites que contienen algo que *no puede* contenerse.

No puedes contenerte a "ti mismo", porque eres tan ilimitado como el Universo. Sin embargo, puedes crear un *concepto* acerca de tu ser sin esos límites imaginando, y después aceptando, los *límites.*

En un sentido, ésta es la única forma en que puedes *conocerte* a ti mismo como un ser en particular.

Lo que es sin límites, es sin límites. Lo que es ilimitado, es ilimitado. No puede existir en cualquier sitio, porque está en cualquier sitio. Si está en cualquier sitio, no está *en ningún sitio en particular.*

Dios está en todas partes. Por lo tanto, Dios no está en ningún sitio en particular, porque a fin de estar en algún sitio en particular, Dios tendría que *no estar en otro sitio*, lo que *no es posible* para Dios

Sólo hay una cosa que no es posible para Dios, y es que Dios *no sea* Dios. Dios no puede "no ser". Ni puede Dios no ser como Sí mismo. Dios no puede "despojarse" de Él mismo.

Yo estoy en todas partes, y eso es todo. Y puesto que estoy en todas partes, no estoy en ninguna. ¿Y si no estoy en NINGUNA PARTE, dónde estoy?

AQUÍ AHORA.

¡Me encanta! Estableciste ese punto en el primer libro, pero me encanta, así que te dejaré proseguir.

Es muy amable de tu parte. ¿Y ahora lo entiendes mejor? ¿Te das cuenta de que has creado tus ideas de lo "bueno" y lo "malo" simplemente para definir *Quién Eres?*

¿Entiendes que sin estas definiciones —límites— no eres nada?

¿Y comprendes que, lo mismo que Yo, sigues cambiando los límites según cambias tus Ideas de Quién Eres?

Bien, entiendo lo que estás diciendo, pero me parece que no he cambiado mis límites —mis propios límites personales— en buena medida. Para mí, matar siempre ha sido malo. Robar siempre ha sido malo. Siempre ha sido malo herir a otro. Los conceptos más altos con los cuales nos gobernamos han estado vigentes desde el inicio del tiempo, y la mayor parte de los seres humanos están de acuerdo con ellos.

¿Entonces por qué hay guerras?

Porque siempre habrá alguien que rompa las reglas. En cada canasta hay una manzana podrida.

Lo que voy a decir ahora y en los pasajes que siguen, puede ser difícil que lo entiendan y acepten algunas personas. Va a violar mucho de lo que se sostiene como verdad en tu actual sistema de pensamiento. Sin embargo, no puedo permitir que sigas viviendo con estas construcciones si este diálogo tiene la intención de servirte. Por lo tanto, ahora debemos, en este segundo libro, enfrentar directamente algunos de esos conceptos. Pero nuestro camino será un poco escabroso por un rato. ¿Estás listo?

Creo que sí. Gracias por la advertencia. ¿Qué es eso tan dramático o difícil de entender o aceptar que me vas a decir?

Yo te digo que no hay "manzanas podridas". Sólo hay personas que discrepan de *tu punto de vista,* seres que construyen un modelo diferente del mundo. Ninguna persona hace nada inadecuado, según su modelo del mundo.

Entonces su "modelo" está del todo confundido. Yo sé lo que está bien y lo que está mal y el hecho de que otras personas no lo sepan, no significa que *yo* esté demente. ¡*Ellas son* quienes carecen de cordura!

Lamento decirte que es precisamente esa actitud la que inicia las guerras.

Lo sé, lo sé. Lo estaba haciendo a propósito. Sólo me limitaba a repetir lo que he oído que dicen otras personas. ¿Pero cómo *puedo* responder a seres como ésos? ¿Qué *podría* decirles?

Podrías decirles que las ideas de la gente de "bien" y "mal" cambian —y han cambiado— una y otra vez de cultura a cultura, de época a época, de religión a religión, de lugar a lugar... incluso de familia a familia y de persona a persona. Podrías señalarles que lo que muchas personas calificaban de "bueno" en una época —quemar a individuos en la hoguera por lo que se consideraba brujería, como un ejemplo— hoy en día se juzga como "malo".
Podrías decirles que una definición de "bueno" y "malo" es una definición no sólo establecida por la época, sino también por simple geografía. Podrías permitirles observar que algunas actividades en este planeta (la prostitución, por ejemplo) son ilegales en un lugar, y en otro, a unos cuantos kilómetros de distancia, son legales. Y así, cuando se juzga a una persona por haber hecho algo "malo" no se trata de lo que ha hecho la persona realmente, sino de *dónde lo ha hecho.*
Ahora voy a repetir algo que dije en el libro anterior, y sé que fue muy, muy difícil para que algunos lo captaran, lo entendieran.

Hitler se fue al cielo.

No estoy seguro de que la gente esté preparada para eso.

El propósito de este libro, y de todos los libros en la trilogía que estamos creando, es propiciar la preparación para un nuevo paradigma, un nuevo entendimiento; una visión más amplia, una idea más grandiosa.

Bien, voy a tener que formularte aquí las preguntas que sé que muchas personas están pensando y queriendo plantear. ¿Cómo pudo un hombre como Hitler ir al cielo? Todas las religiones del mundo... pensaría que *cada* una de ellas lo han condenado y enviado directamente al infierno.

Primero, no podía haberse ido al infierno porque el infierno no existe. Por lo tanto, sólo queda un lugar al que *podría* haber ido. Pero eso evade la pregunta. La verdadera cuestión aquí es si los actos de Hitler fueron "malos". Sin embargo, he dicho una y otra vez que no hay "bueno" o "malo" en el universo. Nada es intrínsecamente bueno o malo. Simplemente *es.*

Ahora bien, tu idea de que Hitler fue un monstruo está basada en el hecho de que ordenó el asesinato de millones de personas, ¿correcto?

Sí, obviamente.

Si yo te dijese que lo que llamas muerte es lo más grandioso que le pudiese suceder a cualquier persona, ¿qué dirías?

Lo encontraría difícil de aceptar.

¿Tú crees que la vida en la Tierra es mejor que la vida en el paraíso? Yo te digo que en el momento de morir te darás cuenta de que gozas de la mayor libertad, la mayor paz, la mayor alegría y el amor más grandioso que hayas conocido. ¿Debemos, por lo tanto, castigar a la Zorra Bre'r por lanzar al zarzal al Conejo Bre'r?

Ignoras el hecho de que, no obstante lo maravillosa que pueda ser la vida después de la muerte, nuestra vida aquí no debe terminarse contra nuestra voluntad. Vinimos a este mundo a lograr algo, a experimentar algo, a aprender, y no está bien que nuestra vida se trunque por algún asesino maniaco con ideas dementes.

Antes que nada, ustedes no están aquí para *aprender algo*. (¡Vuelve a leer el libro anterior!) La vida no es una escuela, y tu propósito aquí no es aprender; es recordar. Y sobre tu punto más extenso, la vida se "trunca" con frecuencia por muchos motivos: un huracán, un terremoto...

Eso es diferente. Estás hablando de un Acto de Dios.

Cada acontecimiento es un Acto de Dios.

¿Te imaginas que podría tener lugar un suceso si yo no lo quisiera? ¿Piensas que podrías levantar siquiera tu dedo meñique si Yo elijo que no lo hagas? No podrías hacer *nada* si yo me opongo.

No obstante, continuemos examinando juntos esta idea de muerte injusta. ¿Está "mal" que se trunque una vida por una enfermedad?

"Mal" no es una palabra que sea adecuada en este caso. Ésas son causas naturales. No es lo mismo que un ser humano como Hitler con sus asesinatos de millones.

¿Qué hay acerca de un accidente? ¿Un accidente estúpido?

Es lo mismo. Es desafortunado, trágico, pero ésa es la Voluntad de Dios. No podemos asomarnos a la mente de Dios y descubrir por qué suceden estas cosas. No debemos intentarlo, porque la Voluntad de Dios es inmutable e incomprensible. La pretensión de desembrollar el Divino Misterio es codiciar un conocimiento más allá de nuestro alcance. Es inmoral.

¿Cómo lo sabes?

Porque si Dios quisiera que entendiéramos todo esto, *lo haríamos*. El hecho de que *no lo hagamos —no podemos—* es evidencia de que es *Voluntad* de Dios que no sea así.

Ya veo. El hecho de que *no entiendas* es evidencia de la Voluntad de Dios. El hecho de que *suceda, no* es evidencia de la Voluntad de Dios. Humm...

Parece que no soy muy bueno para explicarte esto, pero sé lo que creo.

¿Crees en la Voluntad de Dios, que Dios es Todopoderoso?

Sí.

Excepto en lo que concierne a Hitler. Lo que sucedió *no* fue Voluntad de Dios.

No.

¿Cómo puede ser eso?

Hitler violó la Voluntad de Dios.

Ahora bien, ¿cómo piensas que pudo hacerlo si Mi Voluntad es todopoderosa?

Tú se lo permitiste.

Si Yo se lo permití ...entonces fue Mi Voluntad que actuara así.

Parecería que así fue... ¿Pero qué posible *razón* pudiste tener? No. Fue Tu Voluntad que él tuviese Libre Elección. Fue *su* voluntad que cometiera esos actos.

Estás muy cerca en esto. Muchísimo.
    Tienes razón, por supuesto. Fue Mi Voluntad que Hitler —que *todos* ustedes— tuviesen Libre Elección. Sin embargo, no es Mi Voluntad que sean castigados incesante, interminablemente, si no hacen la elección que yo quiero. Si ése fuera el caso, ¿cuán "libre" he hecho esa elección? ¿Realmente son libres de hacer lo que Yo quiero si saben que los haré sufrir indeciblemente si no hacen lo que Yo quiero? ¿Qué clase de elección es ésa?

No es una cuestión de castigo. Es una Ley Natural. Se trata de consecuencias, simplemente.

Veo que te has instruido bien en todas las construcciones teológicas que te permiten considerarme como un Dios vengador, sin hacerme responsable de eso.

¿Pero quién *estableció* esas Leyes Naturales? Y si podemos concordar en que *Yo* debo ponerlas en vigor, ¿por qué pondría en vigor esas leyes, y después les daría el poder para violarlas?

Si no quise que les afectarán, si fue Mi Voluntad que Mis seres maravillosos nunca sufrieran, ¿por qué crearía la *posibilidad* de que sucediera así?

Y además, ¿por qué continuaría tentándolos, día y noche, a violar las leyes que he promulgado?

Tú no nos tientas. Es el diablo quien lo hace.

Vuelves a lo mismo, no Me haces responsable.

¿No te das cuenta de que la única forma en que puedes racionalizar tu teología radica en interpretarme sin poder? ¿Entiendes que la única forma en que tus construcciones pudiesen tener sentido sería que la Mía no lo tuviese?

¿Estás realmente satisfecho con la idea de un Dios que crea un ser cuyas acciones *no* puede controlar?

No he dicho que no puedas controlar el mal. Tú puedes controlar *todo*. ¡Tú eres Dios! Pero Tú *eliges no hacerlo*. Tú *permites* que el mal nos tiente, que trate de ganarse nuestras almas.

¿Pero *por qué*? ¿Por qué haría eso si *no quiero* que regresen a Mí?

Porque Tú quieres que lleguemos a Ti por elección, no porque no haya opciones. Tú instauraste el Cielo y el Infierno para que hubiese elección. Así podríamos actuar por elección, y no siguiendo simplemente una senda porque no hay otra.

Ya veo cómo obtuviste esta idea. Así es como se estableció en este mundo, y por eso, piensas que debe de ser Mía.

En tu realidad, Dios no puede existir sin el Mal. Por eso crees que debe ser igual en la Mía.

Sin embargo, yo te digo que donde Yo estoy no hay "mal". Y no hay perversidad. Sólo hay el Todo de Todo. La Unicidad. Y la Conciencia, la Experiencia de eso.

El Mío es el Reino de lo Absoluto, donde no existe Una Cosa en relación con Otra, sino independiente de todo lo demás.

El Mío es el lugar donde Todo lo que hay es Amor.

¿Y no hay consecuencias por algo que pensemos, digamos o hagamos en la Tierra?

Oh, sí *hay* consecuencias. Mira a tu alrededor.

Me refiero a después de la muerte.

La "muerte" no existe. La vida sigue para siempre. La vida Es. Cambias de forma, simplemente.

Está bien, como Tú quieras, después de que "cambiamos de forma".

Después de que cambias de forma, ya no existen las consecuencias. Sólo hay Conocimiento.

Las consecuencias son un elemento de relatividad. No tienen lugar en lo Absoluto porque dependen de un "tiempo" lineal y acontecimientos secuenciales. Éstos no existen en el Reino de lo Absoluto.

En ese reino no hay más que paz y alegría y amor.

En ese reino conocerás por fin las Buenas Nuevas: Que tu "mal" no existe, que tú eres quien siempre pensabas que eras: bondad y amor. La idea de que podrías ser otra cosa proviene de un mundo exterior insensato, lo que ocasiona que actúes insensatamente. Un mundo exterior de juicio y condena. Otros te han juzgado, y a partir de esos juicios te juzgas a ti mismo.

Ahora quieres que Dios te juzgue, y no lo haré.

Y debido a que no puedes entender a un Dios que no actuará como lo hacen los humanos, estás perdido.

Tu teología es tu intento para encontrarte a ti mismo de nuevo.

Calificas de insensatas nuestras teologías, ¿pero cómo puede funcionar una teología sin un sistema de Recompensa y Castigo?

Todo depende de lo que percibas como el propósito de la vida, y, por tanto, la base de la teología.

Si crees que la vida existe como una prueba, una tentativa, un periodo de situarte a través de tus pasos para ver si eres digno de "mérito", tus teologías empiezan a tener sentido.

Si crees que la vida existe como una *oportunidad,* un proceso por el cual descubres —recuerda— que eres digno de mérito (y *siempre* lo fuiste), entonces tus teologías me parecen insensatas.

Si crees que Dios es un Dios lleno de ego que requiere atención, adoración, aprecio y afecto —y *matará para obtenerlo—,* tus teologías empiezan a tener lógica.

Si crees que Dios carece de ego o necesidad, pero es la *fuente* de todas las cosas, y la sede de toda sabiduría y amor, entonces tus teologías se desmoronan.

Si crees que Dios es un Dios vengador, celoso en Su amor e iracundo en Su enojo, entonces tus teologías son perfectas.

Si crees que Dios es una Diosa pacífica, gozosa en Su amor y apasionada en Su éxtasis, entonces tus teologías son inútiles.

Yo te digo que el propósito de la vida no es complacer a Dios. El propósito de la vida es conocer y recrear Quién Eres Tú.

Y al *hacerlo*, complaces a Dios, y glorificas a Ella también, a la esencia femenina de Dios.

¿Por qué dices eso? ¿Eres también una mujer?

No soy "Él" ni "Ella". Ocasionalmente uso el pronombre femenino para sacudirte de tu pensamiento restringido.

Si piensas que Dios es una cosa, entonces pensarás que no es otra. Y eso sería un gran error.

Hitler fue al cielo por estas razones:

No hay infierno, por lo que no había otro lugar para él.

Sus acciones fueron lo que tú llamarías equivocaciones —las acciones de un ser sin evolucionar— y las equivocaciones no son castigables por condena, sino que se trata de proporcionar la oportunidad de corrección, de evolución.

Los errores que Hitler cometió no causaron ningún daño o perjuicio a aquellos cuyas muertes ocasionó. Esas almas fueron liberadas de su cautiverio terrenal, como mariposas que emergen de su capullo.

Las personas que quedan atrás lamentan esas muertes debido únicamente a que desconocen el júbilo del cual están gozando ahora esas almas. Nadie que haya experimentado la muerte *lamenta el fallecimiento de otra persona.*

Tu afirmación de que esas muertes fueron, no obstante, prematuras y, por lo tanto, "equivocadas", sugiere que algo podría suceder en el universo *cuando no se supone que sea así*. Sin embargo, dado Quién y Qué Soy Yo, eso es imposible.

Todo lo que ocurre en el universo está ocurriendo perfectamente. Dios no ha cometido un error desde hace mucho, mucho tiempo.

Cuando ves la absoluta perfección en todo lo que nos rodea, no sólo esas cosas con las que tú concuerdas, sino (y tal vez especialmente) esas cosas con las cuales discrepas, alcanzas la maestría.

Sé todo esto, desde luego. Lo abordamos en su totalidad en el libro anterior. Pero para aquellos que no lo han leído, creo que es importante contar con una base de comprensión al principio de este libro. Por eso introduzco esta serie de preguntas y respuestas. Sin embargo, antes de que prosigamos, me gustaría hablar un poco más acerca de las teologías tan complejas que hemos creado los seres humanos. Por ejemplo, cuando era niño, se me enseñó que era un pecador, que todos los seres humanos somos pecadores, y que no podemos evitarlo; nacemos así, nacemos *en el pecado*.

Un concepto muy interesante. ¿Cómo pudo alguien inducirte a creer eso?

En el catecismo se enseña que, aunque *nosotros* no hayamos pecado —ciertamente los *bebés* no lo han hecho—, Adán y Eva sí lo hicieron y nosotros, que somos sus descendientes, en consecuencia heredamos su culpa, lo mismo que sus naturalezas pecadoras.

Adán y Eva comieron la fruta prohibida —participaron en el conocimiento del Bien y del Mal— y así sentenciaron a todos sus herederos y descendientes a una separación de Dios desde el nacimiento. Cada uno de nosotros nace con este "Pecado Original" en el alma. Todos compartimos la culpa. Por eso creo que se nos ha dado el Libre Albedrío, para ver si haremos lo mismo que Adán y Eva y desobedeceremos a Dios, o si podemos superar nuestra tendencia natural, heredada, a "hacer el mal", y, en cambio, portarnos correctamente, a pesar de las tentaciones del mundo.

¿Y si hacen el "mal"?

Entonces Tú nos envías al infierno.

Yo lo hago.

Sí, a menos que nos arrepintamos.

Ya veo.

Si afirmamos que estamos arrepentidos —hacemos un Acto de Contrición Perfecto—, Tú nos salvarás del Infierno, pero no de *todo* el sufrimiento. Aun así, tenemos que ir al Purgatorio por un tiempo, para limpiarnos de nuestros pecados.

¿Por cuánto tiempo tienen que morar en el "Purgatorio"?

Depende. Tenemos que quemar nuestros pecados. No es muy agradable, déjame decirte. Y cuantos más pecados tengamos, tanto más tiempo se llevará consumirlos, y será más largo el periodo que permanezcamos ahí. Eso es lo que se me ha enseñado.

Entiendo.

Pero al menos no iremos al infierno, ya que ahí es para siempre. Por otra parte, si morimos en pecado mortal, nos vamos *directamente* al infierno.

¿Pecado mortal?

En comparación con el pecado venial. Si morimos con un pecado venial en nuestra alma, sólo vamos al Purgatorio. El pecado mortal nos envía derecho al infierno.

¿Me puedes dar un ejemplo de esas diversas categorías de pecado que se te enseñaron?

Por supuesto. Los pecados mortales son serios: delitos mayores; infracciones teológicas; actos como asesinato, violación, robo. Los pecados veniales son un tanto menores: ofensas teológicas, como faltar a los oficios religiosos o, hace algún tiempo, comer carne en viernes.

¡Cómo! ¿Este Dios de ustedes los envía al Purgatorio si comen carne en viernes?

Ya no. Desde principios de los años sesenta ya no se considera pecado. Sin embargo, si comíamos carne en viernes *antes* de principios de los sesenta, nos arriesgábamos a sufrir el infortunio.

¿De verdad?

Totalmente.

Bien, ¿qué sucedió a principios de los años sesenta para que este "pecado" dejara de serlo?

El Papa dijo que se nos dispensaba de esa imposición.

Entiendo. ¿Y este Dios los obliga a adorarlo, a asistir a los oficios religiosos? ¿Bajo pena de castigo?

Faltar es un pecado, sí. Y si no se practica la confesión y la persona muere con ese pecado en el alma, tendrá que ir al Purgatorio.

Pero, ¿qué pasa con un niño? ¿Qué sucede con un pequeño niño inocente que desconoce todas estas "reglas" por medio de las cuales Dios ama?

Si un niño muere antes de que sea bautizado en la fe, ese niño va al Limbo.

¿Va a dónde?

Al Limbo. No es un lugar de castigo, pero tampoco es el cielo. No se puede estar con Dios, pero por lo menos tampoco se está con "el demonio."

¿Pero por qué no podría ese hermoso niño inocente estar con Dios? El niño no hizo nada *malo...*

Eso es verdad, pero el niño no fue bautizado. No importa cuán intachables o inocentes sean los bebés —o cualquier persona—, tienen que estar bautizados para entrar al cielo. De otra manera, Dios no puede aceptarlos. Por eso es muy importante bautizar rápidamente a los niños, lo antes posible después de su nacimiento.

¿Quién te dijo todo esto?

Dios, por medio de Su iglesia.

¿Cuál iglesia?

La Santa Iglesia Católica Romana, por supuesto. Ésa es la iglesia de Dios. De hecho, si se es católico y se asiste a *otra* iglesia, también es pecado.

¡Creía que era pecado *no* asistir a la iglesia!

Lo es. También es pecado asistir a la iglesia equivocada.

¿Qué es una iglesia equivocada?

Cualquier iglesia que no sea la Católica Romana. No se debe bautizar, ni contraer matrimonio en la iglesia equivocada, ni siquiera asistir a una iglesia equivocada. Esto lo sé a ciencia cierta porque hace muchos años quise ir con mis padres a la boda de un amigo para fungir como escolta, pero las monjas me dijeron que no debería aceptar la invitación porque era la *iglesia equivocada*.

¿Las obedeciste?

No, me figuré que Dios —Tú— te presentarías en la otra iglesia con la misma disposición con la que Te presentas en la mía, por lo que sí fui, y me sentí muy bien.

Actuaste correctamente. Bueno, veamos: tenemos el cielo, tenemos el infierno, tenemos el purgatorio, tenemos el limbo, tenemos el pecado mortal, tenemos el pecado venial... ¿Hay algo más?

Pues sí, la confirmación y la confesión, el exorcismo y la Extremaunción, los Santos Patrones y los Días Sagrados de Obligación.

Cada día está santificado. Cada *minuto* es sagrado. *Éste, ahora,* es el *Instante Sagrado.*

Desde luego, pero algunos días son *realmente* sagrados, los Días Sagrados de Obligación, y en esos días también se debe asistir a los oficios.

¿Y qué sucede si no asistes?

Es pecado.

Así que te vas al infierno.

En este caso al Purgatorio si se muere con ese pecado en el alma. Por eso es bueno acudir a la Confesión con la mayor frecuencia posible. Algunas personas van cada semana. Otras, todos los *días*. De ese modo, se puede mantener limpia el alma por si ocurriera la muerte...

...Y hablábamos de vivir en temor constante.

Sí, ése es el propósito de la religión, infundir en nosotros el temor a Dios. Así, actuamos con rectitud y resistimos la tentación.

¿Y si cometes un "pecado" entre una y otra confesión, y te ves atrapado en un accidente o algo así, y mueres?

No hay por qué temer, sólo se tiene que realizar un Acto Perfecto de Contrición. "Oh, Dios, me arrepiento de todo corazón por haberte ofendido..."

Es suficiente.

Ésa es sólo una de las religiones del mundo. ¿Deseas que te hable de algunas otras?

No, ya comprendo.

Espero que no se interprete como una ridiculización de estas creencias.

Realmente no estás ridiculizando a nadie, sólo informas al respecto. Es como acostumbraba decir el presidente estadounidense Harry Truman: "¡Mándalos al demonio, Harry!", le gritaba la gente, y él decía: "Yo no los mando al demonio. Sólo los cito directamente, y *se siente* de todos los demonios".

4

Vaya, realmente nos hemos desviado del tema. Empezamos hablando del Tiempo y terminamos hablando de la religión organizada.

Sí, así ocurre en las conversaciones con Dios. Es difícil mantener limitado el diálogo.

Permíteme resumir los puntos que estableciste en el capítulo 3.

• No hay más tiempo que *este* tiempo; no hay otro momento más que *este* momento.
• El tiempo no es un continuo. Es un aspecto de la Relatividad que existe en un paradigma "vertical", con "momentos" o "acontecimientos" apilados uno junto al otro, sucediendo al mismo "tiempo".
• Constantemente viajamos entre realidades en esta esfera de tiempo-no tiempo-todo el tiempo, generalmente, en nuestro sueño. El *Déjà vu* es una forma en la cual cobramos conciencia de eso.
• Nunca hubo un tiempo cuando "no" fuimos, ni nunca lo habrá.
• El concepto de "edad" en lo que se relaciona con las almas realmente tiene que ver con los niveles de conocimiento, y no con la duración del "tiempo".
• No existe la maldad.
• Somos Perfectos, tal como somos.
• "Malo" es una conceptualización de la mente, basada en la Experiencia Relativa.
• Según transcurre nuestra vida vamos elaborando las reglas, cambiándolas para que se adapten a nuestra Realidad Presente, y eso está perfectamente bien. Es así como debe ser, tiene que ser, si somos seres en evolución.

• Hitler se fue al cielo (!).

• Todo lo que sucede es Voluntad de Dios, *todo*. Eso no sólo incluye huracanes, tornados y terremotos, sino también a Hitler. El secreto del entendimiento reside en conocer el Propósito detrás de todos los acontecimientos.

• No hay "castigos" después de la muerte, y todas las consecuencias sólo existen en la Experiencia Relativa, no en el Reino de lo Absoluto.

• Las teologías humanas son un intento insensato de la humanidad para explicar un Dios insensato que no existe.

• La única forma en que tienen sentido las teologías humanas consiste en que aceptemos a un Dios que no tiene ningún sentido.

¿Qué te parece? ¿Otro buen resumen?

Excelente.

Bien. Por ahora tengo un millón de preguntas. Los puntos 10 y 11, por ejemplo, demandan mayor esclarecimiento. *¿Por qué Hitler* fue al cielo? Sé que trataste de explicármelo, pero en alguna forma, necesito más elementos. ¿Y cuál *es* el propósito detrás de todos los acontecimientos? ¿Y cómo se relaciona este Propósito Mayor con Hitler y otros déspotas?

Veamos el Propósito primero.

Todos los acontecimientos, todas las experiencias tienen como propósito la creación de *la oportunidad*. Los acontecimientos y las experiencias son Oportunidades, simplemente.

Sería un error juzgarlos como "obras del demonio", "castigos de Dios", "recompensas del Cielo", o cualquier otra cosa intermedia. Simplemente son Acontecimientos y Experiencias, cosas que suceden.

Lo que les da significado es lo que *pensamos* de ellos, lo que *hacemos* al respecto, y lo que *somos* en respuesta a ellos.

Los acontecimientos y las experiencias son oportunidades que atraes tú, creadas *por* ti mismo, individual o colectivamente, a través de la conciencia. La conciencia crea experiencia. Estás intentando elevar tu conciencia. Has atraído estas oportunidades a fin de usarlas como instrumentos en la creación y experimentación de Quién Eres Tú. Quién Eres Tú es un ser de conciencia más elevada que la que ahora manifiestas.

Debido a que es Mi Voluntad que sepas y experimentes Quién Eres Tú, te permito atraer hacia ti cualquier acontecimiento o experiencia que elijas crear para alcanzar este fin.

Otros Participantes en el Juego Universal se unen a ti de vez en cuando, ya sea como Encuentros Breves, Participantes Periféricos, Compañeros Temporales de Equipo, Interactores a Largo Plazo, Parientes y Familia, Seres Amados, o Camaradas en la Senda de la Vida.

Tú atraes hacia ti a esas almas, y *ellas* te atraen hacia ellas mismas. Es una experiencia mutuamente creativa, la cual expresa las elecciones y deseos de ambas.

Nadie llega a ti por accidente.

Las coincidencias no existen.

Nada ocurre al azar.

La vida no es producto de la suerte.

Los acontecimientos, al igual que las personas, las atraes tú, para tus propios propósitos. Las mayores experiencias y creaciones planetarias son el resultado de la conciencia de grupo. Se ven atraídas hacia tu grupo como un todo, como resultado de las elecciones y deseos del grupo como un conjunto.

¿Qué quieres decir con el término "tu grupo"?

La *conciencia de grupo* es algo que no se entiende en toda su extensión, sin embargo, es extremadamente poderosa y puede, si no eres cuidadoso, derrotar con frecuencia la conciencia individual. Por lo tanto, si deseas que sea armoniosa tu mayor experiencia de vida en el planeta, siempre debes empeñarte en crear conciencia de grupo donde quiera que vayas, y con todo lo que hagas.

Si estás en un grupo cuya conciencia no refleja la tuya, y en ese momento no te es posible alterar eficazmente la conciencia de ese grupo, lo conveniente es que te separes de él, o el grupo podría conducirte. Irá adonde quiera dirigirse, independientemente de adonde tú quieras ir.

Si no puedes encontrar un grupo cuya conciencia concuerde con la tuya, sé la *fuente* de uno. Otros de conciencia semejante se verán atraídos hacia ti.

A fin de que se produzca un cambio permanente e importante en tu planeta, los individuos y los grupos pequeños deben afectar a los grupos más grandes y, a la larga, al grupo mayor, el cual es TODA la humanidad.

Tu mundo, y la condición en que está, es un reflejo de la conciencia total combinada de todos sus habitantes.

Como puedes ver si miras a tu alrededor, hay mucho trabajo por hacer. A menos, desde luego, que estés satisfecho con tu mundo tal y como es. Sorprendentemente, la *mayoría* de las personas lo están. Por eso el mundo no cambia.

La mayor parte de las personas *están* satisfechas con un mundo en el cual se honran las diferencias, no las similitudes, y los desacuerdos se solucionan con conflictos y guerra.

La mayoría está satisfecha con un mundo en el cual la supervivencia es para el más apto, impera la ley del más fuerte, alimenta la competencia, y el acto de ganar se califica como el bien más alto.

Si ese sistema también produce "perdedores" —así sea— no importa siempre que tú no estés entre ellos.

La mayoría de la gente *está* satisfecha, aun cuando ese modelo produce una mentalidad que permite dar muerte a personas cuando se juzga que obraron "mal", y propicia que haya seres hambrientos y que carecen de hogar cuando son "perdedores", y se les oprime y explota si no son "fuertes".

También la mayoría define como "equivocado" lo que es diferente de lo que aceptan. Las diferencias religiosas, en particular, no se toleran, ni las diferencias sociales, económicas o culturales.

La explotación de la clase inferior se justifica con declaraciones autoelogiosas de la clase más alta acerca de que sus víctimas están ahora mejor lo que estaban antes de estas explotaciones. Con esta medida, la clase alta puede ignorar la cuestión de cómo se *debe* tratar a todas las personas si se quiere actuar con verdadera justicia, en vez de limitarse a mejorar un poco una situación horrible, y lucrar obscenamente con la transacción.

Muchos se *ríen* cuando se sugiere cualquier otra clase de sistema que no sea el que actualmente está en vigencia, diciendo que las conductas como la competencia y el asesinato y el "victorioso se lleva el botín" ¡son las que hacen grandiosa su civilización! La mayoría de las personas piensan que no hay otra forma natural de *ser*, que está en la *naturaleza* de los humanos comportarse de esa manera, y que si actuaran de otro modo se aniquilaría el espíritu interior que impulsa al hombre a triunfar. (Nadie se plantea la pregunta de "¿Triunfar en qué?")

Así como es difícil que lo entiendan los seres realmente iluminados, la mayoría de la gente en tu planeta cree en esta filosofía, y por eso no les interesa el sufrimiento de las masas, la opresión de las minorías, el enojo de las clases inferiores, las necesidades de *supervivencia* de cualquiera que no sean ellos y sus familias inmediatas.

La mayoría no ven que están destruyendo su Tierra —el mismo planeta que les da Vida— porque sus acciones sólo buscan elevar la calidad de sus condiciones de existencia. Asombrosamente, no son tan previsoras como para observar que las ganancias a corto plazo pueden producir pérdidas a largo plazo. Con frecuencia actúan así y lo seguirán haciendo.

Son muchos los que se sienten *amenazados* por la conciencia de grupo, un concepto como el bien colectivo, una visión global de un solo mundo, o un Dios que existe en unidad con toda la creación, en vez de separado de ella.

A pesar de este temor por todo lo que conduzca a la unificación y a la glorificación del planeta —de que Todo Lo que Separa produce división, desavenencia, discordia—, parece que no se tiene la capacidad para aprender incluso de la propia experiencia, y, por lo tanto, los humanos continúan con sus conductas, con los mismos resultados.

La incapacidad para experimentar el sufrimiento de otro como propio es lo que permite que continúe tanto sufrimiento.

La separación engendra indiferencia, superioridad falsa. La unidad produce compasión, igualdad genuina.

Los acontecimientos que ocurren en este planeta —los cuales han ocurrido regularmente durante 3 000 años— son, como he dicho, un reflejo de la Conciencia Colectiva de grupo —el grupo entero en este planeta.

Ese nivel de conciencia se podría describir mejor como primitivo.

Hummm. Sí, pero parece que nos hemos apartado de la pregunta original.

En realidad, no. Preguntaste acerca de Hitler. La Experiencia de Hitler fue posible como un resultado de la conciencia de grupo. Muchas personas afirman que Hitler manipuló a un grupo —en este caso, sus compatriotas— por medio de la astucia y el dominio de su retórica. Sin embargo, esto coloca convenientemente toda la culpa ante los pies de Hitler, y es ahí exactamente donde la quiere la gran masa.

Pero Hitler no podría haber hecho nada sin la cooperación y apoyo y sumisión voluntaria de millones de personas. El subgrupo que se llama a sí mismo alemanes debe asumir una enorme carga de responsabilidad por el Holocausto. Al igual, en cierto grado, que el grupo más grande llamado Humanos, el cual, si no hizo nada más, se permitió permanecer indiferente y apático ante el sufrimiento en Alemania hasta que alcanzó una escala tan masiva que incluso los aislacionistas de corazón más frío ya no pudieron ignorarlo.

Como ves, fue la *conciencia colectiva* la que proporcionó la tierra fértil para el crecimiento del movimiento nazi. Hitler aprovechó el momento, pero él no lo creó.

Es importante entender esta *lección*. Una conciencia de grupo que habla constantemente de separación y superioridad produce falta de compasión en una escala masiva, y a la falta de compasión le sigue, inevitablemente, una pérdida de conciencia.

Un concepto colectivo arraigado en un nacionalismo estricto ignora las aflicciones de otros, y, no obstante, atribuye a los demás la responsabilidad por las suyas, justificando así la represión, la "rectificación" y la guerra.

Auschwitz fue la "solución" nazi, un intento por "rectificar" el "Problema Judío".

El horror de la Experiencia de Hitler no es que la haya cometido en la raza humana, sino que la *raza humana se lo haya permitido*.

Lo asombroso no es sólo que haya surgido Hitler, sino también que tantos otros lo hayan *seguido*.

La vergüenza no es sólo que Hitler haya asesinado a millones de judíos, sino también que *tuviesen* que morir millones de judíos antes de que se le detuviera.

El propósito de la Experiencia de Hitler fue que la humanidad se mostrara a sí misma.

En el transcurso de la historia han surgido maestros notables, cada uno presentando oportunidades extraordinarias para recordar a la Humanidad Quién Es Realmente. Estos maestros han enseñado lo más alto y lo más bajo del potencial humano.

Han presentado ejemplos vívidos y pasmosos de lo que puede significar ser humano —a dónde se puede ir con la experiencia, a dónde pueden e irán todos, según su conciencia.

Hay que recordar lo siguiente: La conciencia es todo, y crea la experiencia. La *conciencia de grupo* es poderosa y produce resultados de indecible belleza o fealdad. La elección es siempre de ustedes.

Si no estás satisfecho con la conciencia de tu grupo, intenta cambiarla.

La mejor forma de cambiar la conciencia de otros es por medio del ejemplo.

Si tu ejemplo no es suficiente, forma tu propio grupo, sé tú la *fuente* de la conciencia que deseas que experimenten otros. Ellos lo *harán* cuando tú les muestres el camino.

Hitler les dio una oportunidad dorada para hacer eso. La Experiencia de Hitler —como la Experiencia de Cristo— es profunda en sus implicaciones y las verdades que reveló *acerca* de la Humanidad. Sin embargo, esos grandes conocimientos sólo vivirán —en el caso de Hitler o Buda; Genghis Khan o Hare Krishna; Atila, rey de los Hunos, o Jesucristo— mientras sigan vivos los recuerdos de ellos.

Por eso los judíos construyen monumentos al Holocausto y piden que nunca se olvide. En cada hombre hay un pequeño fragmento de Hitler, y sólo es cuestión de grado.

La aniquilación de un pueblo es la aniquilación de un pueblo, ya sea en Auschwitz o en Wounded Knee.

¿Así que Hitler nos fue enviado para proporcionarnos una lección acerca de los horrores que puede cometer el hombre, los niveles a los cuales se puede hundir el ser humano?

Hitler no fue enviado. A Hitler lo creó la sociedad. Surgió de la Conciencia Colectiva, y no podría haber existido sin ella. Ésa es la lección.

La conciencia de separación, segregación, superioridad —del "nosotros" frente al "ellos", del "nosotros" y el "ellos"— es lo que crea la Experiencia de Hitler.

La conciencia de la Hermandad Divina, de la unidad, de la Unicidad, del "nuestro" en vez del "tuyo/mío" es lo que crea la Experiencia de Cristo.

Cuando el dolor es "nuestro", no sólo "de ustedes", cuando la alegría es "nuestra", no sólo "mía", cuando la *experiencia total de la vida* es Nuestra, entonces, al fin, es verdadera una experiencia de Vida Entera.

¿Por qué Hitler se fue al cielo?

Porque no hizo nada "malo". Simplemente actuó como actuó. Te recuerdo de nuevo que durante muchos años millones creyeron que estaba en "lo correcto". ¿Cómo, entonces, podía pensar que no era así?

Si planteas una idea demente, y diez millones de personas coinciden contigo, no pensarías que estás tan demente.

El mundo decidió por fin que Hitler estaba "equivocado". Es decir, la población del mundo realizó una nueva evaluación de Quiénes Somos, y Quiénes Elegimos Ser, en relación con la Experiencia de Hitler.

¡Él estableció un criterio! Impuso un parámetro, un margen contra los cuales podíamos medir y limitar nuestras ideas acerca de nosotros mismos. Cristo hizo lo mismo, en el otro extremo del espectro.

Ha habido otros Cristos, y otros Hitlers. Y los habrá de nuevo. Entonces, debes estar siempre atento, puesto que hay personas de conciencia alta y personas de conciencia baja que caminan cerca de ti, e incluso *tú* caminas entre ellas. ¿Cuál conciencia llevas contigo?

Todavía no entiendo cómo pudo Hitler ir al cielo; ¿cómo se le pudo recompensar por lo que hizo?

Primero, entiende que la muerte no es un final, sino un principio; no es un horror, sino un júbilo. No es una clausura, sino una apertura.

El momento más feliz de tu vida será el momento final.

Y eso se debe a que *no* termina, sino que prosigue en formas tan magníficas, tan llenas de paz y sabiduría y alegría, como para que sea difícil describirlas e imposible que tú las comprendas.

Por lo tanto, lo primero que tienes que entender —como ya te lo he explicado— es que Hitler *no perjudicó* a nadie. En un sentido, no *causó* sufrimiento, lo terminó.

Fue Buda quien dijo: "La vida es sufrimiento". Tenía razón.

Pero incluso si acepto eso —Hitler no *sabía* que realmente estaba haciendo un *bien*. ¡Él pensaba que estaba actuando *mal*!

No, él no pensaba que estaba haciendo algo "malo". En realidad creía que estaba ayudando a su pueblo. Y eso es lo que tú no entiendes.

Nadie *hace* nada que esté "mal" dado su modelo del mundo. Si tú piensas que Hitler actuó con demencia y todo el tiempo *supo* que estaba loco, entonces no entiendes nada de la complejidad de la experiencia humana.

Hitler creía que le estaba haciendo un bien a su pueblo. ¡Y su pueblo también lo creía! *¡Ésa fue la demencia de todo!* ¡La mayor parte de la nación estaba de acuerdo *con él*!

Tú has declarado que Hitler estaba "equivocado". Bien. Con esta medida has llegado a definirte a ti mismo, a conocer más acerca de ti mismo. Bien. Pero no condenes a Hitler por *mostrarte eso*.

Alguien tenía que hacerlo.

No puedes conocer el frío a menos que haya caliente, lo de arriba a menos que haya lo de abajo, la izquierda a menos que haya derecha. No condenes a uno y bendigas a otro. Esta actitud significa una falla en el entendimiento.

Durante siglos, los seres humanos condenaron a Adán y Eva. Se dice que cometieron el Pecado Original. Yo te digo: fue la Bendición Original. Sin este acontecimiento, el inicio del conocimiento del bien y del mal, ¡ni siquiera sabrías que contabas con las dos posibilidades! En efecto, antes de la llamada Caída de Adán, *no existían* estas dos opciones. No había "mal". Todos los seres del mundo y lo que los rodeaba convivían en un estado de perfección constante. Era, literalmente, el paraíso. Sin embargo, ustedes *no sabían* que era el paraíso, no podían experimentarlo como la perfección, porque no conocían nada más.

¿Condenarías entonces a Adán y Eva, o les darías las gracias?

¿Y qué, según tú, debo hacer con Hitler?

Yo te digo que el amor de Dios y la compasión de Dios, la sabiduría y la misericordia de Dios, la intención y el *propósito* de Dios, son lo suficientemente grandes para incluir el crimen más atroz y al criminal más despiadado.

Tal vez no concuerdes con esto, pero no importa. Acabas de aprender lo que viniste a descubrir aquí.

5

En el primer volumen prometiste que en el Libro 2 explicarías una larga lista de otros temas, como el tiempo y el espacio, el amor y la guerra, el mal y el bien, y algunas consideraciones geopolíticas planetarias del orden más elevado. Asimismo, prometiste explicar con cierto detalle la experiencia humana del sexo.

En efecto, prometí todo eso.

El primer libro abordó preguntas más personales, con la propia vida como un individuo. Esta obra se ocupa de la vida colectiva en el planeta. El Libro 3 concluye la trilogía con las verdades más rotundas: la cosmología, el panorama completo, el viaje del alma. En conjunto, Mi mejor consejo e información actuales sobre todos los temas, desde cómo atarte las agujetas del zapato hasta el entendimiento del universo.

¿Ya expusiste acerca del tiempo todo lo que tenías que decir?

Dije todo lo que necesitas saber.

El tiempo es una invención humana. Todas las cosas existen simultáneamente. Todos los acontecimientos ocurren a la vez.

Este libro se está escribiendo, y mientras se escribe, ya está escrito; ya existe. De hecho, de ahí estás obteniendo toda esta información, del libro que ya existe. Tú le estás dando forma únicamente.

Eso es lo que se quiere decir con: "Antes de que preguntes, habré contestado".

Toda esta información acerca del Tiempo parece... bueno, interesante, pero más bien esotérica. ¿Tiene alguna aplicación en la vida real?

Un verdadero entendimiento del tiempo te permite vivir mucho más pacíficamente dentro de tu realidad de la relatividad, donde el tiempo se experimenta como un movimiento, un flujo, en vez de como una constante.

Eres *tú* quien se está moviendo, no el tiempo. El tiempo *no tiene* movimiento. Sólo hay Un Momento.

En algún nivel, entiendes profundamente esto. Por eso cuando sucede en tu vida algo realmente magnífico o importante, con frecuencia dices que es como "si se hubiese detenido el tiempo".

Y así *es*. Y cuando *tú también lo haces,* a menudo experimentas uno de esos momentos que definen la vida.

Me resulta difícil creerlo. ¿Cómo puede ser posible?

La ciencia ya ha *demostrado* esto matemáticamente. Se han escrito fórmulas que muestran que si tú navegas en una nave espacial y te desplazas lo suficientemente lejos y con la suficiente velocidad, podrías dar una vuelta de regreso a la Tierra y *observarte a ti mismo en el lanzamiento.*

Esto demuestra que el Tiempo no es un *movimiento* sino un *campo* a través del cual *te mueves,* en este caso en la nave espacial Tierra.

Se requieren 365 "días" para formar un año. Sin embargo, ¿qué es un "día"? Se decidió —bastante arbitrariamente, podría añadir— que un "día" es el "tiempo" que ocupa tu nave espacial para consumar una revolución completa en su eje.

¿Cómo sabes que ha hecho ese giro? (¡No puedes *sentir* que se mueve!). Se eligió al Sol como un punto de referencia en los cielos, y se dice que se requiere un "día" completo para que la parte de la nave espacial en la que habitas, se sitúe frente al Sol, se aleje del Sol, y se coloque de nuevo frente al Sol.

Se dividió este "día" en 24 "horas" —repito, bastante arbitrariamente—. ¡Con la misma facilidad se habría dicho "10" o "73"!

Después, se dividió cada "hora" en "minutos". Se consideró que cada unidad de hora contenía 60 unidades más pequeñas, llamadas "minutos", y que cada uno de ellos contenía 60 unidades diminutas, llamadas "segundos".

Un día alguien observó que la Tierra no sólo giraba, ¡sino que también flotaba! Comprendió que se movía en el espacio *alrededor del Sol.*

Así, se calculó cuidadosamente que se requerían 365 revoluciones de la Tierra para que la Tierra misma girara alrededor del sol. A este número de revoluciones de la Tierra lo llamaron un "año".

Hubo confusión cuando se decidió que había que dividir un "año" en unidades más pequeñas, y mayores que un "día".

Surgieron la "semana" y el "mes", y se buscó obtener el mismo número de meses en cada año, pero no el mismo número de días *en cada mes*.

Sin poder encontrar una forma para dividir un número non de días (365) entre un número par de meses (12), ¡se decidió que *algunos meses contuvieran más días que otros!*

Se conservó el 12 como el subdivisor anual porque ése era el número de Ciclos Lunares que la Luna completaba durante un "año". A fin de reconciliar estos tres acontecimientos espaciales —revoluciones alrededor del Sol, giros de la Tierra en su eje y ciclos de la Luna—, simplemente se ajustó el número de "días" en cada "mes".

Incluso este recurso no solucionó todos los problemas porque las anteriores invenciones seguían creando un "aumento" de "tiempo", ante el que no se sabía qué hacer. Así que también se decidió que, con cierta frecuencia, un año debería ¡tener un día completo más! Se le llamó Año Bisiesto, y es como una broma, pero en realidad, se vive con ese esquema, ¡y calificas de "increíble" Mi explicación del tiempo!

Igual de arbitrariamente se crearon las "décadas" y los "siglos" (y lo que es interesante es que la base es 10, no 12) como una medida adicional del paso del "tiempo", pero lo que en realidad se ha hecho es idear una forma de medir *los movimientos a través del espacio*.

Por consiguiente, vemos que no es el tiempo el que "pasa" sino que son los *objetos* los que pasan *a través*, y se mueven alrededor, en un campo estático al que ustedes le llaman *espacio*. ¡El "tiempo" es simplemente su forma de *contar los movimientos*!

Los científicos entienden profundamente esta conexión y, por lo tanto, hablan en términos del "Continuo de Espacio-Tiempo".

El doctor Einstein y otros se dieron cuenta de que el tiempo era una construcción mental, un *concepto relacional*. ¡El "tiempo" era *relativo al espacio* que existía entre objetos! Si el universo se está expandiendo —lo cual está sucediendo— entonces, hoy en día es más "extenso" el periodo que requiere la Tierra para girar alrededor del Sol que hace mil millones de años. (Hay más "espacio" qué cubrir.)

Por lo tanto, ¡recientemente se requirieron más minutos, horas, días, semanas, meses, años, décadas y siglos que en 1492 para que ocurrieran estos acontecimientos cíclicos! (¿Cuándo un "día" no es un día? ¿Cuándo un "año" no es un año?)

Los nuevos instrumentos altamente especializados para medir el tiempo ahora registran esta discrepancia del "tiempo", y cada año se ajustan los relojes en todo el mundo para acomodar un universo que no se queda estático. Se llama Hora Media de Greenwich... ¡y no es muy mediadora que digamos porque expone como mentiroso al Universo!

Einstein discurrió que si no era el "tiempo" el que se estaba moviendo, sino que era él quien se movía a través del espacio, todo lo que tenía que hacer era cambiar la cantidad de espacio entre objetos, o cambiar el ritmo de *velocidad* con la cual se movía a través del espacio de un objeto a otro para "alterar" el tiempo.

Fue su Teoría General de la Relatividad la que en la era moderna expandió el entendimiento de la correlación entre tiempo y espacio.

Ahora puedes entender por qué, si hicieras un largo viaje a través del espacio y regresaras, es posible que sólo hayas envejecido diez años, ¡mientras que tus amigos en la Tierra habrán envejecido 30! Cuando más lejos vayas, tanto más se deformará el Continuo de Espacio-Tiempo, y cuando aterrices, ¡serán menos las posibilidades de que encuentres viva en la Tierra a cualquier persona que estuviera aquí a tu partida!

Sin embargo, si los científicos en la Tierra, en algún tiempo "futuro" elaboran una forma para propulsarse *con mayor velocidad,* podrían "engañar" al Universo y permanecer en sincronía con el "tiempo real" en la Tierra, de modo que a su regreso descubrirían que en la Tierra ha pasado el mismo tiempo que en la nave espacial.

Obviamente, si se dispusiera de una propulsión más potente, ¡se podría regresar a la Tierra antes de despegar! Es decir, el tiempo en la Tierra pasaría más *lentamente* que en la nave espacial. ¡Podrías regresar en diez de tus "años" y la Tierra sólo habría "envejecido" cuatro! Si se aumenta la velocidad, diez años en el espacio equivaldrían a diez minutos en la Tierra.

Ahora, si te encontraras con un "pliegue" en la estructura del espacio (Einstein y otros creyeron en la existencia de esos "pliegues", ¡y estaban en lo correcto!) y súbitamente te impulsara a través del "espacio" en un "momento" infinitesimal, ¿podría ese fenómeno de espacio-tiempo "lanzarte" literalmente de regreso en el "tiempo"?

Ahora no debe de ser tan difícil ver que el "tiempo" no existe, excepto como una construcción de la mentalidad humana. Todo lo que ha pasado —y va a pasar— está sucediendo *ahora*. La capacidad para observarlo depende únicamente de tu punto de vista, tu "lugar en el espacio".

Si estuvieses en *Mi* lugar, podrías ver *Todo* ¡ahora mismo! ¿Comprendes?

¡Uau! Estoy *empezando* a comprender —en un nivel teórico—, ¡sí!

Bien. Aquí te lo he explicado en una forma tan sencilla que hasta un niño podría entenderlo. Tal vez no sea ciencia pura, pero origina una buena comprensión.

Ahora mismo, los objetos físicos están limitados en términos de su velocidad, pero no sucede lo mismo con *los objetos que no son físicos:* mis pensamientos, mi alma, teóricamente podrían moverse a través del éter a velocidades increíbles.

¡Exactamente! *¡Precisamente!* Y eso es lo que sucede con frecuencia en los sueños y otras experiencias incorpóreas y psíquicas.

Ahora entiendes el fenómeno de *Déjà vu.* ¡Es probable que hayas estado ahí antes!

Pero... si todo *ya ha sucedido,* entonces resulta que soy impotente para cambiar mi futuro. ¿Es eso predestinación?

¡No! ¡No aceptes esa idea! No es verdad. De hecho, este "plan" debe ser un servicio para ti, ¡no lo contrario!

Siempre estás en un lugar de voluntad libre y elección total. La posibilidad de ver el "futuro" (o buscar que otros lo hagan por ti) debe intensificar tu capacidad para vivir la vida que quieras, no limitarla.

¿Cómo? En esto necesito ayuda.

¡Si "ves" en el futuro un acontecimiento o experiencia que no te agrada, no lo *elijas!* ¡Elige de nuevo! ¡Selecciona otra opción!

Cambia o altera tu conducta de modo que evites el *resultado indeseable.*

¿Pero cómo puedo evitar lo que ya sucedió?

¡No te ha sucedido todavía! Estás en un lugar en el Continuo Espacio-Tiempo donde no estás *conscientemente* enterado del acontecimiento. Tú no "sabes" que "sucedió". ¡No has "recordado" tu futuro!

(Este olvido es el secreto de *todo el tiempo*. ¡Es lo que hace posible que tú "participes" en el gran juego de la vida! Ya te lo explicaré posteriormente.)

Lo que no "sabes" no "es". Puesto que "tú" no "recuerdas" tu futuro, ¡no te ha "sucedido" todavía! Sólo sucede un acontecimiento cuando se "experimenta". Únicamente se "experimenta" un acontecimiento cuando se "conoce".

Digamos ahora que se te ha bendecido con un breve vistazo, un momentáneo "conocimiento" de tu "futuro". Lo que ha sucedido es que tu Espíritu —tu parte no física— simplemente se trasladó a toda velocidad a otro lugar en el Continuo Espacio-Tiempo y regresó con cierta energía residual —algunas imágenes o impresiones— de ese momento o acontecimiento.

Te es posible "sentirlas", o algunas veces, otra persona que haya desarrollado un don metafísico puede "sentir" o "ver" esas imágenes y energías que están girando a tu alrededor.

Si no te gusta lo que "sientes" acerca de tu "futuro", ¡aléjate de eso! ¡Simplemente, aléjate! En ese instante cambias tu experiencia, ¡y cada uno de los seres que conforman tu Yo suspiran con alivio!

¡Espera un minuto! ¿Qué dijiste?

Debes saber —y ahora estás preparado para que se te diga— que existes *simultáneamente* en cada nivel del Continuo Espacio-Tiempo.

Es decir, tu alma Siempre Ha Sido, Siempre Es y Siempre Será —un mundo sin fin—, amén.

¿"Existo" en más lugares que uno?

¡Desde luego! ¡Tú existes *en todas partes* y en todos los tiempos!

¿Hay un "yo" en el futuro y un "yo" en el pasado?

Bueno, el "futuro" y el "pasado" no existen, como nos ha costado tanto trabajo entender, pero usando esas palabras como las has expuesto, sí.

¿Tengo más de un yo?

Sólo hay uno de ti, ¡pero eres mucho *más grande* de lo que crees!

¿Entonces, cuando el "yo" que existe "ahora" cambia algo que no le gusta en su "futuro", el "yo" que existe en el "futuro" desaparece tal acción como parte de su experiencia?

Sí, esencialmente. Todo el mosaico cambia, pero nunca pierde la experiencia que se dio a sí mismo. Sólo está aliviado y feliz de que "tú no tengas que pasar por eso".

¿Pero si el "yo" en el "pasado" aún tiene que experimentarlo, cae directamente en la trampa?

En un sentido, sí. Pero, desde luego, "tú" puedes "ayudarlo".

¿Puedo?

Desde luego. Primero, cambiando lo que experimentó el "tú" *frente* a ti, ¡es posible que el "tú" que está detrás nunca tenga que experimentarlo! Es por medio de este mecanismo que tu alma evoluciona.

En la misma manera, el *futuro* del que recibes ayuda de su *propio* ser futuro, *te* ayuda a evitar lo que *él* no hizo.

¿Me entiendes?

Sí, es intrigante. Sin embargo, ahora tengo otra pregunta. ¿Qué hay acerca de las vidas pasadas? Si siempre he sido "yo" —en el "pasado" y en el "futuro"—, ¿cómo podría haber sido *alguien más,* otra persona, en una vida pasada?

Tú eres un Ser Divino, capaz de más de una experiencia al mismo "tiempo", y con la habilidad para dividir tu Yo en tantos "yos" diferentes como elijas.

Puedes vivir la "misma vida" una y otra vez, en distintas formas, como te acabo de explicar. Y también puedes vivir vidas diferentes en "tiempos" diferentes en el Continuo.

Por lo tanto, mientras estás siendo tú, aquí, ahora, también puedes ser y fuiste otros "tú" en otros "tiempos" y "lugares".

¡Demonios, esto se vuelve cada vez más complicado!

Sí, y realmente apenas hemos rascado la superficie.

Sólo entérate de esto: eres un ser de Proporción Divina, que no conoce limitación. Una parte de ti está eligiendo conocerte a ti mismo como tu Identidad experimentada en el presente. Sin embargo, esto no es ni con mucho el límite de tu Ser, aunque tú *crees que es así.*

¿Por qué?

Debes creer que así es, o no podrás realizar lo que te has asignado a ti mismo en esta vida.

¿Y qué es eso? Ya me lo dijiste antes, pero dímelo de nuevo, "aquí" y "ahora".

Estás usando todo de la Vida —todo de *muchas* vidas— para ser y decidir Quién Eres Realmente; para elegir y crear Quién Eres Realmente; para experimentar y llevar a buen fin tu actual idea acerca de ti mismo.

Estás en un Momento Eterno de Autocreación y Autorrealización a través del proceso de Autoexpresión.

Has atraído a tu vida a las personas, acontecimientos y circunstancias presentes como instrumentos con los cuales formar la Versión más Grandiosa de la Visión más Grandiosa que hayas tenido acerca de ti mismo.

Este proceso de creación y recreación es constante, interminable y con múltiples capas. Es todo lo que está sucediendo "ahora mismo" y en muchos niveles.

En tu realidad lineal ves la experiencia como algo que sucede en el Pasado, Presente y Futuro. Te imaginas a ti mismo como que tienes una vida, o tal vez muchas, pero ciertamente sólo una en *un tiempo.*

Sin embargo, ¿qué sucedería si no *hubiese* "tiempo"? ¡Entonces tendrías *todas tus "vidas" a la vez!*

¡Y las tienes!

Estás viviendo *esta* vida, la vida entendida en el presente, en tu Pasado, tu Presente y tu Futuro, ¡todas a la vez! ¿En alguna ocasión has tenido un "extraño presentimiento" acerca de un acontecimiento futuro, tan poderoso que te hizo alejarte de él?

En tu lenguaje lo llamas premonición. Desde Mi punto de vista sólo se trata de que súbitamente tienes conciencia de algo que has experimentado en tu "futuro".

Tu "yo futuro" está diciendo: "Oye, esto no fue tan bueno. ¡No lo *hagas*!"

También estás viviendo otras vidas, lo que llamas "vidas pasadas" —ahora mismo igualmente—, aunque las experimentas como algo de tu "pasado" (si es que acaso las experimentas), y aun así está bien. Sería muy difícil para ti participar en este maravilloso juego de la vida si tuvieses *plena conciencia* de lo que está sucediendo. Incluso esta descripción que se ofrece aquí no puede dártela. ¡Si así fuera, el "juego" habría terminado! El Proceso *depende* de que éste sea completo, tal como es, incluyendo tu falta de conciencia total de esta etapa.

Por lo tanto, bendice el Proceso y acéptalo como el regalo más grandioso del Creador más Bondadoso. Aprovecha el Proceso, y muévete a través de él con paz, sabiduría y júbilo. Usa el Proceso, y transfórmalo de algo que *toleras* en algo que tomas a tu servicio como un instrumento en la creación de la experiencia más magnífica de Todo el Tiempo: la realización de tu Ser Divino.

¿Cómo? ¿Cuál es la mejor forma de hacer eso?

No desperdicies los momentos preciosos de ésta, tu realidad presente, buscando descubrir todos los secretos de la vida.

Esos secretos son secretos por una razón. Concede a tu Dios el beneficio de la duda. Usa tu Momento de Ahora para el Propósito Más Elevado: la creación y la expresión de Quién Eres Realmente.

Decide Quién Eres —Quién quieres ser— y después haz todo lo que esté en tu poder para *ser* eso.

Usa lo que te he dicho acerca del tiempo como una estructura, dentro de tu entendimiento limitado, en la cual colocas las construcciones de tu Idea Más Grandiosa.

Si llega a ti una impresión acerca del "futuro", *respétala*. Si te llega una idea acerca de una "vida pasada", observa si tiene algún uso para ti, no la ignores simplemente. Sobre todo, si se te hace saber una forma para crear, exhibir, expresar y experimentar tu Ser Divino en la mayor gloria aquí mismo, ahora mismo, *síguela*.

Y se te *hará* saber una forma, porque tú la has pedido. La producción de este libro es una señal de tu petición, ya que no podrías estarla produciendo, ahora mismo delante de tus ojos, sin una mente abierta, sin un corazón abierto, y un alma que está preparada para saber.

Lo mismo es verdad para aquellos que *están leyendo,* ya que *ellos también lo crearon.* ¿De qué *otra forma* podrían experimentarlo ahora? ¿Entiendes la simetría que implica? ¿Estás viendo la Perfección? Todo está contenido en una simple verdad:

SÓLO HAY UNO DE NOSOTROS.

6

Háblame del espacio.

El espacio es tiempo... demostrado.

En verdad, no hay tal cosa como espacio, puro espacio "vacío", sin nada en él. Todo es *algo*. Incluso el espacio "más vacío" está lleno de vapores tan tenues, tan extendidos sobre áreas infinitas, que parece que no están ahí.

Después, cuando desaparecen los vapores, hay energía. Energía pura. Ésta se manifiesta como vibración. Oscilaciones. Movimientos de Todo en una frecuencia particular.

El "espacio" es "energía" invisible que mantiene "unida la materia".

Hace mucho tiempo —usando tu tiempo lineal como modelo— toda la materia en el universo se condensó en una partícula diminuta. No te puedes imaginar su *densidad* porque crees que la materia como existe *ahora* es densa.

En realidad, lo que ustedes llaman ahora materia es mayormente espacio. ¡Todos los objetos "sólidos" son dos por ciento "materia" sólida y 98 por ciento "aire"! Es enorme el espacio entre las partículas más diminutas en todos los objetos. Es algo semejante a la distancia entre cuerpos celestiales en tu cielo nocturno. Sin embargo, llaman *sólidos* a estos objetos.

En un punto, todo el universo era realmente "sólido". Prácticamente *no* había espacio entre las partículas de la materia. Toda la materia extrajo el "espacio", y una vez desaparecido el enorme "espacio", esa materia llenó un área más pequeña que la cabeza de un alfiler.

Realmente hubo un "tiempo" antes de ese "tiempo" cuando no había materia en absoluto, sólo la forma más pura de la Energía de Vibración Más Alta, a la cual ustedes le llaman *antimateria*.

Éste fue el tiempo "antes" del tiempo, antes de que existiera el universo físico como se conoce ahora. *Nada* existía como materia. Algunas personas conciben esto como paraíso, o "cielo", ¡porque no pasaba nada!

(No es casual que hoy en día, cuando se sospecha que algo marcha mal, se diga: "¿Qué pasa?")

En el principio, la energía pura —¡Yo!— vibraba, oscilaba, con tanta velocidad como para formar materia, *¡toda la materia del universo!*

Ustedes también pueden ejecutar la misma proeza. De hecho, lo hacen todos los días. Los *pensamientos* son vibración pura, ¡y pueden crear y crean materia física! Si un número suficiente de personas sostiene el mismo pensamiento, pueden impactar, e incluso crear, porciones del universo físico. Esto te lo expliqué en detalle en el libro anterior.

¿Se está expandiendo ahora el universo?

¡A un ritmo de velocidad que no te puedes imaginar!

¿Se expanderá para siempre?

No. Llegará un tiempo en que se disiparán las energías que impulsan la expansión, y entrarán en función las energías que mantienen unidas las cosas, y se dará marcha atrás de nuevo.

¿Quieres decir que el universo se contraerá?

Sí. ¡Literalmente, todo "volverá a tener sentido"! Y tendremos el paraíso otra vez. Sin materia, pura energía.

En otras palabras, ¡Yo!

Al final, todo volverá a Mí. Ése es el origen de la frase: "Todo se reduce a esto".

¿Significa eso que ya no existiremos más?

No en forma *física,* pero *siempre existirán.* No pueden no existir. *Es* lo que *Es.*

¿Qué pasará después de que el universo se "colapse"?

¡Todo el proceso empezará de nuevo! Habrá otro "Big Bang" y nacerá otro universo.

Se expanderá y contraerá. Y entonces hará lo mismo una vez más. Y una vez más. Y una vez más. Por siempre y para siempre. Un mundo sin fin.

Esto es la aspiración y espiración de Dios.

Todo esto es, de nuevo, muy interesante, pero no le encuentro aplicación en mi vida cotidiana.

Como dije antes, cuando pasas una desmedida cantidad de tiempo tratando de descubrir los misterios más profundos del universo, es probable que no estés haciendo el uso más eficiente de tu vida. Sin embargo, de esas simples alegorías y descripciones que realiza el lego sobre el Proceso Más Grande, es posible obtener algunos beneficios.

¿Como cuáles?

Como el entendimiento de que todas las cosas son cíclicas, incluyendo la vida misma.

El entendimiento de la vida del universo te ayudará a entender la vida del universo dentro de *ti*.

La vida se mueve en ciclos. Todo es cíclico. Todo. Cuando entiendas esto, tendrás mayor capacidad para disfrutar el Proceso, y no sólo tolerarlo.

Todas las cosas se mueven cíclicamente. En la vida hay un ritmo natural y todo se mueve a ese ritmo: todo va con ese flujo. Por eso está escrito: "Para todo hay una estación; y un tiempo para cada Propósito bajo el Cielo".

Es sabio quien entiende esto. Es inteligente quien lo usa.

Pocas personas comprenden más que las mujeres los ritmos de la vida. Las mujeres viven su vida entera basadas en el ritmo. Están *en ritmo* con la vida misma.

Las mujeres tienen mayor capacidad que los hombres para "ir con la corriente". Los hombres quieren empujar, tirar, resistir, *dirigir* el flujo. Las mujeres lo *experimentan,* después se amoldan a él para producir armonía.

Una mujer oye la melodía de las flores en el viento. Ve la belleza de lo Oculto. Siente los tirones y estirones y los apremios de la vida. *Sabe* cuando es tiempo para correr, y tiempo para descansar; tiempo para reír y tiempo para llorar; tiempo para retenerse y tiempo para liberarse.

La mayoría de las mujeres abandonan su cuerpo airosamente. La mayor parte de los hombres se resiste a la partida. Asimismo, las mujeres tratan a su cuerpo con más benevolencia; los hombres tratan a su cuerpo de un modo horrible. Ésa es la misma forma en que tratan la vida.

Desde luego, hay excepciones a cada regla. Estoy hablando de generalidades. Estoy hablando de cómo son las cosas hasta ahora. Estoy hablando en los términos más amplios. Pero si miras la vida con atención, si admites lo que estás viendo, has visto, y si reconoces que así es, encontrarás una verdad en esta generalidad.

Sin embargo, me entristece. Me hace sentir como si las mujeres fuesen, en cierto modo, seres superiores. Que tienen más del "material correcto" que los hombres.

Parte del glorioso ritmo de la vida es el yin y el yang. Un Aspecto de "Ser" no es "más perfecto" o "mejor" que otro. Ambos aspectos son, simple y maravillosamente, eso: aspectos.

Obviamente, los hombres encarnan otros reflejos de la Divinidad, los cuales las mujeres observan con igual envidia.

Sin embargo, se ha dicho que ser un hombre es tu terreno de ensayo o tu periodo de prueba. Cuando has sido un hombre por suficiente tiempo —cuando has sufrido lo bastante por tu propia necedad; cuando has causado suficiente dolor por calamidades de tu propia creación; cuando has lastimado a otros lo suficiente para poner fin a tus propias conductas—, para reemplazar la agresión por medio de la razón, el desprecio con compasión, el ganar sin que nadie pierda, entonces podrás convertirte en una mujer.

Cuando hayas aprendido que la ley del más fuerte *no* es la "correcta"; que la fuerza *no* es poder sobre, sino poder *con;* que el poder absoluto no demanda de otros absolutamente nada; cuando entiendas estos conceptos, entonces merecerás usar un cuerpo de mujer, ya que al fin habrás entendido su Esencia.

Entonces, una mujer *es* mejor que un hombre.

¡No! ¡No "mejor", sino diferente! *Eres tú* quien está haciendo ese juicio. No hay nada como "mejor" o "peor" en la realidad objetiva. Sólo hay lo que Es y lo tú deseas Ser.

Caliente no es mejor que frío, arriba no es mejor que abajo, ya lo puntualicé antes. La mujer no es "mejor" que el hombre. Sólo es lo que Es. Como tú eres lo que eres.

Sin embargo, ni hombres ni mujeres están restringidos, más limitados. Tú puedes Ser lo que desees Ser, elegir lo que deseas experimentar. En esta vida o la siguiente, o la siguiente después de esa, igual que lo hiciste en una vida anterior. Cada ser humano elige siempre. Cada uno está formado por Todo Eso. En cada uno hay masculino y femenino. Expresas y experimentas ese aspecto de ti que te agrada expresar y experimentar. No obstante, date cuenta de que *todo* está abierto para cada persona.

No pasemos a otros temas, permanezcamos con este paradigma masculino-femenino por un rato más. Al final del libro anterior prometiste que analizarías con mucho mayor detalle todo el aspecto sexual de esa dualidad.

Sí, creo que es tiempo de que hablemos acerca del Sexo.

7

¿Por qué creaste dos sexos? ¿Fue la única forma en que pudiste imaginar que nos recrearíamos? ¿Cómo debemos abordar esta increíble experiencia llamada sexualidad?

No con vergüenza, por supuesto. Y sin culpa ni temor.

La vergüenza no es una virtud, y la culpa no es bondad, y el temor no es honor.

Y no con lujuria, ya que la lujuria no es pasión; y no con abandono, ya que no es libertad el abandono, y no con agresividad, ya que la agresividad no es vehemencia.

Y, obviamente, sin ideas de control o poder o dominación, ya que no tienen nada que ver con el Amor.

Sin embargo... ¿puede usarse el sexo para propósitos de simple gratificación personal? La sorprendente respuesta es sí, porque la "gratificación personal" es otra frase para Amor a Sí Mismo.

La gratificación personal adquirió una mala reputación a través de los años, lo cual es la principal razón de que se le adjudique tanta culpa al sexo.

Se te ha dicho que no debes usar para gratificación personal nada que sea *intensamente gratificante para tu persona!* ¡Para ti, es evidente esta contradicción, pero no sabes a dónde ir con la conclusión! Por lo tanto, decides que si te percibes *culpable* por lo bien que te sientes durante y después del sexo, eso, por lo menos, significará que está bien.

Es muy semejante a lo que sucede con una cantante famosa que todos conocen, a quien no nombraré aquí, y que recibe millones de dólares por interpretar sus canciones. Cuando se le pidió que comentara sobre su increíble éxito y las riquezas que le ha redituado, dijo: "Me siento casi *culpable* por lo mucho que disfruto lo que hago".

La implicación es clara. Si es algo que disfrutas haciéndolo, no se te debe recompensar además con dinero. La mayor parte de la gente gana dinero *haciendo algo que detesta,* ¡o algo que es, por lo menos, un *duro trabajo,* y no un *júbilo interminable*!

Por consiguiente, el mensaje del mundo es: ¡Si tienes sentimientos negativos al respecto, *entonces puedes disfrutarlo*!

Con frecuencia utilizas la culpa en un intento por sentirte *mal* acerca de algo con lo que te sientes *bien,* y así te reconcilias con Dios... ¡quien tú piensas que no quiere que te sientas bien con *nada*!

Especialmente, no debes sentirte bien con los disfrutes del cuerpo. Y mucho menos con el (como tu abuela acostumbraba susurrar) "S-E-X-O"...

Pues bien, la buena noticia es: *¡qué magnífico que disfrutes el sexo*!

¡Está bien, asimismo, que *ames tu Ser*!

De hecho, es obligatorio.

Lo que *no* es conveniente es que te vuelvas adicto al sexo (o a cualquier otra cosa). ¡Pero hay "anuencia" para que te enamores de él!

Practica diciendo esto diez veces cada día:

AMO EL SEXO

Practica diciendo esto diez veces:

AMO EL DINERO

¿Ahora quieres una realmente fuerte? Trata de decir diez veces lo siguiente:

¡ME AMO A MÍ MISMO!

He aquí algunas otras cosas que se supone que debes amar. Practica dándoles tu amor:

PODER

GLORIA

FAMA

ÉXITO

LOGRO

¿Quieres más? Prueba lo que sigue. Debes sentirte *realmente* culpable si amas esto:

EL RECONOCIMIENTO
SER MEJOR
TENER MÁS
SABER CÓMO
SABER POR QUÉ

¿Tuviste bastante? Ahora aquí está la *culpa fundamental*. Debes percibir la culpa fundamental si sientes que:

CONOCES A DIOS

¿No es interesante? En el transcurso de tu vida te han hecho sentir culpable acerca de

LAS COSAS QUE MÁS QUIERES

Sin embargo, yo te digo: ama, ama, *ama* lo que deseas, ya que tu amor por ello *lo atrae hacia ti.*

Todo es la *razón* de la vida. Cuando lo amas, ¡amas la vida! ¡Cuando declaras que lo deseas, anuncias que eliges todo lo bueno que ofrece la vida!

Así que elige el *sexo,* ¡todo el sexo que puedas vivir! Y elige el *poder,* ¡todo el poder que puedas alcanzar! Y elige la *fama,* ¡toda la fama que sea posible! Y elige el *éxito,* ¡todo el éxito que puedas obtener! Y elige el *logro,* ¡todo el logro que puedas experimentar!

Sin embargo, *no* elijas el sexo *en lugar* del amor, *sino como una celebración de él.* Y no elijas poder sobre, sino *poder con.* Y no elijas la fama como un fin en sí misma, sino *como un medio para un fin más elevado.* Y no elijas el éxito a costa de otros, *sino como un instrumento con el cual ayudar a los demás.* Y no elijas el logro a cualquier costo, sino lograr sin perjudicar a otros, y que incluso también a ellos les reditúe algún beneficio.

Sigue adelante y elige ser mejor, pero no mejor que otros, sino *mejor de lo que eras antes.*

Sigue adelante y elige tener más, pero sólo para que tengas *más que dar.*

Y sí, elige "saber cómo" y "saber por qué", de modo que puedas compartir todo el conocimiento con otros.

Y, desde luego, elige CONOCER A DIOS. De hecho, ELIGE ESTO PRIMERO, y todo lo demás le seguirá.

Toda tu vida se te ha enseñado que es mejor dar que recibir. Sin embargo, *no puedes dar lo que no tienes.*

Ésta es la razón por la cual la autogratificación es tan importante, y por qué es tan desafortunado que haya llegado a tener una connotación tan negativa.

Obviamente, no estamos hablando de la autogratificación a costa de otros. No se trata de ignorar las necesidades de los demás. Sin embargo, no es necesario que *vivas ignorando tus propias necesidades.*

Date a ti mismo abundante placer, y tendrás abundante placer para dar a los demás.

Los maestros del sexo tántrico lo saben. Por eso alientan la masturbación, a la cual algunos consideran como un pecado.

¿Masturbación? ¡Vaya!, realmente estás tocando límites. ¿Cómo puedes sacar a relucir algo como eso, cómo puedes siquiera hablar de ello en un mensaje que se supone que proviene de Dios?

Ya veo. Tienes un juicio sobre la masturbación.

Yo no, pero es posible que muchos de los lectores lo tengan. Y pensaba que Tú habías dicho que estábamos produciendo este libro para que otros lo leyeran.

Así es.

¿Entonces por qué los ofendes deliberadamente?

No "ofendo deliberadamente" a nadie. Las personas están en libertad de "ofenderse" o no, como elijan. No obstante, ¿realmente crees que es posible que hablemos franca y abiertamente acerca de la sexualidad humana sin que *alguien* elija "ofenderse"?

No, pero esto es ir demasiado lejos. Creo que la mayoría de la gente no está preparada para oír hablar a Dios acerca de la masturbación.

Si este libro se va a limitar a lo que la "mayoría de la gente" está preparada para oír acerca de lo que Dios dice, va a ser un libro muy pequeño. La mayoría nunca está preparada para oír lo que Dios expone. Por lo general, esperan 2 000 años.

Está bien, sigue adelante. Ya nos recuperaremos de la conmoción inicial.

Bien. Me referí a esta experiencia de vida (en la que todos han participado, por cierto, pero de la cual nadie quiere hablar) para ilustrar un punto mayor.

El mayor punto, reitero: *Date a ti mismo abundante placer, y tendrás abundante placer para dar a los demás.*

Los maestros del llamado sexo tántrico —el cual, a propósito, es una forma muy elevada de expresión sexual— saben que llegar al sexo sediento de sexo disminuye notablemente la capacidad para proporcionar placer a la pareja y experimentar una unión prolongada y jubilosa de almas y cuerpos, razón, por cierto, muy elevada para vivir la sexualidad.

Por lo tanto, los amantes tántricos suelen darse placer a sí mismos antes de dárselo mutuamente. Esto ocurre a menudo en presencia del otro, y generalmente con el estímulo, ayuda y guía recíproca de la pareja. Entonces, cuando se ha dado satisfacción a la sed inicial, la sed más profunda de ambos —la sed de éxtasis por medio de la unión prolongada— se puede satisfacer gloriosamente.

El autoplacer mutuo es todo parte del regocijo, el carácter juguetón, la ternura de la sexualidad plenamente expresada. Es una de *varias* partes. La experiencia denominada coito, o relación sexual, podría prolongarse hasta el final de un encuentro de amor de dos horas. O podría no ser así. Para la mayoría es casi *el único punto* de un ejercicio de 20 minutos. ¡Es decir, con suerte 20 minutos!

Lo que menos me esperaba es que esto se convirtiera en un manual sexual.

No es así, pero no estaría mal que lo fuera. El género humano tiene mucho que aprender acerca de la sexualidad y su expresión más maravillosa y benéfica.

No obstante, todavía estaba buscando ilustrarte el punto mayor. Cuanto más placer te des a ti mismo, tanto más placer le puedes dar al otro. De igual forma, si te das a ti mismo el placer del poder, tienes más poder para compartir con los demás. Lo mismo es verdad en cuanto a la fama, la riqueza, la gloria, el éxito, o cualquier cosa que te haga sentir bien.

Y, a propósito, creo que es tiempo de que revisemos por qué ciertas cosas te hacen "sentir bien".

Está bien, me rindo. ¿De qué se trata?

"Sentirse bien" es la forma en que el alma grita: "¡Esto es quien soy yo!"

¿Alguna vez estuviste en un salón de clases donde el maestro pasaba lista, y cuando mencionaba tu nombre tenías que decir "presente"?

Sí.

Bueno, "sentirse bien" es la forma en que el alma dice ¡presente!

Actualmente muchas personas ridiculizan la idea de "hacer lo que hace sentirse bien". Dicen que es el camino al infierno. Sin embargo, ¡Yo digo que es el camino al *cielo*!

Mucho depende, desde luego, de lo que te haga "sentir bien". En otras palabras, ¿qué clases de experiencias consideras que son un bien para ti? Sin embargo, yo te digo: nunca tuvo lugar ninguna clase de evolución por medio de la *negación*. Si tu fin es evolucionar, no creas que lo lograrás porque te hayas *negado* a ti mismo exitosamente lo que sabes que te hace "sentir bien", sino porque *te concedes* a ti mismo estos placeres, y descubres algo mayor todavía. ¿Cómo puedes saber que algo es "mayor" si nunca has probado lo "menor"?

La religión te pedirá que aceptes su palabra al respecto. Ésa es la razón por la que, a la larga, todas las religiones fracasan.

Por otra parte, la *Espiritualidad* siempre tendrá éxito.

La religión te pide que aprendas de la experiencia de otros. La espiritualidad te apremia a que busques la propia.

La religión no puede soportar a la Espiritualidad. No puede aceptarla, ya que la Espiritualidad te puede conducir a una *conclusión diferente* a la de una religión en particular, y eso no lo puede tolerar ninguna religión conocida.

La religión te alienta a explorar los pensamientos de otros y aceptarlos como propios. La Espiritualidad te invita a descartar los pensamientos de los demás y alcanzar los tuyos.

El "sentirse bien" es una forma de decirte a ti mismo que tu último pensamiento fue *verdad,* que tu última palabra fue *sabiduría,* y que tu última acción fue *amor.*

A fin de observar qué tan lejos has progresado, de medir qué tan alto has evolucionado, date cuenta simplemente de qué te hace "sentir bien".

Sin embargo, no busques *violentar* tu evolución, para evolucionar más, con más rapidez, *negándote* lo que se siente bien, o alejándote de ello.

La autonegación es autodestrucción.

No obstante, entérate de esto: *la autorregulación no es autonegación.* La regulación de la conducta es una *elección activa* de hacer o no hacer algo basada en una decisión propia respecto a quién es uno. Si tú declaras que eres una persona que respeta los derechos de los demás, la decisión de no robarlos o atracarlos, no violarlos y saquearlos, difícilmente es una "autonegación". Es una *autodeclaración*. Por eso se dice que lo que origina que uno se sienta bien es la medida de su evolución.

Si lo que te hace "sentir bien" es una actuación irresponsable, una conducta que sabes que podría perjudicar a otros o causar infortunio o dolor, entonces no has evolucionado mucho.

La clave aquí es la concientización. Y es tarea de los mayores en las familias y en las comunidades crear y difundir esta concientización entre los jóvenes. También, es misión de los mensajeros de Dios incrementar la concientización entre *todos* los pueblos, a fin de que puedan entender que hacer a o para uno, es hacer a o para todos, porque todos somos Uno.

Cuando procedes a partir de "todos somos Uno", es prácticamente imposible que el lastimar a otro "se siente bien". Se desvanece la llamada "conducta irresponsable". Dentro de estos parámetros los seres en evolución buscan experimentar la vida. Es dentro de estos parámetros que Yo digo: *Concédete a ti mismo permiso* para tener *todo* lo que la vida ofrece, y descubrirás que *ofrece más de lo que alguna vez te imaginaste.*

Tú eres lo que experimentas. Experimentas lo que expresas. Expresas lo que tienes que expresar. Tienes lo que te concedes a ti mismo.

Me fascinan tus conceptos. ¿Pero podemos volver a la pregunta original?

Sí. Creé dos sexos por la misma razón que puse el yin y el yang en todo, ¡en el universo completo! Lo masculino y lo femenino son *parte* del yin y el yang. Son la expresión viviente más elevada de tal manifestación en este mundo.

Son el yin y el yang... *en forma.* En una de *muchas formas físicas.*

El yin y el yang, el aquí y el allá... el esto y el eso... el arriba y el abajo, lo caliente y lo frío, lo grande y lo pequeño, lo rápido y lo lento, la materia y la antimateria...

Todo esto es necesario para que experimentes la vida como la conoces.

¿Cómo podemos expresar mejor el concepto de energía sexual?

Amorosamente. Abiertamente.

Juguetonamente. Jubilosamente.

Escandalosamente. Apasionadamente. Sagradamente. Románticamente.

Graciosamente. Espontáneamente. Conmovedoramente. Creativamente. Desenfadadamente. Sensualmente.

Y, desde luego, frecuentemente.

Hay quienes dicen que el único propósito legítimo de la sexualidad humana es la procreación.

Disparates. La procreación es la feliz consecuencia, y no la premeditación lógica, de la mayor parte de la experiencia de la sexualidad humana. La idea de que el sexo es sólo para producir bebés es ingenua, y el pensamiento corolario de que, por lo tanto, el sexo debe interrumpirse cuando se concibe al último hijo, es peor que ingenua. Viola la naturaleza humana, y ésa es la naturaleza que Yo dispuse.

La expresión sexual es el resultado inevitable de un proceso de atracción y flujo de energía rítmica que alimenta toda la vida.

A toda la Creación la proveí de una energía que transmite su señal por todo el universo. Cada persona, animal, planta, roca, árbol —*cada* manifestación— emite energía como un transmisor de radio.

Tú estás enviando —emitiendo— energía ahora mismo, desde el centro de tu ser en todas direcciones. Esta energía —que eres *tú*— se mueve hacia el exterior en patrones de onda. La energía sale de ti, se mueve a través de las paredes, sobre las montañas, más allá de la luna y en el Siempre. *Nunca, nunca se detiene.*

Cada pensamiento tuyo imprime características a esta energía. (Cuando piensas en alguien, si esa persona es lo suficientemente sensible, la puede *sentir.)* Le da forma cada palabra que pronuncies. Todo lo que hagas le afecta.

La vibración, el ritmo de velocidad, la longitud de onda, la frecuencia de tus emanaciones, se desplazan y cambian constantemente con tus pensamientos, estados de ánimo, sentimientos, palabras y acciones.

¿Has oído la expresión "enviar buenas vibraciones"? Es verdad. ¡Es muy exacta!

Ahora bien, cada persona, naturalmente, hace lo mismo. Y así, el éter —el "aire"— está *lleno de energía;* una Matriz de "vibraciones" personales, entretejidas, entrelazadas que forman un tapiz más complejo de lo que podrías imaginar.

Este tejido es el campo de energía combinada dentro del cual vives. Es *poderoso,* y afecta *todo,* incluyéndote *a ti.*

Entonces *tú* envías "vibraciones" recién creadas, impactado como estás por las vibraciones *entrantes* a las cuales estás sometido, y éstas, a la vez, se añaden y cambian la Matriz, la cual a su vez afecta el campo de energía de todos los demás, lo cual afecta las *vibraciones* que *ellos* envían, lo cual afecta la Matriz, lo cual te afecta a ti... y así sucesivamente.

Es posible que pienses que todo esto es una ilusión fantasiosa, pero, ¿alguna vez has entrado en una habitación donde el "ambiente era tan denso que se podía cortar con un cuchillo"?

¿O has oído alguna vez de dos científicos que investigan sobre un mismo problema al mismo tiempo —en lugares opuestos del globo—, cada uno sin el conocimiento del otro, y de súbito ambos llegan a la misma solución, simultánea e *independientemente*?

Éstos son acontecimientos comunes, y algunas de las manifestaciones más obvias de La Matriz.

La Matriz, el campo de energía corriente combinado dentro de cualquier parámetro dado, es una vibración poderosa. Puede impactar, afectar, directamente, y *crear* objetos físicos y acontecimientos.

("Siempre que dos o más se reúnen en Mi nombre"...)

La psicología popular denomina a esta Matriz de energía, "Conciencia Colectiva". Puede, y lo hace, *afectar todo en el planeta:* las expectativas de guerra y las posibilidades de paz, convulsión geofísica o un planeta en calma, enfermedad generalizada o bienestar mundial.

Todo es resultado de la conciencia.

Y así, también, los acontecimientos y condiciones más específicos en la vida personal.

Todo eso es más que fascinante, ¿pero qué tiene que ver con el sexo?

Paciencia. Voy para allá.

El mundo entero está intercambiando energía todo el tiempo.

Tu energía se proyecta hacia afuera, tocando todo lo demás. Todo y todos los demás te tocan. Y aquí sucede algo muy interesante: en algún punto a mitad de camino entre tú y todo lo demás, esas energías *se encuentran.*

Para darte una descripción más gráfica, imaginemos dos personas en una habitación. Están alejadas una de la otra en extremos opuestos de la habitación. Las llamaremos Toño y María.

La energía personal de Toño está transmitiendo señales acerca de él en un círculo de 360 grados en el universo. Parte de esa onda de energía alcanza a María.

Mientras tanto, María emite su propia energía, parte de la cual alcanza a Toño.

Sin embargo, esas energías se encuentran y convergen en una forma que no supondrías. Se encuentran *a mitad de camino entre* Toño y María.

Aquí, las energías se unen (recuerda que estas energías son *fenómenos físicos;* se pueden *medir, sentir)* y se combinan para formar una nueva unidad de energía a la que llamaremos "T-M". Son las energías de Toño y María combinadas.

Ellos podrían muy bien llamar a esta energía El Cuerpo Intermedio, ya que es justamente eso: un cuerpo de energía al cual ambos están conectados, y que alimentan con las energías continuas que fluyen hacia él, y a su vez *envían energías* de regreso a sus dos "patrocinadores" a lo largo del hilo, o cordón o conducto que siempre existe dentro de la Matriz. (En efecto, este "conducto" *es* la Matriz.)

Esta experiencia T-M es la verdad de Toño y María. Es *a* esta Sagrada Comunión que ambos son atraídos, ya que, a lo largo del conducto, los dos sienten el sublime júbilo del Cuerpo Intermedio, del Uno Unido, de la Unión Bendecida.

Toño y María, desde una cierta distancia, pueden *sentir* —en una *forma física*— lo que está sucediendo en la Matriz. Ambos son *atraídos* urgentemente hacia esta experiencia. ¡Quieren moverse el uno hacia el otro! ¡De inmediato!

Ahora interviene el "entrenamiento". El mundo los ha entrenado para que se moderen, para que desconfíen del sentimiento, para que estén prevenidos ante la posibilidad de salir "heridos", para que se refrenen.

Sin embargo, el alma... quiere conocer a T-M, ¡ahora!

Si los dos tienen suerte, se sentirán con la suficiente libertad para hacer a un lado sus temores y confiar en que el amor es todo lo que hay.

Ahora están irrevocablemente atraídos hacia el Cuerpo Intermedio. Ya están experimentando T-M *metafísicamente,* y Toño y María querrán experimentarlo *físicamente.* Por lo tanto, se aproximan, no para obtenerse mutuamente, eso es lo que parecería para el observador casual. Están tratando de alcanzar el T-M, están tratando de llegar a ese lugar de la Unión Divina que *ya existe* entre ellos, el lugar donde ya sabemos que son Uno —y que es como Ser Uno.

Por lo tanto, se aproximan hacia ese "sentimiento" que experimentan, y, a medida que cierran la brecha entre ellos, a medida que "acortan el hilo", la energía que ambos envían a T-M viaja una distancia más corta y, por lo tanto, es más intensa.

Se acercan más aún. Cuanto más corta es la distancia, tanto mayor es la intensidad. Se acercan más todavía. La intensidad aumenta una vez más.

Ahora están separados por sólo un espacio muy reducido. El Cuerpo Intermedio está brillando ardientemente. Vibran con una velocidad tremenda. La "conexión" con y desde T-M es más densa, más considerable, brillante, candente con la transferencia de una energía increíble. Se dice que los dos están "ardiendo en deseo". *¡Lo están!*

Se acercan aún más.

Ahora, se tocan.

La sensación es casi insoportable, exquisita. En el punto de su contacto, perciben toda la energía de T-M, toda la sustancia compactada, intensamente unificada de su Ser Combinado.

Si te abres a esta grandiosa sensibilidad, cuando toques podrás sentir esta energía sutil y sublime como un hormigueo; algunas veces el "hormigueo" recorrerá todo tu ser, o sentirás calor en el punto de contacto, calor que es posible que invada súbitamente todo tu cuerpo, pero concentrado profundamente en tu chakra raíz o centro de energía.

Ahí "arderá" con especial intensidad, y entonces se podría decir que Toño y María ¡están excitados!

Enseguida, se abrazan, y cierran aún más la brecha; Toño, María y T-M casi cubren el mismo espacio. Toño y María pueden *sentir* el T-M entre ellos, y desean *acercarse* aún más, *fundirse* literalmente con T-M, convertirse en T-M en forma *física.*

Creé los cuerpos masculino y femenino de una manera en que puedan hacerlo. En este momento, los cuerpos de Toño y María están listos para consumarlo. El cuerpo de Toño está listo para penetrar literalmente a

María. El cuerpo de María está listo para *recibir* literalmente a Toño *dentro de ella*.

El hormigueo, el ardor, ahora ha superado lo intenso. Es... indescriptible. Se unen los dos cuerpos físicos. Toño, María y T-M se convierten en Uno. En la *carne*.

Las energías fluyen todavía entre ellos. Urgente, apasionadamente.

Jadean. Se mueven. No tienen bastante uno del otro, no pueden acercarse lo suficiente. Se esfuerzan por aproximarse más. Cerca. MÁS CERCA.

Explotan, literalmente, y sus cuerpos físicos enteros se convulsionan. La vibración envía ondas hasta la punta de sus dedos. En la explosión de su unidad han conocido el Dios y la Diosa, el Alfa y la Omega, el Todo y la Nada, la Esencia de la vida, la experiencia de Lo Que Es.

Asimismo, ocurren procesos físico-químicos. Los dos se han convertido en Uno, y, con frecuencia, a partir de los dos, se crea una *tercera* entidad, en *forma física*.

Así, se crea una *representación* de T-M, carne de su carne, sangre de su sangre.

¡Literalmente, han *creado vida*!

¿No he dicho que ustedes son Dioses?

Es la descripción más hermosa de la sexualidad humana que he escuchado en mi vida.

Ves belleza donde deseas verla. Ves fealdad donde tienes miedo de ver belleza. Te sorprendería saber cuántas personas consideran feo lo que te acabo de describir.

No, no me sorprendería. Ya he visto cuánto temor y fealdad ha impuesto el mundo alrededor del sexo. Pero dejas muchas preguntas pendientes.

Estoy aquí para responderlas. No obstante, permíteme proseguir mi narración antes de que las plantees.

Sí, por favor.

Esta... *danza* que te describí hace unos momentos, esta interacción de energía que te he explicado, ocurre todo el tiempo, en y con *todo*.

La energía —que tú emites como una Luz Dorada— interactúa constantemente con todo y todos los demás seres. Cuanto más cerca estés, tanto más intensa es la energía. Cuanto más lejos, tanto más sutil. Sin embargo, nunca estás totalmente desconectado de *nada*.

Hay un punto entre tú y cada persona, lugar o cosa que exista. Es ahí donde se encuentran las dos energías, formando una tercera unidad de energía, mucho menos densa, pero no menos real.

Todos los seres y *todo* en el planeta —y en el universo— emiten energía en todas direcciones. Esta energía se mezcla con todas las otras energías, entrecruzándose en patrones de una complejidad que está más allá de la capacidad de análisis de las computadoras más poderosas.

Las energías entrecruzadas, entremezcladas, entretejidas, que corren entre todo lo que puedas llamar físico, son las que *mantienen unida la materialidad.*

Ésta es la Matriz. A lo largo de ella se envían señales —mensajes, significados, curaciones y otros efectos físicos, creados algunas veces por individuos, pero mayormente por la conciencia de masa.

Estas innumerables energías, como te expliqué, se atraen mutuamente. A esto se le llama la Ley de Atracción. En esta Ley, lo Semejante atrae lo Semejante.

Pensamientos Semejantes atraen Pensamientos Semejantes a lo largo de la Matriz, y cuando "se agrupa", por así decirlo, una cantidad suficiente de estas energías similares, sus vibraciones se vuelven más pesadas, retrasan su velocidad, y algunas se convierten en Materia.

Los pensamientos *crean* forma física, y cuando muchas personas piensan lo mismo, hay una probabilidad muy alta de que sus pensamientos formen una Realidad.

(Ésa es la razón por la cual "Oraremos por ti" es una declaración tan poderosa. Se cuenta con los suficientes testimonios de la efectividad de la oración unificada como para llenar un libro.)

También es verdad que los pensamientos que no son similares a una oración pueden crear "efectos". Una conciencia mundial de temor, por ejemplo, o de enojo, o de carencia, o de insuficiencia, puede crear esa experiencia, en todo el globo o en una localidad específica, donde sean más fuertes esas ideas colectivas.

La nación de la Tierra a la que se llama Estados Unidos, por ejemplo, durante largo tiempo se ha considerado a sí misma como una nación "bajo Dios, indivisible, con libertad y justicia para todos". No es una coincidencia que esta nación se haya elevado hasta convertirse en la más próspera de la Tierra. A la vez, no es sorprendente que esta nación esté perdiendo gradualmente todo lo que ha trabajado tan duro para crear, ya que parece que este país ha perdido su visión.

Los términos "bajo Dios, indivisible" significaban justamente eso: expresaban la Verdad Universal de Unidad; Unicidad: una Matriz muy difícil de destruir. Sin embargo, la Matriz se ha debilitado. La libertad religiosa se convirtió en una arrogancia religiosa que se acerca a la intolerancia. La libertad individual casi se ha desvanecido, y la responsabilidad individual desapareció por completo.

El concepto de *responsabilidad individual* se distorsionó para significar "cada hombre para sí mismo". Ésta es la nueva filosofía que se imagina a sí misma como el retorno a la tradición "Early American" de individualismo acentuado.

Sin embargo, el sentido original de responsabilidad individual, en el cual se basaron la visión y el sueño estadounidenses, encontró su significado más profundo y su expresión más elevada en el concepto de *Amor Fraternal*.

Lo que hizo grande a Estados Unidos no fue que cada hombre luchara por *su propia* supervivencia, sino que cada hombre aceptara una responsabilidad individual de la supervivencia de *todos*.

Estados Unidos fue una nación que no le daba la espalda al hambriento, que nunca decía no al necesitado, que abría sus brazos al abatido y al que carecía de hogar, y que compartía su abundancia con el mundo.

Sin embargo, cuando Estados Unidos alcanzó su magnitud, sus habitantes se volvieron codiciosos. No todos, pero sí muchos. Y, con el transcurso del tiempo, fueron más y más.

Cuando los estadounidenses vieron la facilidad con que podían tener todo lo que deseaban, buscaron que sus posesiones fueran mayores. No obstante, sólo había una forma de tener más y más y *más*. Alguien debía quedarse con menos y menos y menos.

Cuando la codicia reemplazó a la grandeza en el carácter estadounidense, hubo menos cabida para la compasión por los menos importantes entre la población. A los menos afortunados se les dijo que, si no tenían más, era por su "propia culpa". Después de todo, Estados Unidos era la Tierra de la Oportunidad, ¿no era así? Nadie, *excepto* los menos afortunados, se dio cuenta de que era posible que la oportunidad en Estados Unidos estuviese limitada, *institucionalmente,* para los que ya habían sido más favorecidos. En general, éstos no incluían a muchas minorías, como aquellas de cierto color de piel o género.

Los estadounidenses también se volvieron arrogantes internacionalmente. Mientras millones se morían de hambre en todo el globo, los estadounidenses cada día tiraban suficiente comida para alimentar a naciones enteras. Estados Unidos era generoso con algunos, sí, pero crecientemente su política externa llegó a ser una extensión de sus propios intereses creados. Estados Unidos ayudaba a otros cuando obtenía algún beneficio. (Es decir, cuando era útil para la estructura de poder de Estados Unidos, la élite más rica, o la maquinaria militar que protegía a esos privilegiados y a sus bienes colectivos.)

El ideal fundador de Estados Unidos, el Amor Fraternal, se erosionó. Ahora, cualquier alusión a ser el "guardián de tu hermano" se tropieza con una nueva clase de nacionalismo, una mente aguda hacia lo que se requiere para encerrarse en sí mismo, y una palabra áspera para cualquiera entre los menos afortunados que se atreva a pedir su participación justa, que se reparen sus agravios.

Es innegablemente cierto que cada persona debe asumir la responsabilidad de sí misma. Pero Estados Unidos, y todo el mundo, sólo pueden trabajar verdaderamente cuando cada persona está dispuesta a declararse responsable de *todos* como un *Todo*.

Por lo tanto, la Conciencia Colectiva produce resultados colectivos.

En efecto, y así se ha demostrado una y otra vez durante el transcurso de toda la historia registrada.

La Matriz se retrae hacia sí misma, exactamente igual que en el fenómeno de los Agujeros Negros. Arrastra energía semejante a energía semejante, incluso atrayendo objetos físicos uno hacia el otro.

Esos objetos deben, entonces, repelerse mutuamente, alejarse, o se fusionarán para siempre, desapareciendo, en efecto, de su forma presente para adoptar una forma nueva.

Todos los seres conscientes conocen esto instintivamente, y por eso, a fin de mantener su relación con todos los demás seres, todos los seres conscientes *se alejan* de la Fusión Permanente. Si no lo hiciesen, se fusionarían con otros seres, y experimentarían la Unicidad Para Siempre.

Éste es el estado del cual provenimos.

Una vez alejados de ese estado, se nos vuelve a atraer *hacia* él constantemente.

Este movimiento de flujo y reflujo, de "un lado a otro", es el ritmo básico del universo, *y todo lo que existe en él.* Eso es el sexo: el Intercambio Sinérgico de Energía.

Ustedes están persistentemente atraídos, obligados, a la unión de uno con otro (y con todo lo que confluye en la Matriz), y después, en el Momento de la Unidad, se ven impelidos, por elección consciente, a alejarse de esa Unidad. Su elección es permanecer libres de Ella, a fin de poderla *experimentar.* Una vez convertidos en parte de esa Unidad, si permanecen ahí no pueden *conocerla* como Unidad, puesto que ya no conocen la Separación.

En otras palabras: para que Dios se *conozca* a Sí mismo como el Todo, Dios *no* debe conocerse a Sí Mismo como el Todo.

En cada uno de ustedes —y en cada otra unidad de energía del universo— Dios se conoce a Sí Mismo como las Partes del Todo, y así se da a Sí Mismo la posibilidad de conocerce como el *Todo en Todo* en su Propia Experiencia.

Sólo puedo experimentar lo que soy si experimento lo que no soy. Sin embargo, *soy* lo que no soy, y así observas la Divina Dicotomía. De ahí la declaración: Soy lo que Soy.

Ahora, como he dicho, este flujo y reflujo natural, este *ritmo* natural del universo, representa el todo de la vida, incluyendo los mismos momentos que *crean* vida en la realidad.

Se ven impulsados el uno hacia el otro, como por una fuerza apremiante, con el único objetivo de separarse, sólo para ser empujados urgentemente uno hacia el otro de nuevo, para separarse una vez más, y volver a buscar ansiosa, apasionada y urgentemente la unión total.

Juntos-separados, juntos-separados, juntos-separados, danzan sus cuerpos, en un movimiento tan básico, tan *instintivo,* que cabe muy poco conocimiento consciente de una acción deliberada. En algún punto, cambian a automático. Nadie necesita decirle al cuerpo qué hacer. Simplemente *lo hacen*, con la urgencia del *todo* en la vida.

Ésta es la vida en sí misma, expresándose a sí misma como vida en sí misma.

Y es la vida en sí misma la que produce una *nueva* vida en el seno de su propia experiencia.

La vida toda funciona en ese ritmo; la vida toda ES el ritmo.

Y así, la vida toda está imbuida del amable ritmo de Dios, que ustedes llaman los ciclos de la vida.

El alimento se cultiva en esos ciclos. Las estaciones van y vienen. Los planetas giran y circulan. Los soles explotan y hacen implosión, y explotan de nuevo. Los universos aspiran y espiran. Todo sucede, *todo*, en ciclos, en ritmos, en vibraciones que armonizan con las frecuencias de Dios/Diosa, el Todo.

Dios *es* el Todo y Diosa es todo, y no hay nada más; y todo *fue siempre*, es *ahora*, y siempre *será*, es el mundo sin final.

Amén.

8

Lo más interesante de hablar Contigo es que siempre me dejas con más preguntas que respuestas. ¡Ahora tengo preguntas acerca de la política y también sobre el sexo!

Algunos dicen que son lo mismo, que en política lo único que haces es...

¡Espera un minuto! No vas a usar una *obscenidad, ¿*o sí?

Bien, sí, pensé que debía sacudirte un poco.

¡Hey, hey! ¡Ya *basta*! Se supone que Dios no habla así.

¿Entonces, por qué lo hacen ustedes?

La mayoría de nosotros *no lo hacemos.*

¡Cómo diablos no!

¡Las personas que *temen* a Dios nunca lo hacen!

Oh, ya veo, tienen que temer a Dios a fin de no ofenderlo.
    ¿Y a propósito, quién dice que me *ofendo* con una simple palabra?
    Y por último, ¿no crees que es interesante que una palabra que algunos usan en la cumbre de la pasión para describir un sexo estupendo, también la usen como el insulto más grande? ¿Te dice algo acerca de la forma en que se percibe la sexualidad?

Pienso que Te has confundido. No creo que la gente use ese término para describir un momento sexual, glorioso, realmente romántico.

Oh, ¿de verdad? ¿Has estado en algunos dormitorios últimamente?

No. ¿Tú sí?

Estoy en *todos* todo el tiempo.

Bueno, eso debe de contribuir a que nos sintamos cómodos.

¿Qué? ¿Me estás diciendo que en el dormitorio haces cosas que no harías frente a Dios?

La mayoría de las personas no están cómodas cuando *alguien* las observa, y si es *Dios,* mucho menos.

Sin embargo, en algunas culturas, como las aborígenes, algunas de ellas polinesias, se hace el amor abiertamente.

Sí, claro, pero la mayoría de las personas no han progresado a ese nivel de libertad. De hecho, considerarían esa conducta como una regresión a un estado primitivo, pagano.

Estas personas a las que llamas "paganas" tienen un enorme respeto por la vida. Desconocen la violación y prácticamente no hay asesinatos en sus sociedades. Tu sociedad le adjudica al sexo —una función humana normal y muy natural— un carácter clandestino, y después se da la vuelta y asesina a otros sin ningún tapujo. ¡Ésa es la *obscenidad*!
    ¡Han convertido el sexo en algo tan sucio, bochornoso, tabú, que les avergüenza hacerlo!

Tonterías. Se trata simplemente de que la mayoría de las personas tienen un sentido diferente, podría incluso decir que más elevado, del decoro acerca del sexo. Lo consideran como una interacción privada; y, algunos, una parte sagrada de su relación.

La falta de privacidad no es igual a la falta de santidad. La mayoría de los ritos más sagrados de la humanidad se realizan en público.

No confundas la privacidad con lo sagrado. La mayor parte de *las peores* acciones se efectúan en privado, y sólo se reserva la mejor conducta para exhibición pública.

Esto no es argumento para el sexo público; es únicamente una observación de que privacidad no es necesariamente igual a sagrado, y la presencia de espectadores no te despoja de ello.

En cuanto al decoro, esa sola palabra y el concepto conductual que la respalda han contribuido más para inhibir los mayores júbilos de hombres y mujeres que cualquier otro designio humano —excepto la idea de que Dios es punitivo—, la cual *terminó* la tarea.

Aparentemente, no crees en el decoro.

El problema con el "decoro" es que alguien tiene que establecer los estándares. Eso significa, automáticamente, que la conducta está limitada, dirigida, *dictada* por los conceptos de otra persona, acerca de lo que debe brindar disfrute.

En cuestiones de sexualidad —como en todas las demás cuestiones— esto puede ser más que "limitante"; puede ser *devastador.*

No puedo pensar en algo más triste que un hombre y una mujer que sienten que les *gustaría* experimentar ciertas cosas, y después se reprimen porque creen que sus sueños, sus fantasías, ¡quebrantarían los "Estándares del Decoro"!

Fíjate, no es algo que *ellos* no harían, sólo es algo que va en contra del "decoro".

Y no sólo en cuestiones de sexualidad, sino en cualquier terreno de la vida, nunca, nunca, *nunca,* dejes de hacer algo simplemente porque podría infringir los estándares de decoro de alguien.

Si tuviese un engomado en el parachoques de mi automóvil, diría:

INFRINGE EL DECORO

Y, ciertamente, pondría ese letrero en cada dormitorio.

Sin embargo, nuestro concepto de lo que está "bien" y de lo que está "mal" es lo que mantiene unida a la sociedad. ¿Cómo podemos convivir si no tenemos un acuerdo acerca de eso?

El "decoro" no tiene nada que ver con los valores relativos de "bien" o "mal". Todos coincidiríamos en que está "mal" asesinar a un hombre, ¿pero es "malo" correr desnudo bajo la lluvia? Todos estarían de acuerdo con que está "mal" enamorar a la esposa de un vecino, ¿pero está "mal" que enamores a tu propia esposa, o que tu esposa te enamore en una forma particularmente deliciosa?

Rara vez el "decoro" se refiere a limitaciones legalistas sino, con más frecuencia, a cuestiones más simples de lo que se considera "adecuado".

La conducta "adecuada" no es siempre la conducta que se ajusta más a lo que ustedes llaman sus "mejores intereses". Casi nunca es la conducta que produce el mayor júbilo.

Regresemos a la sexualidad. ¿Estás diciendo, entonces, que cualquier conducta es aceptable siempre y cuando haya un mutuo consentimiento entre los que participan y pueden verse afectados?

¿Acaso tal concepto no debería aplicarse a todo lo que concierne a la vida?

Pero algunas veces no sabemos quién resultará afectado, o cómo...

Debes ser sensible ante esa situación, ser intensamente consciente. Y cuando realmente no puedas saberlo, y no puedas imaginarlo, inclínate hacia el lado del amor.

La pregunta central en CUALQUIER *decisión es: ¿Qué haría el amor en este caso?*

El amor por ti mismo y el amor hacia todos los demás que participan o pueden verse afectados.

Si amas a otro, no harías nada que creas que podría perjudicar o que lastimaría a esa persona. Si hay alguna pregunta o duda, esperarás hasta que puedas obtener más claridad sobre la situación.

Pero eso significa que los demás lo mantendrán a uno como "rehén". Pueden manipularnos. Todo lo que tienen que decir es que tal y tal cosa los "lastimaría", y entonces, se restringen nuestras acciones.

Sólo por ti mismo. ¿No *querrías* restringir tus propias acciones de modo que no perjudicaras a los seres que amas?

¿Y si yo me siento perjudicado por *no* hacer algo?

Entonces debes decirle a tu ser amado tu verdad, que te sientes lastimado, frustrado, reducido, por no hacer cierta acción que para ti significa mucho; que te gustaría que tu ser amado estuviera de acuerdo contigo.

Debes esforzarte por buscar tal acuerdo. Trabaja para alcanzar un compromiso; busca un curso de acción en el cual todos puedan ganar.

¿Y si no se puede encontrar un curso así?

Entonces, repitiré lo que he dicho antes:

> *La traición a ti mismo*
> *a fin de no traicionar a otro*
> *es,*
> *de todas formas,*
> *traición.*
> *Y es la traición*
> *más alta.*

Shakespeare lo expuso en otra forma:

> *Para que vuestro propio Ser sea verdad,*
> *y deba seguir, como la noche al día,*
> *vos no podríais, entonces, ser falso*
> *con ningún hombre.*

Pero el hombre que siempre "se deja llevar" por lo que quiere se convierte en un hombre muy egoísta. No puedo creer que Tú aconsejes eso.

Tú supones que el hombre siempre hará lo que llamas la "elección egoísta". Yo te digo: el hombre *es* capaz de hacer la elección *más elevada*.

Sin embargo, también te digo lo siguiente:

La Elección más Elevada no es *siempre* la elección que parece ser más *conveniente* para el otro.

En otras palabras, algunas veces debemos situarnos a nosotros mismos en primer lugar.

¡Oh, *siempre* se deben situar en primer lugar! Después, dependiendo de lo que traten de hacer, o lo que busquen experimentar, realizarán su elección.

Cuando un propósito —el propósito de la *vida*— sea muy elevado, también lo serán las elecciones.

El hecho de colocarse en primer lugar no significa lo que tú calificas de "egoísta"; significa tener *conciencia de uno mismo*.

Has trazado una base muy amplia para la conducta en los asuntos humanos.

Sólo mediante el ejercicio de la mayor libertad se alcanza, o es posible, incluso, la mayor madurez.

Si todo lo que haces es seguir las reglas de *alguien* más, entonces no has madurado, has obedecido.

Al contrario de lo que puedas interpretar, la obediencia no es lo que quiero de ti. Lo que Yo deseo es madurez, y la obediencia no es madurez.

Y si no "maduramos" nos lanzas al infierno, ¿correcto?

Equivocado. Pero ya he analizado eso en el libro anterior, y lo haremos con más detalle en el Libro 3.

De acuerdo. Ahora bien, dentro de esos amplios parámetros que has trazado, ¿puedo plantearte algunas preguntas finales acerca del sexo antes de que dejemos el tema?

Dispara.

¿Si el sexo es una parte tan maravillosa de la experiencia humana, por qué tantos líderes espirituales predican la abstinencia? ¿Y por qué, aparentemente, tantos maestros fueron célibes?

Por la misma razón que la mayoría de ellos han sido representados como viviendo simplemente. Aquellos que han evolucionado a un nivel elevado de entendimiento alcanzan un equilibrio entre sus deseos físicos y sus mentes y almas.

Los seres humanos están integrados por tres partes, pero la mayoría de las personas se experimentan a sí mismas sólo como un cuerpo. Incluso la mente se olvida después de los 30 años. Ya nadie sigue leyendo. Nadie

105

escribe. Nadie enseña. Nadie aprende. Se olvida la mente. No se nutre. No se expande. No hay entrada de información nueva. Se requiere el mínimo rendimiento. La mente no se alimenta. No se despierta. Está adormecida, inactiva. Se hace todo lo que se puede para desconectarla. La televisión, las películas, los libros baratos de bajísima calidad. ¡Cualquier cosa que se haga, el objetivo es no pensar, no pensar, *no pensar*!

Así, la mayoría vive en un nivel corporal. Alimenta el cuerpo, viste el cuerpo, proporciona "material" al cuerpo. Muchos no han leído un buen libro en años, un libro del cual puedan *aprender* algo. Pero te pueden decir toda la programación televisiva para la semana. Esto es extraordinariamente triste.

La verdad *es* que la mayoría no quiere tener que *pensar*. Elige líderes, apoya gobiernos, adopta religiones que no requieren *pensamiento independiente*.

"Pónmelo fácil. Dime qué debo hacer."

La mayoría quiere eso. ¿Dónde me siento? ¿Cuándo me pongo de pie? ¿Cómo debo saludar? ¿Cuándo pago? ¿Qué quieres que haga?

¿Cuáles son las reglas? ¿Dónde están mis límites? Dime, dime, *dime*. Lo haré, ¡que alguien *me lo diga*!

Después se siente disgustada, desilusionada. Siguió todas las reglas, hizo lo que se le dijo. ¿Qué salió mal? ¿Cuándo se amargó? ¿Por qué se vino abajo?

Se vino abajo en el momento en que abandonó su mente, el mayor instrumento creativo que haya tenido.

Es hora de volver a entablar amistad con la mente. Ser una compañía para ella —se ha sentido muy sola—. Es el momento para alimentarla —ha pasado muchas hambres.

Algunos —una minoría— entienden que poseen un cuerpo y una mente. Tratan bien a su mente. Sin embargo, incluso entre aquellos que honran a su mente y lo que le atañe, pocos aprendieron a usarla en más de una décima parte de su capacidad. Si supieras de lo que es capaz tu mente, nunca dejarías de participar de sus maravillas y sus poderes.

Y si crees que es reducido el número de personas que equilibran su vida entre cuerpo y mente, el número de las que se ven como seres de *tres partes* —Cuerpo, Mente, Espíritu— es minúsculo.

Sin embargo, todos ustedes son seres de tres partes. Son más que su cuerpo, y más que un cuerpo con una mente.

¿Nutres tu mente? ¿La *notas* siquiera? ¿La mantienes sana o la perjudicas? ¿Estás madurando o te estás marchitando? ¿Te estás expandiendo o te estás contrayendo?

¿Está tu alma tan solitaria como tu mente? ¿Está aún más descuidada? ¿Y cuándo fue la última vez que sentiste que *se expresaba* tu alma? ¿Cuándo fue la última vez que lloraste de felicidad? ¿Escribiste poesía? ¿Compusiste música? ¿Bailaste bajo la lluvia? ¿Horneaste un pastel? ¿Pintaste *algo?* ¿Arreglaste algo que estaba descompuesto? ¿Besaste a un bebé? ¿Sostuviste a un gato junto a tu rostro? ¿Escalaste una colina? ¿Nadaste desnudo? ¿Caminaste al amanecer? ¿Tocaste la armónica? ¿Conversaste hasta romper el día? ¿Hiciste el amor durante horas... en la playa, en el bosque? ¿Comulgaste con la naturaleza? ¿Buscaste a Dios?

¿Cuándo fue la última vez que te sentaste a solas con el silencio, viajando a la parte más profunda de tu ser? ¿Cuándo fue la última vez que saludaste a tu alma?

Cuando vives como una criatura unifacética, te quedas preso en los asuntos del cuerpo: dinero, sexo, poder, posesiones, estímulos y satisfacciones físicos, seguridad, fama, ganancia económica.

Cuando vives como una criatura bifacética, amplías tus intereses para incluir asuntos de la mente. Compañerismo; creatividad; estimulación de nuevos pensamientos, ideas nuevas; creación de nuevos objetivos, nuevos retos; crecimiento personal.

Cuando vives como un ser de tres partes, por fin alcanzas un equilibrio contigo mismo. Tus intereses incluyen asuntos del alma: identidad espiritual; propósito de la vida; relación con Dios; la senda de evolución; crecimiento espiritual; destino fundamental.

Mientras evolucionas a estados cada vez más altos de conciencia, llevas a la realización plena cada aspecto de tu ser.

Sin embargo, la evolución no significa *abandonar* algunos aspectos del Ser en favor de otros. Significa simplemente expandir el centro de atención; separarse de cualquier compromiso casi exclusivo con un aspecto, y dirigirse hacia el amor genuino y la apreciación de *todos* los aspectos.

¿Por qué, entonces, tantos maestros fomentan la total abstinencia del sexo?

Porque no creen que los humanos puedan lograr un equilibrio. Creen que la energía sexual, y las energías que rodean otras experiencias mundanas, es demasiado poderosa para moderarla simplemente; llevarla al equilibrio. Creen que la abstinencia es el *único* camino que conduce a la evolución espiritual, en vez de ser meramente un posible *resultado* de ella.

¿No es verdad, sin embargo, que algunos seres que evolucionaron muy alto "renunciaron al sexo"?

No en el sentido clásico de la palabra "renunciar". No es un desprendimiento obligado de algo que todavía quieres pero sabes que no es "bueno que lo tengas". Más bien es una simple omisión, un alejamiento, como cuando uno rechaza la segunda ración de postre. No porque el postre no esté bueno, ni siquiera porque no sea benéfico para ti. Se trata simplemente de que, delicioso como era, ya tuviste bastante.

Cuando puedes renunciar a tu interés en el sexo por esa razón, es posible que quieras hacerlo. Y a la vez, podrías no quererlo. Es factible que nunca decidas que ya "tuviste suficiente" y siempre seguirás deseando esa experiencia, en equilibrio con las otras experiencias de tu Ser.

Así es, en efecto. Es verdad. Las personas activas sexualmente no están menos calificadas para la iluminación, ni menos evolucionadas espiritualmente, que las inactivas sexualmente.

La iluminación y la evolución propician que desistas de tu *adicción* al sexo, de tu profunda *necesidad* de tener la experiencia, de tus conductas compulsivas.

Asimismo, se desvanecerá tu *preocupación* por el dinero, el poder, la seguridad, las posesiones y otras experiencias del cuerpo. Sin embargo, no desaparecerá, ni *debe* hacerlo, tu *apreciación* genuina por estos aspectos del vivir. La apreciación de *todo* lo que conforma la vida es lo que honra el Proceso que he creado. El desdén por la vida o cualquiera de sus alegrías, incluso las físicas más básicas, es desdén hacia *Mí,* el Creador.

¿Cuando llamas impía Mi Creación, cómo me llamas a Mí? Sin embargo, cuando calificas de sagrada Mi creación, santificas tu experiencia de ella, y a Mí, a la vez.

Yo te digo: no he creado *nada* desdeñable, y, como dijo Shakespeare, *nada* es "malo" a menos que el pensamiento le adjudique ese calificativo.

Esto me lleva a otras preguntas finales acerca del sexo. ¿Está bien cualquier clase de sexo entre adultos que están de acuerdo?

Sí.

Me refiero al sexo "desviado", al sexo sin amor, al amor homosexual...

Primero, aclaremos una vez más que Dios no desaprueba nada.

Yo no me siento aquí para juzgar, llamando *Buena* a una acción y *Mala* a otra.

(Como bien lo sabes, analizamos esto detenidamente en el libro anterior.)

Ahora, en el contexto de lo que te favorece o te perjudica, en tu Senda de Evolución, *sólo tú* puedes decidirlo.

Sin embargo, existe un lineamiento amplio acerca del cual la mayoría de las almas evolucionadas han estado de acuerdo.

Ninguna acción que cause perjuicio a otra conduce a una rápida evolución.

Hay un segundo lineamiento, asimismo:

No se debe tomar ninguna acción que afecte a otro sin su consentimiento y permiso.

Consideremos ahora las preguntas que has formulado en el contexto de estos lineamientos.

¿Sexo "desviado"? Bien, si no lastima a nadie y se hace con el permiso de los participantes, ¿qué razón hay para que alguien lo califique de "malo"?

¿Sexo sin amor? El sexo por el "interés del sexo" ha sido debatido desde el principio del tiempo. Siempre que escucho esa pregunta, pienso que algún día me gustaría presentarme en un sitio concurrido y decir: "De todos los que están aquí, levante la mano quien nunca haya tenido sexo fuera de una relación de amor profundo, constante, comprometido, perdurable".

Permíteme decir sólo esto: *cualquier cosa* sin amor no es el camino más rápido hacia el principio femenino de Dios.

Ya sea sexo sin amor, o espagueti con albóndigas sin amor, si preparaste el festejo y lo estás consumiendo sin amor, te estás perdiendo la parte más extraordinaria de la experiencia.

¿Está mal perderse eso? De nuevo, es posible que "malo" no sea la palabra adecuada. "Desventajoso" se acercaría más, dado que deseas evolucionar a un ser espiritual más elevado lo más rápidamente que puedas.

¿Homosexualidad? ¡Son tantas las personas que quieren decir que Yo estoy en contra de la homosexualidad o de su expresión! Sin embargo, no hago ningún juicio, ni en ésta ni en cualquier otra elección que se haga.

Los seres humanos quieren hacer toda clase de juicios de valor acerca de todo, y parece que Yo arruino la fiesta. No me uniré a ellos en esos juicios, lo cual es *especialmente* desconcertante para aquellos que dicen que *Yo los originé.*

Yo hago esta observación: Hubo una época en la cual la gente pensaba que el matrimonio entre personas de *razas* diferentes no sólo era desaconsejable, *sino contrario a la ley de Dios.* (Sorprendentemente, algunas personas *todavía* piensan así.) Señalaban a la Biblia como su autoridad, igual que se basan en ella como autoridad en cuestiones en torno a la homosexualidad.

¿Quieres decir que está bien que se unan en matrimonio personas de diferentes razas?

La pregunta es absurda, pero no tan absurda como la certeza de algunas personas de que la respuesta es "no".

¿Las preguntas sobre la homosexualidad son igualmente absurdas?

Tú decide. Yo no tengo ningún juicio al respecto, ni sobre *cualquier otra cosa.* Sé que desearías que lo tuviera, eso te facilitaría mucho la vida. No tendrías que tomar ninguna decisión, ni tendrías que esforzarte. Todo estaría decidido. No tendrías que hacer nada, excepto obedecer. No es una gran vida, al menos en términos de creatividad y crecimiento, pero, ¡qué ventaja!, ningún estrés, tampoco.

Déjame hacerte algunas preguntas acerca del sexo y los niños. ¿A qué edad es conveniente permitir que los niños sean conscientes de la sexualidad como una experiencia de la vida?

Los niños están conscientes de sí mismos como seres sexuales, es decir, como *seres humanos* desde el principio de su vida. Lo que muchos padres en tu planeta tratan de hacer ahora es desalentarlos de que presten atención al hecho. Si la mano de un bebé se va al "lugar equivocado", la retiran de inmediato. Si un niño muy pequeño empieza a encontrar momentos de autoplacer en su inocente deleite con su propio cuerpo, reaccionan con horror, y transmiten ese horror al niño. El niño se pregunta qué hizo, por qué mamá está enojada.

A lo largo de la historia la cuestión no ha sido cuándo introducir al sexo a los vástagos, sino cuándo dejar de demandar que ellos nieguen su propia identidad como seres sexuales. Entre las edades de 12 y 17 años, la mayoría de los padres renuncian a la batalla y dicen, esencialmente (aunque no con palabras, como es natural, porque no suele hablarse de esos temas): "Está bien, ahora puedes darte cuenta de que tienes partes sexuales y que hay ciertos actos que puedes realizar con ellas".

Sin embargo, para entonces ya está hecho el daño. Durante toda la infancia se enseñó a los hijos a *avergonzarse* de esas partes del cuerpo. Oyen todo desde "cosita" y "ahí", hasta palabras que algunos se esfuerzan poderosamente por inventar, a fin de eludir simplemente las palabras "pene" o "vagina".

Una vez que ha quedado bien en claro que todo lo que tiene que ver con *esas* partes del cuerpo debe esconderse, no mencionarse, negarse, los hijos explotarán a la pubertad con un desconocimiento absoluto sobre qué les está pasando. No cuentan con ninguna preparación. Y, por supuesto, entonces actúan de modo lamentable, respondiendo torpe, si no es que inadecuadamente, a sus apremios más nuevos y urgentes.

Esto no es necesario, ni observo que sea de utilidad para los chicos, quienes, en un número muy significativo, entran a la vida adulta con tabúes sexuales, inhibiciones y problemas en un grado increíble.

Ahora, en las sociedades iluminadas, a los hijos nunca se les desalienta, reprende o "corrige" cuando empiezan a encontrar un deleite temprano en la naturaleza de su ser. La sexualidad de sus padres, es decir, la *identidad* de sus padres como seres sexuales, no se elude en particular, ni se esconde necesariamente. Los cuerpos desnudos, ya sea de los padres o de los niños o de sus hermanos, se ven y se tratan como que son totalmente naturales, totalmente maravillosos y totalmente correctos, no como algo de lo que deben avergonzarse.

Asimismo, las funciones sexuales se ven y se tratan como totalmente naturales, totalmente maravillosas y totalmente aprobadas.

En algunas sociedades, los padres tienen relaciones sexuales a plena vista de sus hijos. ¿Y qué podría dar a los niños un mayor sentido de la belleza y la maravilla y el deleite puro y la total anuencia de la expresión sexual que ese acto? Los padres están constantemente modelando la "corrección" y la "impropiedad" de *todas* las conductas, y los niños, a través de lo que sus padres piensan, dicen y hacen, captan señales sutiles y no tan sutiles acerca de *todas las cosas*.

Como señalé antes, se podría llamar "paganas" o "primitivas" a estas sociedades, sin embargo, se ha observado que en ellas la violación y los crímenes pasionales son prácticamente inexistentes, la prostitución es motivo de risa y se considera absurda, y las inhibiciones y las disfunciones son algo inaudito.

Si bien esa apertura no se recomienda por ahora para sociedades como en la que vives (en todos, excepto en los escenarios más extraordinarios, sería, sin duda, merecedora de un estigma cultural muy fuerte), *es* hora de que las llamadas civilizaciones modernas en este planeta hagan algo para terminar con la represión, la culpa y la vergüenza que muy a menudo rodean y caracterizan la totalidad de la expresión y experiencia sexual de la sociedad.

¿Sugerencias? ¿Ideas?

Dejar de enseñar a los niños desde el principio de su vida que las cosas que tienen que ver con el funcionamiento muy natural de sus cuerpos son vergonzosas e impropias. Ya no demostrar a los hijos que debe ocultarse cualquier asunto sexual. Permitir que vean y observen el lado romántico de ustedes, los adultos. Dejarlos ver que se abrazan, se tocan, se acarician con cariño; dejarlos ver que sus padres *se aman* y que el *mostrar su amor físicamente* es algo muy natural y maravilloso. (Te sorprendería saber en cuántas familias nunca se ha enseñado una lección tan simple.)

Cuando los niños empiecen a percibir sus propias sensaciones, curiosidad y apremios sexuales, alentarlos a conectarse con esta nueva y expansiva experiencia de sí mismos, con un sentido interior de júbilo y celebración, y no de culpa y vergüenza.

Y por amor a Mí, dejen de ocultar sus *cuerpos* a sus hijos. Está bien si los ven nadando desnudos en un lago mientras acampan o jugando con ellos en el chapoteadero de la casa; que no les dé una apoplejía si los ven cuando se dirigen del dormitorio al cuarto de baño sin una bata; terminen con esa necesidad frenética de cubrirse, cerrar, bloquear cualquier oportunidad, por inocente que sea, de que los hijos se presenten ante ustedes como un ser con su propia identidad sexual. Los niños piensan que sus padres son asexuales debido a que *se representan a sí mismos en esa forma*. Entonces se imaginan que *ellos* deben ser iguales, ya que *todos los niños imitan a sus padres.* (Los terapeutas dirán que, a algunos, aun ya de adultos, les resulta muy difícil imaginarse a sus padres "haciéndolo" realmente, lo cual, desde luego, llena a estos descendientes —ahora en el consultorio del terapeuta— de rabia, o culpa o vergüenza, ya que, naturalmente, *desean* "hacerlo", y no pueden descifrar qué es lo que está *mal en ellos.)*

Por lo tanto, hablen del sexo con sus hijos, bromeen acerca del sexo con ellos, enséñenles y permítanles y recuérdenles y muéstrenles cómo *celebrar* su sexualidad. Y háganlo desde el día en que nazcan, con el primer beso, el primer abrazo, el primer contacto que reciban de ustedes, y que ellos vean que están recibiendo uno del otro.

Gracias. *Gracias.* Estaba esperando que le dieras cierta *cordura* a este tema. Una pregunta final: ¿Cuándo es apropiado introducir, o hablar o describir específicamente la sexualidad a los niños?

Ellos lo dirán cuando llegue la hora. Si realmente observan y escuchan, cada niño lo expondrá clara e inequívocamente. Es gradual realmente. Llega por partes. Y ustedes sabrán la forma, adecuada para la edad, de tratar esas inquietudes de la sexualidad del niño o la niña si son claros, si pusieron fin a sus propias dudas e inhibiciones acerca de todo esto.

¿Cómo llegamos a ese punto?

Haciendo todo lo necesario: asistir a cursos, conferencias; ver a un terapeuta; unirse a un grupo; leer libros; meditar al respecto. Descubrirse mutuamente y, sobre todo, descubrirse de nuevo *como pareja,* como masculino y femenino; descubrir, reconocer, recuperar, reclamar la *propia* sexualidad. Celebrarla. Disfrutarla. Poseerla.

Al ser dueños de su propia y jubilosa sexualidad, podrán permitir y alentar en sus hijos la que les pertenece.

Otra vez, gracias. Ahora, alejándonos de la consideración de los niños y regresando al tema más extenso de la sexualidad humana, tengo que formularte una pregunta más. Y puede parecer impertinente e incluso ligera, pero no puedo permitir que termine este diálogo sin plantearla.

Bien, deja de disculparte y pregunta.

Estupendo. ¿Existe lo que llaman "demasiado" sexo?

No, por supuesto que no. Pero sí se puede presentar una necesidad en demasía de sexo.

Yo sugiero lo siguiente:

Disfruta todo.
No necesites nada.

¿Incluyendo a la gente?

Incluyendo a la gente. Especialmente a la gente. La necesidad de alguien es la forma más rápida de terminar con una relación.

Pero a todos nos gusta sentir que se nos necesita.

Entonces, deja de hacerlo. Inclínate en cambio por sentirte no necesitado, ya que el mayor regalo que le puedes dar a otra persona es la fortaleza y el poder para *no necesitarte,* no necesitarte para nada.

9

De acuerdo, estoy listo para proseguir. Prometiste que hablarías de algunos de los aspectos más grandes de la vida en la Tierra, y desde que escuché tus comentarios acerca de la vida en Estados Unidos he querido conversar más sobre todo eso.

Sí, bien. Quiero que el Libro 2 aborde algunos de los dilemas más grandes que enfrenta este planeta. Y no hay asunto más importante que la educación de los hijos.

No lo estamos haciendo bien, es verdad... me doy cuenta por la forma en que lo expusiste.

Bueno, desde luego, todo es relativo. Si es relativo a lo que dicen que están tratando de hacer, no, no lo están haciendo bien.

Todo lo que digo aquí, todo lo que hasta ahora he incluido en este análisis y he ocasionado que se coloque en este documento, debe situarse en ese contexto. No estoy haciendo juicios sobre "apropiado" o "impropio", "rectitud" o "maldad". Simplemente hago observaciones acerca de *la efectividad* relativa a lo que ustedes los humanos *dicen que están tratando de hacer.*

Lo entiendo.

Sé que dices que entiendes, pero llegará la hora, incluso antes de que termine este diálogo, de que me acuses de juzgarlos.

Nunca Te acusaría de eso. Debo saberlo.

Las palabras "debo saberlo" no impidieron que, en el pasado, la raza humana Me llamara un Dios juzgador.

Bueno, eso me detendrá.

Ya lo veremos.

Querías hablar acerca de la educación.

En efecto. Observo que la mayoría de las personas entienden mal el significado, el propósito y la función de la educación, por no hablar del proceso por el cual se emprende de la manera más óptima.

Ésa es una declaración muy importante, y necesito cierta ayuda con ella.

La mayoría de la raza humana decidió que el significado, el propósito y la función de la educación es transmitir conocimiento; que educar a alguien es darle conocimiento —generalmente, el conocimiento acumulado de la familia, clan, tribu, sociedad, nación y mundo particular.

Sin embargo, la educación tiene muy poco que ver con el conocimiento.

¿Cómo? ¿Otra equivocación?

Claramente.

¿Con qué tiene que ver, entonces?

Con la sabiduría.

Sabiduría.

Sí.

Está bien, me rindo. ¿Cuál es la diferencia?

La sabiduría es el conocimiento aplicado.

Así que no debemos tratar de darles conocimiento a nuestros hijos. Debemos tratar de darles sabiduría.

En primer lugar, no es "tratar" de hacer algo. Es hacer. Segundo, no ignores el conocimiento en favor de la sabiduría. Eso sería fatal. Por otra parte, no ignores la sabiduría en favor del conocimiento. También eso sería fatal. Aniquilaría la educación. En tu planeta, sería aniquilarla.

¿Estamos ignorando la sabiduría en favor del conocimiento?

En la mayoría de los casos, sí.

¿Cómo hacemos eso?

Están enseñando a los niños *qué* deben pensar en vez de *cómo* pensar.

Explícate, por favor.

Por supuesto. Al darles conocimiento a los niños, se les está diciendo qué pensar. Es decir, les dicen lo que se supone que deben saber, lo que ustedes quieren que entiendan como cierto.

Cuando se les da sabiduría a los niños, no se les dice qué deben saber, o qué es cierto, sino, más bien, *cómo obtener su propia verdad.*

Pero sin conocimiento no puede haber sabiduría.

De acuerdo. Por eso dije que no se puede ignorar el conocimiento en favor de la sabiduría. Una cierta cantidad de conocimiento debe transmitirse de una generación a la siguiente. Obviamente. Pero el menor conocimiento que sea posible. Cuanto más reducida la cantidad, tanto mejor.

Que el niño lo descubra por sí mismo. Escucha: el conocimiento se pierde. La sabiduría nunca se olvida.

¿Así que nuestras escuelas deberían enseñar lo menos posible?

Las escuelas deben dar un giro completo a su énfasis. Ahora mismo están profundamente enfocadas en el conocimiento, y otorgan una preciosa poca atención a la sabiduría. Muchos padres consideran amenazadoras las clases sobre pensamiento crítico, solución de problemas y lógica. Quieren que se retiren esas clases del plan de estudios. Y con razón, si es que quieren proteger su forma de vida. Los niños a quienes se les permite desarrollar sus propios procesos de pensamiento crítico presentan mayores probabilidades de *abandonar* las costumbres, estándares y toda la forma de vida de sus padres.

A fin de proteger su forma de vida, construyeron un sistema educativo basado en el desarrollo de la memoria del niño, y no en su capacidad. A los niños se les enseña a *recordar* hechos y ficciones —las ficciones que cada sociedad ha establecido para sí misma— en vez de darles la capacidad para descubrir y crear sus propias verdades.

Los programas que piden que los niños desarrollen *capacidades* y *destrezas* en vez de memoria, son intensamente ridiculizados por quienes se imaginan que saben qué es lo que necesita aprender un niño. Sin embargo, lo que se enseña a los niños conduce al mundo *hacia* la ignorancia, en vez de alejarlo de ella.

Nuestras escuelas no enseñan ficciones, enseñan hechos.

Ahora te estás mintiendo a ti mismo, igual que se miente a los niños.

¿Les mentimos a nuestros niños?

Desde luego. Toma cualquier libro de historia y revísalo. Los textos los escriben personas que quieren que sus hijos vean el mundo desde un ángulo particular. Cualquier intento por expandir los relatos históricos con un panorama más extenso de los hechos, es objeto de mofa, y se le llama "revisionista". A los niños no se les dice la verdad acerca del pasado, por temor a que los vean como realmente son.

La mayor parte de la historia está escrita desde el punto de vista de ese segmento de la sociedad a la que se le llama hombres Anglosajones Protestantes. Cuando las mujeres, o los negros, u otros en la minoría dicen: "No sucedió así, dejaron fuera una parte enorme", los estadounidenses se encogen de miedo y gritan y exigen que los "revisionistas" ya no traten de cambiar los libros de texto. No quieren que sus niños sepan cómo sucedió realmente. Quieren que sepan cómo *justificaron* lo que sucedió, desde su punto de vista. ¿Te doy un ejemplo de esto?

Por favor.

En Estados Unidos no se enseña a los niños todo lo que hay que saber acerca de la decisión de este país de dejar caer bombas atómicas en dos ciudades japonesas, que mataron o mutilaron a cientos de miles de personas. En cambio, les dan los hechos según los ven ustedes, y cómo quieren que ellos los vean.

Cuando se hace un intento por equilibrar este punto de vista con el punto de vista de otro —en este caso, el japonés—, gritan y se enfurecen y despotrican y saltan de arriba abajo y demandan que esas escuelas *no se atrevan siquiera* a pensar en presentar esos datos en su revisión histórica de este importante acontecimiento. Por lo tanto, no enseñan historia en lo absoluto, sino política.

Se supone que la historia debe ser un relato exacto y completo de lo que sucedió realmente. La política nunca se interesa en lo que sucedió en la realidad. La política siempre es el *punto de vista de* un sector acerca de lo que sucedió.

La historia revela, la política justifica. La historia descubre; lo dice todo. La política encubre; sólo cuenta una parte.

Los políticos odian la historia que se escribe con la verdad. Y la historia, que se escribe con la verdad, tampoco habla muy bien de los políticos.

Sin embargo, están usando el *Nuevo Traje del Emperador,* ya que los niños, a la larga, ven a través de ustedes. Los niños a quienes se ha enseñado a pensar críticamente, revisan la historia y dicen: "Vaya, cómo se han engañado a sí mismos nuestros padres y mayores". Eso no lo pueden tolerar, así que tratan de extraerles esas ideas. No quieren que los niños cuenten con los hechos más básicos. Quieren que tengan su versión de los hechos.

Creo que estás exagerando, y que llevas este argumento un poco lejos.

¿De verdad? La mayoría de las personas en esta sociedad ni siquiera desean que sus hijos conozcan los hechos más básicos de la *vida.* La gente se desquició cuando las escuelas simplemente empezaron a enseñar a los niños el funcionamiento del cuerpo humano. Ahora se supone que no se debe decir a los niños cómo se transmite el sida, o cómo *evitar* que se transmita. A menos, desde luego, que les digan cómo evitarlo desde un *punto de vista* particular. Entonces está bien. ¿Pero darles simplemente

119

los hechos, y dejarlos que ellos decidan por sí mismos? Nunca en la vida.

Los niños no están preparados para decidir estas cosas por sí mismos. Es necesario guiarlos adecuadamente.

¿Has observado tu mundo últimamente?

¿Qué pasa con él?

Así es como guiaron a los niños en el pasado.

No, es como los hemos *des*aconsejado. Si el mundo está hoy tan descompuesto —y en muchos aspectos lo está demasiado— no se debe a que hayamos tratado de enseñar a nuestros hijos los viejos valores, ¡sino a que hemos permitido que se les enseñen todas estas innovaciones dudosas!

¿Realmente crees eso, verdad?

¡Estás en lo correcto, lo creo realmente! Si hubiésemos mantenido a nuestros niños limitados a lo ortodoxo, en vez de alimentarlos con toda esta basura de "pensamiento crítico", estaríamos mucho mejor ahora. Si hubiésemos mantenido la llamada "educación sexual" fuera del salón de clases y la hubiésemos conservado en el hogar, que es el lugar al cual corresponde, no estaríamos viendo adolescentes que tienen bebés, y madres solteras a los 17 años solicitando asistencia social, y un mundo enloquecido. Si hubiésemos insistido en que nuestros pequeños vivieran de acuerdo con nuestros estándares morales, en vez de darles libertad y crear los propios, no habríamos convertido nuestra una vez nación fuerte y vibrante en una lastimosa caricatura de su antigua condición.

Ya veo.

Y algo más. No me digas que se supone que súbitamente debamos vernos como "equivocados" por lo que sucedió en Hiroshima y Nagasaki. *Nosotros terminamos la guerra,* por el amor de Dios. Salvamos miles de vidas. *En ambos lados.* Ése fue el precio de la guerra. A nadie le gustó la decisión, pero tenía que hacerse.

Ya veo.

Sí, ya ves. Me recuerdas a esos rojillos liberales comunistas. Quieres que revisemos nuestra historia, de acuerdo. Quieres que nos revisemos a nosotros mismos desde el principio de la existencia. Entonces, ustedes los liberales lograrán su objetivo: tomar el control del mundo, crear sociedades decadentes, redistribuir la riqueza. *El poder para el pueblo* y todos esos disparates. Pero ello nunca nos condujo a ninguna parte. Lo que necesitamos es un regreso al pasado, a los valores de nuestros abuelos. ¡Eso es lo que necesitamos!

¿Ya terminaste?

Sí, ¿cómo lo hice?

Muy bien. Eso estuvo realmente bien.

Bueno, cuando uno pasa unos cuantos años hablando por la radio, se vuelve bastante fácil.

Así es como se piensa en tu planeta, ¿verdad?

Puedes estar seguro de que así es. Y no sólo en Estados Unidos. Quiero decir que podrías cambiar el nombre del país, y cambiar el nombre de la guerra; insertar cualquier ofensiva militar de cualquier nación en cualquier época de la historia. No importa. Todo el mundo piensa que está en lo correcto. Todo el mundo sabe que es la otra persona la que está equivocada. Olvídate de Hiroshima. Inserta Berlín en cambio. O Bosnia.

Todo el mundo sabe también que los viejos valores eran los que funcionaban. Todo el mundo sabe que el globo se está yendo a pique. No sólo en Estados Unidos. En todos los países, en todas partes del planeta hay un clamor por el regreso a los viejos valores, y un regreso al nacionalismo.

Sé que lo hay.

Y lo que he hecho aquí es tratar de expresar ese sentimiento, esa preocupación, esa indignación.

121

Hiciste un buen trabajo, casi Me convences.

¿Y bien, qué les dices a aquellos que realmente piensan así?

¿Realmente piensas que las cosas eran mejores hace 30 años, hace 40 años, hace 50 años? Yo digo que la memoria tiene una pobre visión. Recuerdas lo bueno, y no lo peor. Es natural, es normal. Pero no te engañes. Enfráscate en el *pensamiento creativo,* y no te limites a *memorizar* lo que otros quieren que creas.

Para seguir con nuestro ejemplo, ¿te imaginas que en realidad fue absolutamente necesario lanzar la bomba atómica sobre Hiroshima? ¿Qué dicen los historiadores estadounidenses acerca de los muchos informes, de aquellos que afirman saber más acerca de lo que sucedió realmente, de que el Imperio Japonés había revelado en privado a Estados Unidos su disposición de dar por terminada la guerra *antes* de que se lanzara la bomba? ¿Acaso la venganza por el horror en Pearl Harbor no representó una parte en la decisión del bombardeo? Y, si aceptas que era necesario lanzar la bomba, ¿por qué fue necesario lanzar una segunda bomba?

Podría ser, desde luego, que tu propio relato de todo sea el correcto. Podría ser que el punto de vista estadounidense sobre todo esto, sea la forma en que sucedió realmente. Ése no es el punto de esta conversación. El punto es que el sistema educativo no permite el pensamiento crítico sobre estos temas, o muchos otros.

¿Te puedes imaginar lo que le sucedería a un profesor de ciencias sociales o de historia que planteara en clase las anteriores preguntas, invitando y estimulando a los estudiantes a que examinen y exploren en profundidad este tema y saquen sus propias conclusiones?

¡Ése es el punto! No se quiere que los jóvenes saquen sus propias conclusiones. Quieren que lleguen a *las mismas conclusiones* que ustedes. Así, se les condena a repetir los errores a que condujeron esas conclusiones.

¿Y qué piensas acerca de las declaraciones de tantas personas sobre los viejos valores y la desintegración de nuestra sociedad hoy en día? ¿Y en torno al increíble aumento en los embarazos en adolescentes, o madres solteras que dependen de la asistencia social, o de nuestro mundo enloquecido?

Este mundo ha enloquecido. En eso estoy de acuerdo. Pero no enloqueció a causa de lo que se enseña a los niños en las escuelas. Enloqueció por lo que no se permite que se les enseñe.

No se permite que las escuelas les enseñen que el amor es todo lo que hay. No se permite que en la escuela se hable de un amor que es incondicional.

Ni siquiera se permite que las *religiones* hablen de eso.

En efecto. Y tampoco se permite que se enseñe a los niños a celebrarse a sí mismos y a su cuerpo, su humanidad y sus maravillosos seres sexuales. Y no se permite que sepan que son, primero y sobre todo, seres espirituales que habitan un cuerpo. Ni se les trata como espíritus que habitan en cuerpos.

En las sociedades donde se habla abiertamente de la sexualidad, se analiza con libertad, se explica y se experimenta jubilosamente, prácticamente no hay delitos sexuales, sólo ocurre un diminuto número de nacimientos que no se esperan, y no hay nacimientos "ilegítimos" o no deseados. En las sociedades altamente evolucionadas, *todos* los nacimientos son bendiciones, y se atiende el bienestar de todas las madres y de todos los niños. Es un hecho comprobado, la sociedad no aceptaría otra opción.

En las sociedades donde la historia no se adapta a los conceptos de los más fuertes y poderosos, se reconocen abiertamente los errores del pasado y nunca se repiten, y *una vez es suficiente* para las conductas que son claramente autodestructivas.

En las sociedades donde se enseña el pensamiento crítico, la solución de problemas y las destrezas para la vida, en vez de hechos simplemente memorizados, incluso las acciones llamadas "justificables" del pasado son objeto de un intenso escrutinio. Nada se acepta por su significado aparente.

¿Cómo funcionaría eso? Usemos nuestro ejemplo de la Segunda Guerra Mundial. Un sistema escolar que enseña las habilidades para la vida, en vez de sólo hechos, ¿cómo abordaría el episodio histórico de Hiroshima?

Los maestros describirían en clase lo que sucedió ahí exactamente. Incluirían todos los hechos —*todos* los hechos— que condujeron a ese acontecimiento. Buscarían las opiniones de historiadores de *ambos* lados del encuentro, lo que permitiría a los alumnos darse cuenta de que hay más de un punto de vista para *todo*. No pedirían memorizar sucesos, fecha y cifras. En cambio, desafiarían a la clase. Dirían: "Ya escucharon todo lo relacionado con este acontecimiento. Saben los antecedentes y las consecuencias. Les hemos dado todo el 'conocimiento' que pudimos obtener al respecto. Ahora bien, ¿a partir de este 'conocimiento', qué 'sabiduría' alcanzan? Si los escogieran para solucionar los problemas que se enfrentaban en aquellos días, y que se concluyeron con el lanzamiento de la bomba, ¿cómo los resolverían? ¿Pueden pensar en una salida mejor?"

Oh, seguro. Eso es fácil. Cualquiera puede encontrar respuestas de ese modo, con el beneficio de la *retrospectiva*. Cualquiera puede mirar por encima de su hombro y decir: "Yo lo hubiera hecho de una manera diferente".

¿Entonces, por qué no lo hacen?

¿Perdón?

Dije: ¿Entonces, por qué no lo hacen? ¿Por qué no miran por encima de sus hombros, *aprenden* del pasado, y proceden de forma diferente? Te diré la razón: Si se permite a los hijos revisar el pasado y analizarlo críticamente —si, en efecto, se requiere que lo hagan como una parte de su educación— se correrá el riesgo de que ellos *discrepen* con el rumbo que siguieron ustedes.

Desde luego, discreparán de todos modos. Simplemente no se permite demasiado desacuerdo en los salones de clases. Por consiguiente, tienen que tomar las calles. Ondear consignas. Romper cartillas de reclutamiento. Quemar placas y banderas. Hacer todo lo que puedan para llamar la atención, para que se les vea. Los jóvenes gritan: "¡Tiene que haber una mejor forma!" Sin embargo, no se les escucha. No se les quiere escuchar. Y, ciertamente, no se les quiere alentar en el *salón de clases* a que empiecen a pensar críticamente acerca de los hechos que se les describen.

Sólo *capten,* les dicen. No vengan a decirnos lo que hicimos mal. Limítense a captar que procedimos *bien*.

Así es como se educa. Eso es lo que llaman educación.

Pero hay quien diría que son los jóvenes y sus ideas locas, absurdas, liberales, las que han llevado a este país y al mundo, al desastre. Al infierno. Lo han empujado al borde del olvido. Han destruido nuestra cultura orientada hacia los valores, y la han reemplazado con una moralidad de haz-lo-que-quieras-hacer, lo que sea que "se sienta bien", que amenaza con poner fin a nuestra forma de vida.

Los jóvenes *están* destruyendo esta forma de vida. La juventud *siempre* lo ha hecho. La tarea es alentarlos, no desanimarlos.

No son ellos quienes destruyen los bosques, sino los que piden que se detengan ustedes. No son ellos quienes agotan la capa de ozono, sino los que piden que detengan ese proceso. No son ellos quienes explotan a los pobres en talleres de mala muerte por todo el mundo, sino los que piden que se detengan. No son ellos quienes fijan impuestos onerosos, para después usar el dinero en la guerra y la maquinaria de guerra, sino los que piden que las detengan. No son ellos quienes ignoran los problemas de los débiles y oprimidos, permitiendo que cientos de personas mue-ran de hambre cada día en un planeta con más que suficiente para alimentar a todos sus habitantes, sino los que piden que se detenga esa miseria.

No son los jóvenes quienes participan en la política de engaño y manipulación, sino los que piden que la detengan. No son ellos quienes están reprimidos sexualmente, avergonzados y desconcertados acerca de sus propios cuerpos y quienes transmiten esa vergüenza y desconcierto a sus hijos, sino los que piden que *detengan esa actitud*. No son ellos quienes establecieron un sistema de valores que defiende "el poder para el más fuerte" y un mundo que *soluciona* los problemas con violencia, sino los que piden que eso se detenga.

No, no lo están pidiendo... lo están *suplicando*.

¡Sin embargo, los jóvenes son los violentos! ¡Los jóvenes que se unen a pandillas y se matan mutuamente! Los jóvenes que desdeñan la ley y el orden, cualquier clase de orden. ¡Los jóvenes que nos están volviendo lo-cos!

Cuando nunca se escuchan y nunca se les presta atención a los clamores y reclamos de los jóvenes; cuando ven que su causa está perdida —que ustedes impondrán las condiciones, sin importar lo que pase—, los jóvenes, que no son tontos, darán el siguiente paso más conveniente. Si no los pueden derrotar, se unirán a ustedes.

Los jóvenes se han unido a ustedes en sus conductas. Si son violentos, es porque ustedes lo son. Si son materialistas, es porque ustedes lo son. Si actúan sin cordura, es porque ustedes actúan de ese modo. Si usan el sexo manipuladora, irresponsable y vergonzosamente, es porque ustedes hacen lo mismo. La única diferencia entre los jóvenes y los mayores es que los primeros realizan sus actividades al descubierto.

Los adultos ocultan sus conductas. Piensan que los jóvenes no pueden ver. Sin embargo, los jóvenes ven todo. Nada está oculto para ellos. Ven la hipocresía y tratan desesperadamente de cambiarla. No obstante, una vez que trataron y fallaron, no les queda más opción que imitarla. En eso están equivocados, pero *nunca se les enseñó a actuar de forma diferente*. No se les permitió analizar críticamente lo que hicieron sus mayores, sólo se les permitió memorizarlo.

Lo que memorizas, lo conmemoras.

¿Cómo, entonces, debemos educar a nuestros jóvenes?

Primero, trátenlos como espíritus. Son espíritus que penetran en un cuerpo físico. No es algo fácil para los espíritus; ni es fácil para un espíritu acostumbrarse a esta condición. Es muy confinante, muy limitante. Como consecuencia, el niño protestará por estar tan limitado súbitamente. Escuchen ese grito. Entiéndanlo. Y denles a los niños tanta sensación como sea posible de que están "ilimitados".

Como paso siguiente, introdúzcanlos con amabilidad y cuidado al mundo que ustedes mismos crearon. Cuiden lo que depositen en su memoria. Los niños recuerdan todo lo que ven, todo lo que experimentan. ¿Por qué les dan una nalgada en el momento en que salen del útero de su madre? ¿Realmente se imaginan que ése es el único medio para echar a andar sus motores? ¿Por qué alejan a los bebés de sus madres minutos después de que fueron separados de la única forma de vida que han conocido en toda su existencia presente? ¿El procedimiento de medirlo y pesarlo y todas las demás manipulaciones no pueden esperar mientras el recién nacido experimenta la seguridad y comodidad de lo *que le ha dado la vida?*

¿Por qué permitir que algunas de las primeras imágenes a que se expone el niño sean imágenes de violencia? ¿Quién dijo que eso es bueno para los hijos? ¿Y por qué ocultar las imágenes de. amor?

¿Por qué enseñar a los niños a avergonzarse y abochornarse de sus propios cuerpos y sus funciones, resguardando ustedes, como padres, sus cuerpos de la mirada y el contacto de ellos, y decirles que nunca se toquen en formas que les produzcan placer? ¿Qué mensaje les envían acerca del placer? ¿Y qué lecciones acerca del cuerpo?

¿Por qué colocan a sus hijos en escuelas en las cuales se permite y alienta la competencia, donde se recompensa al "mejor" y al "más capaz" en el aprendizaje, donde se califica el "desempeño" y a duras penas se tolera que traten de seguir su propio ritmo? ¿Qué entiende el niño de esto?

¿Por qué no enseñar a los niños el movimiento y la música y el deleite del arte y el misterio de los cuentos de hadas y la maravilla de la vida? ¿Por qué no extraer lo que se encuentra naturalmente *en* el niño, en vez de buscar introducir en su vida lo que no es natural para él?

¿Y por qué no permitir que aprendan lógica y pensamiento crítico y solución de problemas y creatividad, usando los instrumentos de su propia intuición y su conocimiento interno más profundo, en vez de las reglas y los sistemas de memorización y las conclusiones de una sociedad que ha demostrado su absoluta incompetencia para evolucionar con estos métodos, y sin embargo, continúa usándolos?

Por último, enseñen conceptos, no *materias*.

Inventen nuevos planes de estudios y constrúyanlos alrededor de tres Conceptos Esenciales:

Conciencia
Honestidad
Responsabilidad

Enseñen a los niños estos conceptos desde la edad más temprana. Hagan que transiten por los nuevos planes de estudios hasta el último día. Basen en ellos el modelo educativo completo. Que toda instrucción se encuentre inmersa en ellos.

No entiendo qué quieres decir.

Quiero decir que todo lo que se enseñe provenga de estos conceptos.

¿Puedes explicar eso? ¿Cómo enseñaríamos lo fundamental?

Desde los libros de texto elementales hasta las lecturas más avanzadas, todos los cuentos, historias y materias deben girar alrededor de los

127

conceptos esenciales. Es decir, serían historias de conciencia, de honestidad, de responsabilidad. Los niños se introducirían en los conceptos, se infiltrarían en los conceptos, quedarían inmersos en los conceptos.

Las tareas de escritura, de igual modo, deben girar alrededor de estos Conceptos Esenciales, y otros que están relacionados con ellos según avance el niño en su capacidad de autoexpresión.

Incluso las técnicas de computación deberían enseñarse dentro de este marco. La aritmética y las matemáticas no son abstracciones, sino los instrumentos más básicos para la vida en el universo. La enseñanza de todas las técnicas de computación se contextualizaría dentro de la experiencia más grande de la vida en una forma llamativa y que se enfoque en los Conceptos Esenciales y sus derivados.

¿Cuáles son esos "derivados"?

Para usar una frase que los medios han vuelto popular, son los productos secundarios. Todo el modelo educativo se puede basar en ellos, reemplazando las materias en los planes de estudio presentes que enseñan hechos, básicamente.

¿Por ejemplo?

Bien, usemos nuestra imaginación. ¿Cuáles son algunos de los conceptos que son importantes para ti en la vida?

Eeh... diría que... la honestidad, como Tú has dicho.

Sí, adelante. Ése es un Concepto Esencial.

Mmm... la justicia. Ése es un concepto importante para mí.

Bien. ¿Algún otro?

Tratar a los demás amablemente. Ése es uno. No sé cómo reducirlo en un concepto.

Sigue. Deja que fluyan los pensamientos.

Congeniar. Ser tolerante. No lastimar a otros. Ver a los demás como iguales. Espero que pueda enseñar todo eso a mis hijos.

Bien. ¡Excelente! Continúa.

Creer en uno mismo. Ése es bueno. Y... espera, espera... ahí viene otro. Sí, ése es: portarse con dignidad. Creo que lo llamaría *portarse con dignidad*. Tampoco sé cómo resumirlo en un mejor concepto, pero tiene que ver con la forma en que uno se comporta en la propia vida, y el modo en que se respeta a los demás y la senda que están tomando.

Es un buen material. Todo es buen material. Estás llegando al meollo del asunto. Y hay muchos otros conceptos semejantes que todos los niños deben comprender profundamente a fin de que evolucionen y crezcan como seres humanos completos. Sin embargo, no se enseñan esas ideas en la escuela, cuando son lo más importante de la vida. No se enseña lo que significa ser honesto. Ni lo que significa ser responsable. Ni lo que significa estar consciente de los sentimientos de otras personas y ser respetuoso de las sendas de otros.

Se dice que está a cargo de los padres enseñar estas cosas. Sin embargo, los padres sólo pueden transmitir lo que se les transmitió a ellos. Y los pecados del padre se castigan en el hijo. Por lo tanto, están enseñando en sus hogares lo mismo que sus padres les enseñaron en sus hogares.

¿Qué tiene de malo?

Como lo he estado repitiendo, ¿te has fijado en el mundo últimamente?

Sigues llevándonos de nuevo a ese tema. Sigues insistiendo en que lo revisemos. Pero no todo es nuestra culpa. No se nos puede culpar por la forma en que marcha el resto del mundo.

No es cuestión de culpa, sino de elección. Y si ustedes no son responsables por las elecciones que hizo y sigue haciendo la humanidad, ¿quién es, entonces?

¡Bueno, no podemos asumir la responsabilidad de *todo* lo que pasa!

Yo te digo: Hasta que estén dispuestos a asumir la responsabilidad de todo, *no podrán cambiar nada.*

No pueden seguir diciendo que *ellos* lo hicieron, y que *ellos* lo siguen haciendo, ¡y si sólo lo hicieran bien! Recuerda esa maravillosa línea de Pogo, el personaje de la historieta cómica de Walt Kelly, y nunca la olvides:

"Por fin conocimos al enemigo, y resulta que somos nosotros".

Hemos repetido los mismos errores durante cientos de años, ¿no es así?

Durante miles de años, hijo mío. Han cometido los mismos errores durante miles de años. La humanidad no ha evolucionado en sus instintos más básicos mucho más allá de la era del hombre de las cavernas. Sin embargo, cada intento por cambiar se recibe con desdén. Cada desafío a revisar los valores, y tal vez incluso reestructurarlos, se acoge con temor, y después con enojo. Y, para colmo, Yo presento una idea para que se enseñen conceptos más elevados en las *escuelas*. Vaya, ahora sí estamos realmente caminando sobre arenas movedizas.

Sin embargo, en las sociedades altamente evolucionadas, eso es exactamente lo que se hace.

Pero el problema consiste en que no todas las personas están de acuerdo con esos conceptos, con su significado. Ése es el motivo por el cual no podemos enseñarlos en nuestras escuelas. Los padres se salen de sus casillas cuando tratas de introducir esas ideas en los planes de estudio. Dicen que estás enseñando "valores" y que en la escuela no tiene cabida esa clase de instrucción.

¡Están equivocados! Repito, basado en lo que dices que están tratando de hacer como raza humana —lo cual es construir un mundo mejor—, están equivocados. Las escuelas son *exactamente* el lugar para esa instrucción. *Debido,* precisamente, a que las escuelas están aisladas de los prejuicios de los padres. *Debido,* precisamente, a que las escuelas están separadas de las ideas preconcebidas de los padres. Ya ves lo que resulta en este planeta con la transmisión de valores de padre a hijo. El planeta es un *desastre.*

No se entienden los conceptos más básicos de las sociedades civilizadas.

No saben cómo resolver conflictos sin recurrir a la violencia.

No saben cómo vivir sin temor.

No saben cómo actuar sin egoísmo.

No saben cómo amar sin condiciones.

Éstos son entendimientos básicos —*básicos*— y ni siquiera han empezado a acercarse a una plena comprensión de ellos, y mucho menos a ponerlos en práctica... después de *miles y miles de años.*

¿Hay una salida a ese desastre?

¡Sí! ¡Está en las escuelas! ¡Está en la educación de la juventud! ¡La esperanza está en las siguientes generaciones! Pero deben dejar de sumergirlas en las formas del *pasado.* Esas formas no funcionan. No conducen a donde dicen que quieren ir. ¡Sin embargo, si no tienen cuidado, llegarán exactamente a donde se dirigen!

¡Alto! ¡Den vuelta! Siéntense juntos y reúnan sus pensamientos. Creen la versión más grandiosa de la imagen más grandiosa que hayan tenido de ustedes mismos como raza humana. Después, tomen los valores y conceptos que sustentan esa imagen y enséñenlos en las escuelas.

¿Qué te parecen cursos como...

- Entendimiento del poder
- Solución pacífica de conflictos
- Elementos de relaciones amorosas
- Personalidad y autocreación
- Cuerpo, mente y espíritu: cómo funcionan
- Dedicación a la creatividad
- Celebración del yo, valorar a los demás
- Expresión sexual jubilosa
- Justicia
- Tolerancia
- Diversidades y similitudes
- Estudio de la ética
- Conciencia creativa y poder mental
- Discernimiento y estado de alerta
- Honestidad y responsabilidad
- Visibilidad y transparencia
- Ciencia y espiritualidad

Gran parte de eso *se enseña* ahora. Lo llamamos Relaciones Humanas.

No me refiero a una unidad de dos días en un curso de un semestre. Hablo acerca de *cursos separados* sobre cada uno de estos conceptos, de una revisión completa de los planes de estudio en las escuelas, de una formación basada en valores. Ahora enseñan lo que es mayormente información sobre hechos.

Hablo de enfocar la atención de los niños en el mayor entendimiento que sea posible de los conceptos esenciales y las estructuras teóricas alrededor de las cuales se puede construir este sistema de valores como ahora se hace, con fechas, sucesos y estadísticas.

En las sociedades altamente evolucionadas de esta galaxia y de este universo (de las cuales hablaremos más específicamente en el Libro 3), los conceptos para la vida se enseñan a los niños desde una edad muy temprana. Lo que ustedes llaman "sucesos", se consideran mucho menos importantes, por lo que se enseñan a una edad más tardía.

En este planeta se ha creado una sociedad en la cual el pequeño Juanito aprende a leer antes de salir de preescolar, pero todavía no aprende a dejar de pegarle a su hermano. Y Susanita perfecciona su conocimiento de las tablas de multiplicar usando tarjetas especiales y el ejercicio de la memoria, en grados cada vez más tempranos, pero no aprende que su cuerpo no contiene nada que sea vergonzoso o bochornoso.

Por ahora, las escuelas existen principalmente para proporcionar respuestas. Sería mucho más benéfico que su función primordial consistiera en formular preguntas. ¿Qué significa ser honesto, o responsable, o "justo"? ¿Cuáles son las implicaciones? ¿Qué significa 2+2=4? ¿Cuáles son las implicaciones? Las sociedades altamente evolucionadas alientan a todos los niños a *descubrir y crear esas respuestas por sí mismos.*

¡Pero... pero eso conduciría al *caos*!

En comparación con las condiciones no caóticas en las cuales se vive ahora...

Está bien, está bien... conduciría a mayor caos.

No estoy sugiriendo que las escuelas nunca compartan con los niños ninguna información que ustedes hayan aprendido o decidido acerca de esas cuestiones. Todo lo contrario. Las escuelas son de gran utilidad para los estudiantes cuando comparten con los Pequeños lo que los

Mayores aprendieron y descubrieron, decidieron y eligieron en el pasado. Los estudiantes pueden entonces observar cómo ha funcionado todo. Sin embargo, en las escuelas se presentan estos datos al estudiante como Eso Que Está Bien, cuando, en realidad, deberían ofrecerse simplemente como lo que son: datos.

Los Datos del Pasado no deben ser la base de la Verdad Presente. Los datos de un tiempo o experiencia anterior, siempre y únicamente deben ser la base para nuevas preguntas. El tesoro siempre debe estar en la pregunta, y no en la respuesta.

Y las preguntas siempre son las mismas. En relación con estos datos del pasado que te he mostrado, ¿estás de acuerdo, o discrepas? ¿Qué piensas? Ésta siempre es la pregunta clave. Éste es siempre el centro de atención. ¿Qué piensas? ¿Qué piensas tú? *¿Qué piensas?*

Por ahora, obviamente, los niños introducirán los valores de sus padres a esta pregunta. Los padres continuarán representando un papel muy importante —el papel principal, obviamente— en la creación del sistema de valores del niño. La intención y el propósito de la escuela sería alentar a los niños, desde la edad más temprana hasta el final de la educación formal, a que analicen estos valores, y a que aprendan cómo usarlos, aplicarlos, y cómo volverlos funcionales y, sí, a cuestionarlos, incluso. Los padres que no quieren que sus hijos cuestionen sus valores no aman a sus hijos, sino más bien, se aman a sí mismos a través de sus hijos.

¡Desearía —oh, ¡cómo me gustaría!— que hubiese escuelas como las que describes!

Hay algunas que buscan aproximarse a este modelo.

¿Las hay?

Sí. Lee los escritos del hombre llamado Rudolph Steiner. Examina los métodos de la Escuela Waldorf, la cual es obra suya.

Bueno, desde luego, conozco algo acerca de esas escuelas. ¿Es éste un comercial?

Es una observación.

Porque Tú sabías que estaba familiarizado con las Escuelas Waldorf. Ya lo sabías.

Por supuesto que lo sabía. Todo lo que en la vida te ha sido de utilidad, te ha traído a este momento. No empecé a hablar contigo al principio de este libro. He estado hablando contigo durante años, a través de todas tus asociaciones y experiencias.

¿Estás diciendo que la Escuela Waldorf es la mejor?

No. Lo que digo es que es un modelo que funciona, si tomamos en cuenta el destino que desean como raza humana; en vista de lo que afirman que quieren hacer, y dado lo que dicen que quieren ser. Lo expongo como un ejemplo, uno de los varios que podría citar, aunque son raros en este planeta y en esta sociedad. Un ejemplo de cómo se puede planear la educación en una manera que se enfoque en la "sabiduría" en vez de en el "conocimiento" simplemente.

Correcto, es un modelo del cual tengo muy buen concepto. Son muchas las diferencias entre una Escuela Waldorf y otras escuelas. Permíteme darte un ejemplo. Es muy sencillo, pero ilustra el punto espectacularmente.

En la Escuela Waldorf, el maestro avanza con los niños a través de todos los niveles de experiencia de la enseñanza primaria y elemental. Durante todos esos años, los niños tienen el mismo maestro, en vez de pasar de una persona a otra. ¿Te puedes imaginar el vínculo que se establece? ¿Puedes ver el valor?

El profesor llega a conocer al niño como si fuera propio. El niño llega a un nivel de confianza y amor hacia el maestro que abre puertas que nunca soñaron que existían muchas de las escuelas orientadas tradicionalmente. Al término de esos años, el maestro vuelve al primer grado, empezando de nuevo con otro grupo de niños para recorrer todos los grados del plan de estudios. Un maestro Waldorf dedicado puede terminar trabajando con sólo cuatro o cinco grupos de niños en toda su carrera. Pero él o ella ha tenido un significado para esos niños más allá de lo que es posible en un escenario de escuela tradicional.

Este modelo educativo reconoce y anuncia que *la relación humana, la vinculación* y *el amor* que se comparten en un paradigma de este tipo es tan importante como *los hechos* que el maestro pueda impartir al niño. Es como una enseñanza hogareña, fuera del hogar.

Sí, es un buen modelo.

¿Se cuenta con otros modelos buenos?

Sí. Se está alcanzando cierto progreso en este planeta en lo que concierne a la educación, pero es muy lento. Incluso el intento por introducir un plan de estudios orientado hacia objetivos y enfocado en el desarrollo de la capacidad, encuentra una enorme resistencia. Se le ve como amenazante, o ineficaz. Quieren que los niños aprendan *hechos*. Sin embargo, hay ciertas incursiones. Todavía queda mucho por hacer.

Y ésa es la única área de la experiencia humana que podría sacar provecho de un replanteamiento general, tomando en cuenta lo que dicen ustedes, como seres humanos, que buscan ser.

Sí, me imagino que la arena política también podría beneficiarse con ciertos cambios.

Con toda seguridad.

10

Esperaba este momento. Es más de lo que suponía que Me habías prometido cuando Me dijiste que el Libro 2 abordaría temas planetarios en una escala global. ¿Podemos empezar a analizar las políticas humanas con una pregunta que puede parecer básica?

Ninguna pregunta carece de mérito o es indigna de atención. Las preguntas son como las personas.

Ah, excelente respuesta. De acuerdo, entonces, déjame preguntar: ¿Está mal emprender una política exterior basada en los intereses creados de un país?

No. Primero, desde Mi punto de vista, nada está "mal". Pero entiendo cómo usas el término, por lo que hablaré en el contexto de tu vocabulario. Emplearé el término "mal" en el sentido de lo "que no te es benéfico, dado quién y qué has elegido ser". Así es como siempre he usado contigo los términos "bueno" y "malo"; siempre es en este contexto, ya que, en verdad, no existe lo Bueno y lo Malo.

Por lo tanto, en ese contexto, no, no está mal que se basen las decisiones de política exterior en consideraciones de intereses creados. Lo que está mal es fingir que *no* se hace.

Desde luego, eso es lo que practican la mayoría de los países. Emprenden acciones —o *fallan* en emprender acciones— por un conjunto de motivos, y después exponen como fundamento otra combinación de razones.

¿Por qué? ¿Por qué actúan así los países?

Porque los gobiernos saben que la población no los apoyaría si entendiera las razones reales para la mayoría de las decisiones políticas.

Esto es aplicable a los gobiernos de todas partes. Son muy pocos los gobiernos que no engañan deliberadamente a sus pueblos. El engaño es parte del gobierno, ya que pocas personas elegirían ser gobernadas en la forma en que se les gobierna —pocas elegirían que se les gobernara siquiera— a menos que el gobierno las convenza de que sus decisiones fueron para el bien de la población.

Y este convencimiento es bastante difícil, ya que la mayoría de la gente percibe claramente la torpeza del gobierno. Por consiguiente, el gobierno tiene que mentir para retener, al menos, la lealtad del pueblo. El gobierno es la perfecta representación de la exactitud del axioma de que si tus mentiras son bastante grandes, y mientes durante suficiente tiempo, la mentira se convierte en la "verdad".

Quienes ejercen el poder nunca pueden permitir que el público sepa cómo llegaron a esa posición —ni todo lo que han hecho y están dispuestos a hacer para permanecer en ella.

La verdad y la política no se mezclan y *no pueden* mezclarse debido a que la política es el *arte* de decir únicamente lo necesario —y decirlo en la forma adecuada—, a fin de alcanzar el objetivo deseado.

No toda la política es mala, pero el arte de la política es un arte *práctico*. Reconoce con gran habilidad la psicología de la mayoría de las personas. Observa simplemente que esa mayoría opera en razón del interés propio. Por lo tanto, la política es la forma en que los que están en el poder buscan convencer de que *su* interés es el de dicha mayoría.

Los gobiernos entienden ese interés propio. Por eso los gobiernos son muy hábiles para diseñar programas que dotan de algo a la población.

Originalmente, los gobiernos tenían funciones muy limitadas. Su propósito era simplemente "preservar y proteger". Después alguien añadió "proveer". Cuando los gobiernos empezaron a ser el *proveedor* del pueblo, así como el protector, los gobiernos empezaron a *crear* la sociedad, en vez de preservarla.

¿Pero acaso los gobiernos no hacen simplemente lo que quiere la gente? ¿No es verdad que los gobiernos sólo proporcionan el mecanismo por medio del cual la población provee para sí misma en una escala social? Por ejemplo, en Estados Unidos le adjudicamos un valor muy alto a la dignidad de la vida humana, la libertad individual, la importancia de la oportunidad, lo sagrado de los niños. Y así, hemos promulgado leyes y pedido al gobierno la creación de programas para proveer ingresos para los ancianos, a fin de que puedan conservar su dignidad después de sus años productivos; para asegurar la igualdad en el empleo y oportunidades de vivienda para todas las personas, incluso aquellas que son diferentes a nosotros, o con cuyo estilo de vida no estamos de acuerdo; para garantizar, por medio de leyes laborales para los menores, que los niños de una nación no se conviertan en esclavos y que ninguna familia con hijos carezca de los elementos básicos para una vida decorosa —alimento, vestido, albergue.

Esas leyes son favorables para esta sociedad. Sin embargo, cuando se provee para las necesidades de la población, debe tenerse cuidado de no despojarla de la mayor dignidad: el ejercicio del poder personal, la creatividad individual, y el ingenio firme que permite a las personas darse cuenta de que ellas pueden proveer para sí mismas. Es indispensable lograr un equilibrio delicado. Parece que ustedes sólo saben cómo ir de un extremo al otro. O quieren que el gobierno "lo haga todo" para el pueblo, o quieren aniquilar todos los programas del gobierno y borrar mañana mismo todas las leyes vigentes.

Sí, y el problema consiste en que son tantos los que no pueden proveer para sí mismos en una sociedad que proporciona rutinariamente las mejores oportunidades de vida para aquellos que portan las credenciales "correctas" (o, tal vez, que no portan las "equivocadas"); los que no pueden proveer para sí mismos en una nación donde los propietarios de casas no se las rentan a familias numerosas; las compañías no promueven a las mujeres; la justicia, con demasiada frecuencia, es un producto de la posición social; el acceso a la medicina preventiva está limitado a aquellos con suficientes ingresos, y en la que existen muchas otras discriminaciones y desigualdades en una escala masiva.

¿Los gobiernos deben, entonces, reemplazar la conciencia de la gente?

No. Los gobiernos *son* la conciencia del pueblo, franca, abierta. Es a través de los gobiernos que la gente busca, espera y determina corregir los males de la sociedad.

Eso está bien dicho. Sin embargo, repito, ¡en el intento de garantizar a las personas la oportunidad de respirar, deben tener cuidado de que las leyes no los sofoquen!

138

No pueden legislar la moralidad. No pueden obligar la igualdad.

Lo que se necesita es un *cambio* en la conciencia colectiva y no una *ley aplicable* a la conciencia colectiva.

La conducta (y todas las leyes, y todos los programas del gobierno), deben surgir de la Existencia, deben ser un verdadero reflejo de Quiénes Son.

¡Las leyes de nuestra sociedad, *sí* reflejan quiénes somos! Les dicen a todos: "Así *es* la situación aquí en Estados Unidos. Esto es lo que *son* los estadounidenses".

En el mejor de los casos, tal vez. Pero con mayor frecuencia, esas leyes son los pronunciamientos de lo que piensan quienes están en el *poder* que deben ser ustedes, pero no son.

Los "pocos elitistas" instruyen a los "muchos ignorantes" por medio de la ley.

Precisamente.

¿Y eso qué tiene de malo? Si hay unos pocos de los más brillantes y mejores entre nosotros que están dispuestos a atender los problemas de la sociedad, del mundo, y proponer soluciones, ¿acaso no beneficia eso a los muchos?

Depende de los motivos de esos pocos. Y de su claridad. En general, nada es más benéfico para "los muchos" que permitirles que se gobiernen a sí mismos.

Anarquía. Eso nunca ha funcionado.

No pueden crecer y volverse grandes cuando el gobierno constantemente les dice qué deben hacer.

Se podría argumentar que el gobierno —con eso quiero decir que la ley por la cual hemos elegido gobernarnos a nosotros mismos— es un reflejo de la grandeza de la sociedad (o falta de), puesto que las grandes sociedades promulgan grandes leyes.

Y muy pocas. En las grandes sociedades, *se necesitan* muy pocas leyes.

Sin embargo, las sociedades sin leyes verdaderamente son sociedades primitivas, donde el "poder es para el más fuerte". Las leyes son el intento del hombre de nivelar el campo de juego; de asegurar que prevalecerá lo que realmente está correcto, sin que importe la debilidad o la fuerza. ¿Cómo podríamos coexistir sin códigos de conducta en los que concordemos mutuamente?

No estoy sugiriendo un mundo sin códigos de conducta, sin acuerdos. Estoy sugiriendo que acuerdos y códigos se basen en un mayor entendimiento y una definición más amplia del interés propio.

Lo que *dicta* la mayoría de las leyes es lo que conviene a los intereses creados de los más poderosos.

Veamos un ejemplo: Fumar.

Ahora la ley dice que no pueden cultivar y usar una cierta clase de planta, hachís, o cáñamo indio, porque el gobierno dice que no es bueno para ustedes.

Sin embargo, el mismo gobierno dice que está bien que se cultive y se consuma *otra* clase de planta, el tabaco, no porque sea benéfica para la población (en efecto, el mismo gobierno dice que *no* lo es), sino, presumiblemente, porque siempre se ha consumido.

La verdadera razón para que la primera planta esté proscrita y la segunda esté libre de restricciones, no tiene nada que ver con la salud. Tiene que ver con la economía. Es decir, con el *poder*.

Por lo tanto, las leyes *no* reflejan lo que la sociedad piensa de sí misma y desea ser; las leyes reflejan *dónde está el poder*.

No es justo. Escogiste una situación en la cual son aparentes las contradicciones. La mayoría no son así.

Por el contrario, la mayoría *lo son*.

¿Cuál es la solución entonces?

La solución consiste en tener tan pocas leyes —las cuales son límites realmente— como sea posible.

La razón para que la primera planta esté proscrita sólo persigue, en apariencia, conservar la salud. La verdad es que la primera planta no es más adictiva y no representa un riesgo mayor para la salud que los cigarrillos o el alcohol, los cuales están *protegidos* por la ley. ¿Por qué, entonces, no se permite? Porque si se cultivara, irían a la quiebra la mitad de los cultivadores de algodón, los fabricantes de nailon y rayón, y la gente que comercia con la madera.

El hachís es uno de los materiales más útiles, más fuertes, más resistentes y más duraderos en este planeta. No podrían producir una fibra mejor para ropa, una sustancia más fuerte para sogas, una fuente más fácil de cultivar y cosechar para pulpa. Se derriban cientos de miles de árboles cada año para proporcionar el periódico de los domingos, para que se pueda leer acerca de la destrucción de los bosques del mundo. El hachís podría abastecer materia prima para millones de periódicos dominicales sin derribar un solo árbol. En efecto, podría ser un sustituto para tantos recursos naturales, a un costo de la décima parte.

Y *ésa es la trampa*. Alguien *pierde* dinero si se permite cultivar esta planta milagrosa, la cual, por cierto, también cuenta con propiedades medicinales extraordinarias. Y a eso se debe que la mariguana sea ilegal en tu país.

Es la misma razón por la cual ha llevado tanto tiempo la producción de automóviles eléctricos en masa, el suministro de una asistencia médica conveniente a un precio razonable, o el empleo de calor y energía solar en cada casa.

Durante años se han tenido los recursos y la tecnología para producir *todo eso*. ¿Por qué, entonces, no se desarrolla? Averigua *quién perdería dinero*, y ahí encontrarás la respuesta.

¿Ésa es la Gran Sociedad de la cual estás tan orgulloso? A tu "gran sociedad" hay que arrastrarla a la fuerza, pateando y gritando, para que considere el bien común. Cada vez que se menciona el bien común o el bien colectivo, todos gritan: "¡Comunismo!" En tu sociedad, si el proveer para el bien de los muchos no produce una enorme utilidad para alguien, *las más de las veces simplemente se ignora el bien de la mayoría*.

Esto no sólo es verdad en tu país, sino también alrededor del mundo. La pregunta básica que enfrenta la humanidad es, por lo tanto: ¿Puede el interés propio ser reemplazado con los mejores intereses, el interés *común*, de la humanidad? De ser así, ¿cómo?

En Estados Unidos se ha tratado de proveer para el interés común, el mejor interés, por medio de leyes. Pero han fracasado miserablemente. Tu nación es la más rica, la más poderosa de la Tierra, y tiene una de las tasas más altas de mortalidad infantil. ¿Por qué? Porque *los pobres* no tienen acceso a un cuidado prenatal y posnatal de calidad, y la sociedad está impulsada por las *utilidades*. Cito esto como un ejemplo de ese miserable fracaso. Deberían preocuparse por el hecho de que los bebés mueran a una tasa más alta que en la mayoría de las demás naciones industrializadas. Y no es así. Eso habla mucho de cuáles son sus prioridades como sociedad. Otros países proveen para los enfermos y los necesitados, los ancianos y los débiles. Ustedes proveen para los ricos y los acaudalados, los influyentes y los bien colocados. De los estadounidenses retirados, 85 por ciento *viven en la pobreza*. Muchos de estos estadounidenses ancianos, y la mayoría de la gente de ingresos bajos, utilizan la sala de emergencias del hospital local como su "doctor familiar", en busca de tratamiento médico bajo las circunstancias más horrendas, y prácticamente no reciben, en lo absoluto, una atención médica preventiva.

Date cuenta de que no hay utilidad en personas que tienen poco para gastar... ya gastaron su *utilidad*...

Y ésa es tu *gran sociedad*.

Expones la situación de modo que suena bastante mal. Sin embargo, Estados Unidos ha hecho más por los desamparados y los desafortunados —tanto aquí como en el extranjero— que cualquier otra nación en la Tierra.

Estados Unidos ha hecho bastante, eso es visiblemente cierto. Sin embargo, ¿sabes que como un porcentaje de su producto nacional bruto, Estados Unidos, en proporción, destina menos para la ayuda exterior que muchos países más pequeños? El punto es que, antes de que se permitan sentirse demasiado satisfechos, tal vez deberían mirar alrededor. Si esto es lo mejor que ustedes pueden hacer por los menos afortunados, todos tienen mucho que aprender.

Viven en una sociedad dispendiosa, decadente. Casi en todo lo que hacen, integran lo que los ingenieros llaman "obsolescencia planeada". Los automóviles cuestan tres veces más y duran un tercio de lo que duraban antes. La ropa se desbarata después de usarla diez veces. Agregan productos químicos a los alimentos para que permanezcan más tiempo en los estantes, aunque eso signifique que la permanencia de ustedes en el planeta será más breve. Apoyan, estimulan y facultan a equipos de deportes, para que paguen salarios obscenos por esfuerzos ridículos, mientras los maestros, ministros e investigadores que luchan por encontrar una cura para las enfermedades graves, tienen que suplicar por dinero. Cada día, en esta nación, tiran más comida en los supermercados, restaurantes y hogares de la que se necesitaría para alimentar a la mitad del mundo.

Sin embargo, esto no es una acusación, sólo es una observación. Y Estados Unidos no es el único, ya que las actitudes que enferman el corazón son epidémicas en todo el mundo.

En todas partes, los desamparados tienen que humillarse y escatimar para mantenerse vivos meramente, mientras los pocos en el poder protegen e incrementan grandes provisiones de efectivo, se acuestan sobre sábanas de seda, y cada mañana giran accesorios de baño hechos de oro. Y mientras niños raquíticos, de los que no quedan más que costillas y piel, mueren en los brazos de madres llorosas, los "líderes" practican corrupciones políticas que impiden que el alimento donado llegue a las masas hambrientas.

Parece que nadie tiene el poder para alterar estas condiciones, sin embargo, la verdad es que el poder no es problema. Parece que nadie tiene la *voluntad*.

Y así será siempre, mientras nadie vea como propia la condición difícil de otro.

Bueno, ¿por qué *no lo hacemos*? ¿Cómo podemos ver esas atrocidades todos los días y permitir que continúen?

Porque no les *importa*. Es una falta de *interés*. Todo el planeta enfrenta una crisis de conciencia. Deben decidir si se interesan simplemente el uno por el otro.

Me parece una pregunta patética para tener que formularla. ¿Por qué no podemos amar a los miembros de nuestra propia familia?

Sí aman a los miembros de su propia familia. Sencillamente, tienen una visión muy limitada de quiénes *son* los integrantes de la familia.

No se consideran parte de la familia humana, y de ahí que los problemas de la familia humana no sean los propios.

¿Cómo pueden los pueblos de la Tierra cambiar su perspectiva del mundo?

Depende de cuál quieran que sea el resultado de ese cambio.

¿Cómo podemos eliminar más del dolor, más del sufrimiento?

143

Con la eliminación de todas las separaciones entre ustedes. Con la construcción de un nuevo modelo del mundo, manteniéndolo dentro del marco de una *nueva idea.*

¿La cual es?

La cual va a ser un alejamiento radical de la presente perspectiva del mundo.

En la actualidad, el mundo se ve —ahora estamos hablando de geopolítica— como una colección de estados nacionales, cada uno soberano, separado e independiente de los demás.

Los problemas internos de esos estados nacionales independientes, en general, no se consideran como parte de los problemas del grupo como un todo, a menos y hasta que *afecten* al grupo como un todo (o a los miembros más poderosos de ese grupo).

El grupo, como un todo, reacciona a las condiciones y problemas de los estados individuales basado en los intereses creados del grupo más grande. Si en el grupo más grande nadie tiene nada que *perder*, las condiciones podrían irse a pique en un estado individual y a nadie le importaría gran cosa.

Pueden morir de hambre miles cada año; cientos pueden morir en una guerra civil; los déspotas pueden saquear el campo; los dictadores y sus gorilas armados pueden violar, depredar y asesinar; los regímenes pueden despojar a los pueblos de sus derechos humanos básicos, y el resto de los habitantes del planeta no hará nada. Es, se dice, un "problema interno".

Pero, cuando los intereses propios se ven amenazados, cuando las inversiones, la seguridad, la calidad de vida están en peligro, movilizan a toda la nación, y tratan de movilizar al mundo para que los respalde, y se apresuran a tomar todas las medidas que se requieran, por extremas que sean.

Entonces surge la Gran Mentira, se afirma que se actúa por razones humanitarias, para ayudar a los pueblos oprimidos del mundo, cuando la verdad es que simplemente están protegiendo los intereses propios.

La prueba de esto es que cuando *no se tienen* intereses, lo que se ve es una absoluta indiferencia ante cualquier problema ajeno.

La maquinaria política del mundo opera basada en el interés propio. ¿Qué más es nuevo?

Algo tendrá que ser nuevo si se desea que cambie el mundo. Habrá que empezar a ver los intereses de otros como propios. Esto sólo sucederá cuando se reconstruya la realidad global y se gobiernen a ustedes mismos de acuerdo con esa nueva perspectiva.

¿Estás hablando de un gobierno mundial único?

En efecto.

11

Prometiste que en el Libro 2 abordarías los mayores problemas geopolíticos que enfrenta el planeta (en comparación con los temas básicamente personales que se trataron en el volumen anterior), ¡pero no creí que Tú tomaras parte en este debate!

Ya es hora de que el mundo deje de engañarse a sí mismo, de que despierte, de que se dé cuenta de que el *único problema de la humanidad* es la carencia de amor.

El amor genera tolerancia, la tolerancia genera paz. La intolerancia produce guerras y se muestra indiferente de cara a condiciones intolerables.

El amor no puede ser indiferente. Desconoce cómo serlo.

La forma más rápida para ubicarse en un lugar de amor e interés por toda la humanidad reside en considerar a toda la humanidad como tu *familia*.

El camino más rápido para considerar a toda la humanidad como tu familia es *desistir* de *separarte a ti mismo*. Es indispensable que se *unan* cada uno de los estados nacionales que ahora forman este mundo.

Tenemos las Naciones Unidas.

La cual es ineficaz e impotente. A fin de que ese organismo funcione, sería necesario reestructurarlo completamente. No es imposible, pero tal vez difícil y engorroso.

De acuerdo, ¿qué propones?

Yo no tengo una "propuesta". Me limito a ofrecer observaciones. En este diálogo, tú me dices cuáles son las alternativas, y Yo ofrezco observaciones acerca de las formas para manifestarlas. ¿Qué *sugieres* ahora con respecto a la actual relación entre los seres humanos y las naciones en tu planeta?

Recurriré a Tus palabras. Si estuviese en mis manos, elegiría para nosotros "ubicarnos en un lugar de amor e interés por toda la humanidad".

Si partimos de ahí, mi observación es que lo que funcionaría sería la formación de una nueva comunidad política mundial, en la cual cada estado nacional tuviese voz y voto en los asuntos del mundo, y una participación proporcionalmente igual de los recursos mundiales.

Nunca funcionará. Los que "tienen" nunca renunciarán a su soberanía, riqueza y recursos en favor de los que "no tienen". Y, como punto de discusión, ¿por qué debían hacerlo?

Porque es *en su mejor interés.*

Ellos no lo ven así, y no estoy seguro de que yo esté de acuerdo con esa observación.

Si pudieses añadir miles de millones de dólares al año a la economía de tu nación, dólares que se gastarían en alimentar al hambriento, vestir al necesitado, darle vivienda al pobre, proveer seguridad para los ancianos, proporcionar una mejor atención para la salud y producir un estándar decoroso de vida para todos, ¿no sería eso en el mejor interés de tu nación?

Bueno, en Estados Unidos hay quienes aducirían que se ayudaría a los pobres a costa de los ricos y el contribuyente de ingresos medios. Mientras tanto, el país continuaría yendo hacia el caos, el crimen asolando la nación, la inflación despojando a la gente de sus ahorros de toda la vida, el desempleo disparándose, el gobierno sería cada vez más grande y más obeso, y en las escuelas seguirían regalando condones.

Suena como un programa de comentarios en el radio.

Pues bien, ésas son las preocupaciones de muchos estadounidenses.

Entonces son miopes. ¿No ves que si se pudiesen inyectar miles de millones de dólares al año —es decir, millones al mes, cientos y cientos de miles a la semana, cantidades inauditas cada *día*—... si se pudiera usar ese dinero para alimentar a los hambrientos, vestir a los necesitados, dotar de vivienda a los pobres, proveer seguridad para los ancianos y proporcionar atención médica y dignidad para todos... *las causas de los delitos* se perderían para siempre? ¿No ves que al ingresar esos dólares en la economía los nuevos empleos crecerían rápidamente? ¿Que incluso se reduciría el propio gobierno porque *tendría menos que hacer?*

Supongo que algo de eso podría suceder; ¡no me puedo imaginar que el gobierno se reduzca *jamás!* ¿Pero, de dónde van a provenir esos miles de millones? ¿De contribuciones impuestas por Tu nuevo gobierno del mundo? ¿De quitarles más a aquellos que han "trabajado para obtenerlo" para dárselos a quienes "no se bastan a sí mismos" y van tras ello?

¿Ésa es tu opinión acerca de Mi observación?

No, pero así es como lo ve *mucha* gente, y quise expresar su punto de vista con imparcialidad.

Bien, me gustaría hablar de eso más tarde. Por ahora no quiero desviarme, pero regresaré a eso posteriormente.

Perfecto.

Me has preguntado de dónde provendrían esos nuevos dólares. Bien, no provendrían de contribuciones adicionales impuestas por la nueva comunidad mundial (aun cuando algunos miembros de la comunidad —ciudadanos individuales— *querrían*, bajo una dirección iluminada, enviar 10 por ciento de su ingreso para cooperar con las necesidades de la sociedad como un conjunto). Ni provendrían de nuevos gravámenes impuestos por algún gobierno local. De hecho, algunos gobiernos locales seguramente podrían reducir los impuestos.

Todo esto, todos estos beneficios, resultarían de una simple reestructuración del concepto del mundo, el reordenamiento más elemental de la configuración política mundial.

¿Cómo?

El dinero que se ahorraría al dejar de construir sistemas de defensa y armas de ataque.

¡Oh, ya entiendo! Quieres que acabemos definitivamente con todas las operaciones militares.

No sólo ustedes. *Todos* los países.

Pero no se trata de acabar definitivamente con las operaciones militares, sino simplemente reducirlas drásticamente. El orden interno sería la única necesidad. Se podría reforzar la policía local —algo que dicen que quieren poner en práctica pero, cada año, cuando se asigna el presupuesto, se lamentan de que no es posible hacerlo—, disminuyendo, al mismo tiempo, con mano firme, el gasto en armas de guerra y preparaciones militares; es decir, en armas ofensivas y defensivas de destrucción masiva.

En primer lugar, creo que Tus cifras exageran lo mucho que se podría ahorrar haciendo eso. Segundo, pienso que nunca *convencerás* a los pueblos de que deben renunciar a su capacidad para defenderse a sí mismos.

Veamos los números. Actualmente (estamos a 25 de marzo de 1994, cuando escribimos esto), los gobiernos del mundo gastaron un billón de dólares al año para propósitos militares. Eso equivale a *un millón de dólares por minuto* a nivel mundial.

Las naciones que están *gastando* más podrían destinar la mayor parte a las otras prioridades mencionadas. Así, las naciones más grandes y más ricas *verían* que esa posición sería en su mejor interés —si pensaran que fuera posible—. Pero las naciones aún más grandes y más ricas no se pueden imaginar lo que sería quedarse indefensas, ya que temen la agresión y el ataque de naciones que las envidian y *quieren lo que ellas tienen.*

Hay dos formas para eliminar esta amenaza:

1. Compartir lo suficiente del total de la riqueza y los recursos mundiales con todos los habitantes del mundo para que nadie quiera y necesite lo que tiene alguien más, y todos puedan vivir con dignidad y suprimir el temor.

2. Crear un sistema para la solución de diferencias que elimine la necesidad de la guerra, e incluso la *posibilidad* de ésta.

Es probable que nunca lo hagan las poblaciones del mundo.

Ya lo han hecho.

¿Lo han hecho?

Sí. En la actualidad, en este mundo se está realizando un gran experimento con esa clase de orden político precisamente. Ese experimento se llama Estados Unidos de América.

El cual dijiste que estaba fracasando miserablemente.

Lo está. Aún tiene mucho camino por recorrer antes de que se pueda calificar como un triunfo. (Como lo prometí anteriormente, más tarde hablaré al respecto, y las actitudes que lo están impidiendo.) Aun así, es el mejor experimento que está en proceso.

Como dijo Winston Churchill: "La democracia es el peor sistema, excepto todos los demás".

Tu nación fue la primera que tomó una confederación desconectada y la unió exitosamente en un grupo cohesivo, en el cual cada uno de sus integrantes rendía cuentas a una autoridad central.

En esa época, ninguno de los estados deseaba esa opción y se resistieron poderosamente, temiendo la pérdida de su grandeza individual y afirmando que esa unión no sería benéfica para sus mejores intereses.

Tal vez sería aleccionador que entendiéramos lo que estaba pasando en esos estados individuales en ese tiempo.

Si bien se habían unido en una confederación desconectada, no existía un gobierno real de Estados Unidos y, por consiguiente, no había una autoridad que obligara el cumplimiento de los Artículos de la Confederación que los estados habían pactado.

Los estados dirigían sus propios asuntos exteriores, y varios firmaron acuerdos privados sobre comercio y otros renglones con Francia, España, Inglaterra y otros países. Los estados negociaban también entre sí, y aunque los Artículos de la Confederación lo prohibían, algunos estados imponían aranceles a los bienes de consumo provenientes de otros estados, ¡igual que lo hacían con los productos del otro lado del océano!

Los comerciantes, si querían comprar o vender sus productos, no tenían más opción que pagar esos aranceles en el puerto, ya que no se contaba con una *autoridad* central, no obstante que un *convenio* escrito prohibía esa carga tributaria.

Los estados individuales también entablaban guerras entre sí. Cada uno consideraba su milicia como un ejército permanente, nueve de ellos tenían sus propias flotas, y el lema oficial de cada estado de la Confederación podría haber sido "No interfieras conmigo".

Más de la mitad de los estados incluso imprimían su propio dinero. (¡Aun cuando la Confederación había acordado que era ilegal!)

En pocas palabras, los estados originales, si bien unidos bajo los *Artículos* de la Confederación, actuaban exactamente igual que las *naciones independientes de hoy en día.*

A pesar de que podían darse cuenta de que no funcionaban los acuerdos de su Confederación (como el convenio de asignar al Congreso la autoridad exclusiva para acuñar moneda), se resistieron firmemente a crear y someterse a una autoridad central que podría obligarlos a que cumplieran esos acuerdos y ejercería presión en caso dado.

Sin embargo, con el tiempo, empezaron a prevalecer unos cuantos líderes progresistas. Convencieron a la gente común de que se podría *ganar* más con la creación de una nueva Federación, de lo que se podría perder.

Los comerciantes ahorrarían dinero y aumentarían sus utilidades, ya que los estados individuales ya no gravarían los productos de los otros.

Los gobiernos ahorrarían dinero y tendrían más para destinarlo a programas y servicios que ayudaran realmente a la *gente*, dado que ya no tendrían que usarse los recursos para que los estados individuales se protegieran unos de otros.

La población tendría mayor seguridad y protección, y también mayor prosperidad, al cooperar con, en vez de pelear contra los estados vecinos.

Lejos de perder su grandeza, cada estado se volvería más grande aún.

Y eso, desde luego, es exactamente lo que ha sucedido.

Hoy en día, lo mismo se podría lograr con los 160 estados nacionales del mundo si éstos se congregaran en una Federación Unida. Podría significar el fin de la guerra.

¿De qué manera? Aun así habría desavenencias.

Eso es verdad, mientras los humanos permanezcan atados a las cosas externas. Hay una forma para eliminar verdaderamente la guerra —y *toda* experiencia de desorden y falta de paz—, pero ésa es una solución espiritual. Aquí estamos examinando una geopolítica.

En realidad, el truco consiste en *combinar las dos*. A fin de cambiar la experiencia cotidiana, se debe vivir la verdad espiritual en la vida práctica.

Hasta que ocurra este cambio, *seguirán* los desacuerdos. Tienes razón. Sin embargo, no es necesario que haya guerras. No es necesario que haya muertes.

¿Hay guerras entre California y Oregon por derechos de agua? ¿Entre Maryland y Virginia por la pesca? ¿Entre Wisconsin e Illinois, Ohio y Massachusetts?

No.

¿Y por qué no? ¿No han surgido disputas y diferencias entre ellos?

En el transcurso de los años, supongo que sí.

Puedes estar seguro de que así fue. Pero estos estados individuales convinieron voluntariamente —fue un sencillo *acuerdo* voluntario— cumplir con ciertas leyes y cumplir con ciertos compromisos en asuntos comunes, conservando el derecho a promulgar estatutos separados en aspectos relacionados con cada uno de ellos en lo individual.

Y cuando surgen conflictos entre los estados debido a interpretaciones distintas de la ley federal —o simplemente porque alguien viola esa ley—, la querella se presenta ante una corte... a la cual se le ha *investido* con la autoridad (es decir, los estados le dieron la autoridad) para resolver la disputa.

Y si el actual organismo de ley no proporciona un precedente o un medio por el cual el conflicto pueda presentarse ante los tribunales para llegar a una solución *satisfactoria*, los estados y sus habitantes envían a sus representantes a un gobierno central para que traten de alcanzar un acuerdo sobre leyes *nuevas* que produzcan una circunstancia satisfactoria o, al menos, un compromiso razonable.

Así es como *funciona* la federación estadounidense. Un sistema de leyes, un sistema de tribunales a los cuales *se les dieron facultades* para interpretar esas leyes, y un sistema de Justicia, respaldado con fuerza armada, si se necesita, para que se acaten las decisiones de esos tribunales.

Si bien nadie podría aducir que el sistema no necesita mejoras, ¡esta invención política ha funcionado durante más de 200 años!

No hay razón para dudar que *la misma receta* funcionaría también *entre naciones*.

Si es tan sencillo, ¿por qué no se ha puesto a prueba?

Se *ha intentado*. La Liga de las Naciones fue un intento temprano. Las Naciones Unidas es el último.

Sin embargo, una fracasó y la otra sólo es efectiva en un grado mínimo debido a que —lo mismo que esos 13 estados de la Confederación original de Estados Unidos— los estados nacionales miembros (particularmente los más poderosos) temen *más perder que ganar* con la reconfiguración.

Esto se debe a que la "gente en el poder" se preocupa más por sostenerse en el poder que por mejorar la calidad de vida de *todas* las personas. Los que "tienen" *saben* que una Federación Mundial, inevitablemente, produciría más para los que "no tienen", pero los que "tienen" creen que eso sería *a expensas de ellos*... y no quieren renunciar a nada.

¿No está justificado ese temor, y es irrazonable que quieras conservar aquello por lo que has luchado tanto tiempo?

Primero, *no* es necesariamente cierto que, para dar más a aquellos que ahora tienen hambre y sed y viven sin cobijo, los demás deban renunciar a su abundancia.

Como señalé, todo lo que se tendría que hacer es tomar el billón de dólares que se gasta anualmente en todo el mundo para propósitos militares y destinarlo a fines humanitarios, y así se resolvería el problema sin gastar un centavo adicional o trasladar *ninguna* riqueza de donde reside ahora a donde no la hay.

(Desde luego, se podría argumentar que los conglomerados internacionales cuyas utilidades provienen de la guerra y los instrumentos militares serían "perdedores", como lo serían sus empleados y *todos* aquellos cuya abundancia se deriva de la conciencia del conflicto mundial, pero tal vez su fuente de abundancia está mal situada. Si uno tiene que *depender* de un mundo que vive en contienda para sobrevivir, es posible que esa dependencia explique la razón para que el mundo se resista a *cualquier* intento por crear una estructura para una paz duradera.)

En cuanto a la segunda parte de tu pregunta, si tienes una conciencia del Mundo Exterior, no es irrazonable que quieras conservar lo que has luchado por adquirir durante largo tiempo, como individuo o como nación.

¿Una qué?

Si derivas tu mayor felicidad en la vida de experiencias que sólo se obtienen en el Mundo Exterior —el mundo físico fuera de ti mismo— *nunca* querrás renunciar a una onza de lo que acumulaste, como persona o como nación, para hacerte feliz.

Y mientras aquellos que "no tienen" vean su *in*felicidad vinculada con la *carencia* de cosas materiales, ellos, también, quedarán atrapados en el engaño. Constantemente querrán lo que tú conseguiste, y tú te negarás constantemente a compartirlo.

Ésa es la razón por la que dije anteriormente que hay una forma para eliminar la guerra de verdad, y *toda* experiencia de desorden y falta de paz. Pero es una solución *espiritual*.

A la larga, cada problema geopolítico, al igual que cada problema personal, se reduce a un problema espiritual.

Todo lo que concierne a la *vida* es espiritual y, por lo tanto, todos los problemas de la vida tienen una base espiritual, y *se solucionan espiritualmente*.

En este planeta, las guerras se desatan porque alguien tiene algo que otro quiere. Esto es lo que *ocasiona* que alguien actúe en una determinada manera que no aprueba *algún otro*.

Todo conflicto surge de un deseo fuera de lugar.

La única paz que se sostiene en todo el mundo es la Paz Interna.

Es necesario permitir que cada persona encuentre la paz en su interior. Cuando encuentras la paz en el interior, descubres también de qué puedes prescindir.

Esto simplemente significa que ya no necesitas las cosas de tu mundo exterior. La "ausencia de necesidad" es una gran libertad. Te libera, primero, del temor: temor de que haya algo que no tengas; temor de que haya algo que tengas y que puedas perder, y temor de que sin una cierta posesión, no serás feliz.

Segundo, la "ausencia de necesidad" te libera del enojo. *El enojo es temor expresado*. Cuando no tienes nada que temer, no tienes por qué enojarte.

No te enojas cuando no obtienes lo que quieres, porque tu deseo sólo es una preferencia, no una necesidad. Por lo tanto, no sientes un temor relacionado con la posibilidad de no obtenerlo. De ahí que no haya enojo.

No te enojas cuando ves a otros haciendo lo que no quieres que hagan, porque *tú no necesitas* que hagan o no hagan algo en particular. De ahí que no haya enojo.

No te enojas cuando alguien no es amable, porque no tienes *necesidad* de que sean amables. No te enojas cuando alguien no es cariñoso, porque no tienes *necesidad* de que te amen. No te enojas cuando alguien es cruel, o hiriente o busca perjudicarte, porque no tienes *necesidad* de que se comporten en otra forma, y estás seguro de que no pueden dañarte.

Ni siquiera sientes enojo si alguien busca quitarte la vida, porque no temes a la muerte.

Cuando se te suprime el temor, se te puede despojar de todo lo demás y no sentirás enojo.

Sabes en tu interior, instintivamente, que todo lo has creado se puede crear de nuevo, o —lo que es más importante— que no tiene valor.

Cuando encuentras la Paz Interior, ni la presencia ni la ausencia de cualquier persona, lugar o cosa, condición, circunstancia o situación, puede convertirse en Creador de tu estado mental o la causa de tu experiencia de ser.

Esto no quiere decir que rechaces todas las cosas del cuerpo. Lejos de eso, experimentas plenamente el ser en tu cuerpo y los *deleites* de él, como nunca lo has hecho antes.

Sin embargo, tu vinculación con lo relacionado con el cuerpo será voluntaria, no obligatoria. Experimentarás sensaciones físicas porque así lo *elegiste* y no porque te sea *necesario* para sentirte feliz o justificar la tristeza.

Este sencillo cambio, la búsqueda y el encuentro de la paz interior, si todos lo emprendieran, podría terminar con las guerras, eliminar los conflictos, impedir la injusticia y llevar al mundo a una paz perdurable.

Ninguna otra fórmula es necesaria, o *posible*.

¡La paz mundial es algo personal!

Lo que se requiere no es un cambio de circunstancias, sino un cambio de conciencia.

¿Cómo podemos encontrar la paz interior cuando tenemos hambre? ¿Situarnos en un lugar de serenidad cuando estamos sedientos? ¿Permanecer en calma cuando nos traspasa la lluvia y tenemos frío y carecemos de albergue? ¿O evitar el enojo cuando nuestros seres queridos mueren sin causa?

Hablas muy poéticamente, ¿pero es práctica la poesía? ¿Tiene algo que decirle a la madre en Etiopía que ve morir a su hijo anémico por falta de una rebanada de pan? ¿Al hombre en América Central que siente que una bala le desgarra el cuerpo porque trató de impedir que un ejército se adueñara de su aldea? ¿Y qué le dice tu poesía a la mujer en Brooklyn que fue violada ocho veces por una pandilla? ¿O a la familia entera en Irlanda que desaparece por una bomba terrorista colocada en una iglesia la mañana del domingo?

Es difícil escuchar esto, pero yo te digo: En *todo* hay perfección. Empéñate en ver la perfección. Ése es el cambio de conciencia del cual hablo.

No necesites nada. Desea todo. Elige lo que se presente.

Siente tus sentimientos. Llora tus llantos. Ríe tus risas. Respeta tu verdad. Y cuando consumas toda la emoción, quédate tranquilo y reconoce que Yo soy Dios.

En otras palabras, en medio de la tragedia más grande, percibe la gloria del proceso. Incluso cuando mueras con una bala en el pecho, incluso cuando te esté violando una pandilla.

Esto suena como algo imposible de hacer. Sin embargo, cuando te ubicas en la conciencia de Dios, lo puedes lograr.

Desde luego, no *tienes* que hacerlo. Depende de cómo desees experimentar el momento.

En un momento de gran tragedia, el reto siempre consiste en *acallar la mente* y situarse en lo profundo del alma.

Cuando no tienes control sobre ello, lo haces automáticamente.

¿Has hablado con una persona que accidentalmente se salió de un puente con el automóvil? ¿O se encontró con una pistola frente a ella? ¿O casi se ahogaba? Con frecuencia te dirán que el tiempo detuvo su marcha, que se sintieron inundados con una curiosa calma, que no tuvieron miedo en lo absoluto.

"No temas, porque estoy contigo." Eso es lo que la poesía tiene que decir a la persona que enfrenta la tragedia. En tu hora más oscura, Yo seré la luz. En tu momento más oscuro, Yo seré tu consuelo. En tus tiempos más difíciles y cansados, Yo seré tu fortaleza. ¡Por lo tanto, ten fe! Yo soy tu pastor; no tendrás carencias. Yo ocasionaré que reposes en prados verdes; te conduciré junto a aguas tranquilas.

Yo restauraré tu alma, y te conduciré por los senderos de la virtud en consideración a Mi Nombre.

Y sí, aunque camines a través del valle de la Sombra de la Muerte, no temerás *ningún* mal; ya que Yo estoy contigo. Mi vara y Mi báculo te reconfortarán.

Estoy preparando una mesa ante ti en la presencia de tus enemigos. Ungiré tu cabeza con crisma. Tu copa se desbordará.

En efecto, la bondad y la misericordia te seguirán todos los días de tu vida, y morarás en Mi casa, y en Mi corazón, para siempre.

12

Eso es maravilloso. Lo que has dicho es simplemente maravilloso. Desearía que el mundo pudiese percibirlo. Desearía que el mundo pudiese entenderlo, pudiese creerlo.

Este libro ayudará a eso. Tú estás ayudando. Por lo tanto, estás representando un papel, estás desempeñando tu parte en el fomento de la Conciencia Colectiva. Eso es lo que todos deben hacer.

Sí.

¿Podemos pasar a un nuevo tema? Creo que es importante que hablemos acerca de esa actitud, esa idea sobre diversos aspectos de la vida, la cual Tú dijiste hace poco que querías que estuviese equitativamente presente.

La actitud a la cual me refiero, y que sostiene mucha gente, es la que a los pobres se les ha dado bastante; que debemos dejar de gravar a los ricos —se les castiga, en efecto, por trabajar duro y alcanzar el éxito— para proporcionarles aún más a los pobres.

Estas personas creen que, básicamente, los pobres son pobres porque quieren serlo. Muchos ni siquieran intentan mejorar su posición económica. Prefieren succionar el pezón del gobierno que asumir la responsabilidad de sí mismos.

Son muchos los que creen que la redistribución de la riqueza —la participación— es un mal socialista. Citan el *Manifiesto Comunista* —"de cada quien según su capacidad, a cada quien según su necesidad"— como evidencia del origen satánico de la noción de asegurar la dignidad humana básica para todos por medio de los esfuerzos de todos.

Creen en "cada hombre para sí mismo". Si se les dice que ese concepto es frío y despiadado, se refugian en la declaración de que la oportunidad llama por igual a la puerta de todos los seres humanos; afirman que ningún hombre está sujeto a una marginación inherente; que si *ellos* pudieron "lograr el éxito", ello significa que *todo mundo puede,* y que si alguien no lo hace, "es por su propia culpa".

Tú consideras que es un pensamiento arrogante, enraizado en la ingratitud.

Sí, ¿pero Tú qué piensas?

No tengo ningún juicio al respecto. Es un pensamiento simplemente. Sólo hay una pregunta relevante sobre éste o cualquier otro pensamiento. ¿Te es de utilidad apegarte a esa idea? ¿En términos de Quién Eres y Quién buscas Ser, te es útil ese pensamiento?

Si miramos el mundo, ésa es la pregunta que la gente tiene que plantearse. ¿Nos es de utilidad apegarnos a este pensamiento?

Mi observación es la siguiente: Existen personas —en efecto, *grupos* enteros— que *nacieron en* lo que tú llamas condiciones de desventaja. Eso es indudablemente cierto.

Es verdad, asimismo, que en un nivel metafísico muy alto, nadie está "en desventaja", ya que cada alma crea para sí misma las personas, acontecimientos y circunstancias exactos que se necesitan para alcanzar lo que desea.

Ustede eligen todo. Sus padres, su país de nacimiento, todas las circunstancias que rodean su reingreso.

De modo similar, en el transcurso de los días y etapas de la vida, continúan eligiendo y creando personas, acontecimientos y circunstancias diseñados para generar las oportunidades exactas, convenientes y perfectas que desean ahora a fin de conocerse a ustedes mismos como *son realmente.*

En otras palabras, nadie está "en desventaja" dado lo que el *alma* desea lograr. Por ejemplo, es posible que el alma *desee* trabajar con un cuerpo discapacitado o en una sociedad represiva, o bajo enormes restricciones políticas o económicas con la finalidad de producir las condiciones necesarias para lograr lo que se ha propuesto.

Así, vemos personas que enfrentan "desventajas" en el sentido *físico,* pero éstas son realmente las condiciones convenientes y perfectas *metafísicamente.*

Como una concepción práctica, ¿qué significa eso para nosotros? ¿Debemos ofrecer ayuda a los que están "en desventaja", o darnos cuenta simplemente de que, en verdad, sólo son lo que *quieren* ser y, por tanto, permitirles "resolver su propio Karma"?

Ésa es una pregunta muy acertada y muy importante.

Recuerda primero que todo lo que piensas, dices y haces es un reflejo de lo que decidiste acerca de ti mismo; una declaración de Quién Eres; un acto de *creación* en tu proceso de decidir quién quieres *ser*. Sigo regresando a este punto porque es lo único que estás haciendo aquí; es tu tarea. No está pasando nada más, no hay ninguna otra agenda para el alma. Estás buscando ser y experimentar Quién Eres Realmente, y cómo crearlo. Te estás creando de nuevo en cada momento del Ahora.

Pues bien, en este contexto, cuando te encuentras con una persona que parece, en términos relativos según la observa tu mundo, estar en desventaja, la primera pregunta que tienes que plantearte es: ¿Quién soy yo y quién elijo *ser*, en relación con eso?

En otras palabras, la primera interrogante que deberías plantearte cuando te encuentres con alguien, *sean cuales fueren* las circunstancias, es: ¿Qué quiero *yo* aquí?

¿Escuchaste? Tu primera pregunta siempre debe ser: ¿Qué quiero aquí?, y no: ¿Qué quiere la otra persona aquí?

Es la revelación más fascinante que he recibido acerca de la forma en que se debe proceder en las relaciones humanas. Y se opone a todo lo que se me ha enseñado.

Lo sé. Sin embargo, la razón por la cual tus relaciones se encuentran en esa confusión es que siempre estás tratando de imaginar qué quiere la otra persona, qué quieren los demás, en vez de que identifiques lo que *tú* quieres realmente. Entonces tú tienes que decidir si darás o no. Y he aquí cómo decides: Examinas rápidamente lo que puedes querer de los demás. Si piensas que no hay nada que quieras de ellos, desaparece tu primera razón para darles lo que quieren, y, por lo tanto, rara vez lo haces. Si, por otra parte, te das cuenta de que hay algo que quieres o es posible que quieras de ellos, surge tu modalidad de autosupervivencia, y tratas de darles lo que quieren.

Después lo resientes, especialmente si la otra persona, a la larga, no te da lo que quieres.

En ese juego de "intercambio" estableces un equilibrio muy delicado. Tú satisfaces mis necesidades y yo satisfago las tuyas.

Sin embargo, el propósito de todas las relaciones humanas, tanto entre naciones como entre individuos, no tiene nada que ver con esto. El propósito de tu Relación Sagrada con cada persona, lugar o cosa no consiste en imaginarte lo que *ellas* quieren o necesitan, sino lo que tú necesitas o deseas ahora a fin de *crecer*, a fin de ser Quien quieres Ser.

Por eso creé la Relación con lo demás. De lo contrario, podrían haber continuado viviendo en un *vacío*, en una nada, la Eterna Completitud de la cual proviene todo.

Sin embargo, en la Completitud simplemente eres y no puedes experimentar tu "conciencia" como algo en particular, ya que, en la Completitud, no hay *nada que no seas*.

Por lo tanto, elaboré un medio para crearte de nuevo, y *Saber* Quién Eres en tu experiencia. Esto lo hice con el fin de proporcionarte:

1. La relatividad, un sistema donde podrías existir en relación con todo lo demás.

2. El olvido, un proceso mediante el cual te sometes voluntariamente a la amnesia total, de modo que no puedas saber que la relatividad no es más que un truco, y que eres Todo en ella.

3. La conciencia, un estado del Ser en el cual creces hasta alcanzar el conocimiento pleno, para convertirte entonces en un Dios Verdadero y Viviente, creando y experimentando tu propia realidad, expandiendo y explorando esa realidad, cambiando y *re*-creando esa realidad, mientras extiendes tu conciencia hacia nuevos límites —o, deberíamos decir, hacia la ausencia de *límites*.

En este paradigma, *la Conciencia es todo*.

La Conciencia —de la cual tienes pleno conocimiento— es la base de toda verdad y, por lo tanto, de toda espiritualidad verdadera.

¿Pero cuál es el punto de todo eso? ¿Primero nos haces *olvidar* Quiénes Somos, a fin de que podamos recordar Quiénes Somos?

No completamente. El objetivo es que puedan crear *Quiénes Son* y *Quiénes Quieren Ser*.

Éste es el acto de Dios siendo Dios. ¡Soy Yo, siendo Yo a través de ustedes!

Éste es el quid *de toda la vida.*
A través de ustedes, Yo experimento Quién y Qué Soy Yo.
Sin ustedes, podría saberlo, pero no experimentarlo.
Conocer y experimentar son diferentes. Siempre elegiré experimentar.
Y, en efecto, lo hago, a través de ustedes.

Me parece que ya perdí la pregunta original.

Bueno, es difícil mantener a Dios en un tema. Soy un tanto expansivo.
Veamos si podemos regresar.
Ah, sí, qué hacer en relación con los menos afortunados.
Primero, decir Quién y Qué Eres en Relación con ellos.
Segundo, si decides que deseas experimentarte a ti mismo como Socorro, como Ayuda, como Amor y Compasión e Interés, entonces intenta ver cómo puedes ser *mejor en todas esas virtudes.*
Y observa que tu habilidad para ser todo ello *no tiene nada que ver con lo que los otros sean o hagan.*
Algunas veces, la mejor forma de amar a otros, y la mayor ayuda que puedes dar, consiste en *dejarlos solos* o *facultarlos* para que se ayuden a sí mismos.
Es como un festejo. La vida es un ambigú, y tú puedes *darles una gran ración de sí mismos.*
Recuerda que la mayor ayuda que puedes dar a las personas *es despertarlas*, recordarles Quiénes Son Realmente. Hay muchas formas de hacer esto. Algunas veces con un poco de ayuda; un empujón, un impulso, un codazo... y otras veces con la decisión de dejarlas recorrer su propio curso, seguir su camino, explorar su senda, sin ninguna interferencia o intervención de tu parte. (Todos los padres tienen conocimiento de esta elección y, a causa de ella, se atormentan todos los días.)
Lo que tienes la oportunidad de hacer por los menos afortunados es *ayudarlos a recordar, a re-memorarse,* es decir, incitarlos a que desarrollen una Mente Nueva, una Memoria Nueva, acerca de sí mismos.
Y tú también tienes que crearte una Mente Nueva en lo que concierne a ellos, porque si los ves como desafortunados, *lo serán.*
El mayor regalo de Jesús fue que él vio a todos como quienes son realmente. Se rehusó a aceptar las apariencias; se rehusó a creer lo que los demás creían de sí mismos. Siempre tenía un pensamiento más alto, y siempre invitó a todos a que *lo imitaran.*

Sin embargo, también respetó lo que otros elegían ser. No les solicitó que aceptaran su idea más elevada, sólo la presentó como una invitación.

Abordó, asimismo, la compasión, y si otros elegían verse a sí mismos como Seres necesitados de ayuda, no los rechazó por su juicio imperfecto, sino que les permitió que amaran su Realidad, y amorosamente los asistió en la expresión de su elección.

Jesús sabía que, para algunos, el camino más rápido hacia Quiénes Son era el camino *a través* de Quiénes No Son.

Él no lo llamó un camino imperfecto y, por consiguiente, no lo condenó. En cambio, lo vio *también* como "perfecto" y, por lo tanto, apoyó a todos para que fueran lo que querían ser.

Por esta razón, cualquiera recibía la ayuda que le pidiese a Jesús.

No se la negó a nadie, pero siempre tuvo cuidado de observar que la ayuda que otorgaba respaldara un deseo pleno y honesto de la persona.

Si otros buscaron genuinamente la iluminación, y expresaron con honestidad su preparación para pasar al siguiente nivel, Jesús les dio la fortaleza, el valor, la sabiduría para hacerlo. Él se ofreció —debidamente— como un ejemplo e incitó a las personas, si no podían hacer nada más, a tener fe en *él*. Como él dijo, no los conduciría por un mal camino.

Muchos pusieron su fe en él, y hasta estos días él ayuda a quienes invocan su nombre. Su alma está comprometida a despertar a aquellos que buscan estar plenamente despiertos y plenamente vivos en Mí.

Sin embargo, Cristo tuvo *misericordia* de aquellos que no lo hicieron. Rechazó la soberbia y, como su Padre en el cielo, nunca emitió juicios.

El concepto de Jesús acerca del Amor Perfecto consistía en conceder a todas las personas la ayuda que solicitaban exactamente, después de decirles la clase de ayuda que podían *recibir*.

Nunca se negó a ayudar a alguien, y mucho menos lo haría basándose en el pensamiento de que "tú te lo buscaste".

Jesús sabía que si daba a las personas la ayuda que solicitaban, en vez de únicamente la ayuda que él quería dar, las estaba habilitando para *el nivel en el cual quedaban preparadas para recibir la capacidad.*

Éste es el camino de todos los grandes maestros. Aquellos que caminaron por este planeta en el pasado, y aquellos que transitan por él en la actualidad.

Ahora estoy confundido. ¿Cuándo es *in*habilitante ofrecer ayuda? ¿Cuándo funciona en contra, en vez de en favor, del crecimiento de otro?

Cuando tu ayuda se ofrece de forma tal que crea una dependencia continua, en vez de una independencia rápida.

Cuando permites que otros, en el nombre de la compasión, empiecen a depender de ti en vez de que dependan de sí mismos.

Eso no es compasión, eso es compulsión. Ustedes tienen una compulsión por el poder. Esa clase de ayuda es, realmente, un obstáculo para el poder de otros. Esta distinción puede ser muy sutil, y algunas veces, ni siquiera te das cuenta de que obstaculizas el poder. En realidad, sostienes la creencia de que simplemente estás haciendo lo mejor para ayudar a otros... sin embargo, cuida de no alimentar a través de los demás tu propia valía. En la medida en que permitas que otras personas te hagan responsable de ellas, en esa medida habrás permitido que te hagan poderoso. Y, desde luego, ello te hará sentir apreciado.

Sin embargo, esta clase de ayuda es un *afrodisiaco que seduce a los débiles.*

El objetivo es ayudar a que los débiles se vuelvan fuertes, y no propiciar que el débil se vuelva más débil.

Ése es el problema con muchos de los programas de asistencia del gobierno, ya que, con frecuencia, se apegan a lo último en vez de a lo primero. Los programas del gobierno pueden ser autoperpetuables. Su objetivo puede ser tanto justificar su propia existencia como proveer ayuda.

Si hubiese un límite para toda la asistencia del gobierno, se ayudaría a las personas cuando genuinamente necesitaran esa ayuda, de modo que no pudieran volverse adictas a ella, y en cambio buscaría desarrollar la propia autodependencia de esas personas.

Los gobiernos entienden que la ayuda es poder. Ésa es la razón por la cual ofrecen tanta asistencia al mayor número de personas que les es posible, ya que, a cuantas más personas ayude el gobierno, tantas más personas ayudan al gobierno.

A quien el gobierno apoya, apoya a su vez al gobierno.

Entonces no debe haber redistribución de la riqueza. El *Manifiesto Comunista* es satánico.

Por supuesto, no existe Satán, pero entiendo lo que quieres decir.

La idea que respalda la declaración "De cada quien según su capacidad, para cada quien según su necesidad" no es mala, es hermosa. Simplemente es otra forma de decir que tú eres el guardián de tu hermano.

La puesta en práctica de esa hermosa idea es la que puede volverse nefasta.

La participación debe ser una forma de vida, no un edicto impuesto por el gobierno. La participación debe ser voluntaria, no obligada.

Pero —¡aquí vamos de nuevo!— en el mejor de los casos, *el gobierno es el pueblo,* y sus programas son simples mecanismos por medio de los cuales el pueblo, como "una forma de vida", los comparte con muchos otros ciudadanos. Y yo aduciría que el pueblo, colectivamente, a través de sus sistemas políticos, eligió hacerlo porque la gente ha observado, y la historia lo ha mostrado, que los que "tienen" *no* comparten con los que "no tienen".

El campesino ruso pudo haber esperado hasta que las ranas criaran pelo para que la nobleza rusa compartiera su riqueza, la cual, generalmente, se obtenía y acrecentaba por medio del duro trabajo de los campesinos. A los campesinos se les daba sólo lo suficiente para subsistir, como un "incentivo" para seguir trabajando la tierra y hacer más ricos a los terratenientes. ¡Y se habla acerca de una relación de *dependencia*! ¡Ésta fue la disposición de Yo-te-ayudaré-sólo-si-tú-me-ayudas, más explotadora y más obscena que cualquier otro sistema que haya inventado el gobierno!

Contra esta obscenidad se sublevaron los campesinos rusos. De la frustración del pueblo ante el hecho de que los que "tienen" no darían a los que "no tienen" *por su propia voluntad,* nació un gobierno que aseguraba que toda la gente sería tratada por igual.

Me recuerda lo que dijo María Antonieta a las masas hambrientas, cubiertas con harapos, que clamaban bajo su ventana, mientras ella descansaba en una bañera revestida con oro sobre una base enjoyada, regalándose con uvas importadas: "Denles pasteles".

Ésta es la actitud contra la que se rebelaron los sometidos. Ésta es la condición que causa revoluciones y crea gobiernos de la llamada opresión.

A los gobiernos que les quitan a los ricos y les dan a los pobres se les llama opresores, mientras que los gobiernos que no hacen nada mientras los ricos explotan a los pobres son represivos.

Pregúntales a los campesinos de México incluso hoy en día. Se dice que 20 o 30 familias —la élite de los ricos y poderosos— *dirigen* literalmente el país (¡debido principalmente a que son dueños de él!), mientras 20 o 30 millones viven en la miseria absoluta. En 1993-1994 los campesinos emprendieron una revuelta, buscando obligar al gobierno elitista a que reconociera su deber de ayudar a la gente, y proporcionarle los medios para una vida de una exigua dignidad por lo menos. Hay una diferencia entre los gobiernos elitistas y los gobiernos "de, por y para el pueblo".

¿Acaso los gobiernos del pueblo no son creados por gente enojada y frustrada por el egoísmo básico de la naturaleza humana? ¿No es verdad que los programas del gobierno se crean como un recurso ante la renuencia del hombre a proporcionar un remedio él mismo?

¿No es esto la génesis de las leyes de vivienda justa, de estatutos sobre el trabajo de los menores, los programas de apoyo para madres con hijos dependientes?

¿No fue la Seguridad Social del gobierno un intento para proporcionar a los ancianos algo que sus familias no querían o no podían proporcionarles?

¿Cómo reconciliamos nuestro odio por el control del gobierno con nuestra falta de voluntad para hacer algo que no tenemos que hacer cuando no hay controles?

Se dice que algunos mineros del carbón trabajaban bajo condiciones horribles hasta que los gobiernos obligaron a los sucios y ricos dueños de las minas a que limpiaran sus sucias minas. ¿Por qué no lo hicieron los dueños por sí mismos? ¡Porque se habrían reducido sus utilidades! Y a los ricos no les importaba cuántos pobres morían en minas inseguras para mantener el flujo y el crecimiento de las utilidades.

Las empresas pagaban salarios de *esclavos* a los trabajadores principiantes hasta que el gobierno impuso requerimientos de salario mínimo. Aquellos que están en favor de regresar a los "días buenos de ayer" dicen: ¿Por qué no? Ellos proporcionaron empleos, ¿no es así? Y a propósito, ¿quién está corriendo el riesgo? ¿El trabajador? ¡No! ¡El *inversionista*, el dueño, corre todos los riesgos! ¡Por tanto, él debe obtener la mayor recompensa!

A cualquiera que piense que los trabajadores —de cuya labor dependen los dueños— deben ser tratados con dignidad, se le llama *comunista*.

A cualquiera que piense que no se le debe negar vivienda a una persona debido al color de su piel se le llama *socialista*.

A cualquiera que piense que no se les debe negar a las mujeres oportunidades o promociones en el empleo debido simplemente a que son del sexo equivocado se le llama *feminista radical*.

Y cuando los gobiernos, por medio de sus representantes electos, emprenden gestiones para solucionar esos problemas que la gente que posee el poder en la sociedad se niega firmemente a resolver por sí misma, ¡a estos gobiernos se les califica de opresores! (Nunca por la población a la que ayudan, por cierto. Sólo por las personas que se rehusan a proporcionar la ayuda ellas mismas.)

En ningún otro aspecto es esto más evidente que en la atención a la salud. En 1992, un presidente estadounidense y su esposa decidieron que era injusto e inconveniente que millones de estadounidenses no tuviesen acceso al cuidado preventivo de la salud; ese concepto inició una polémica sobre la atención médica, que arrastró al combate a la profesión médica incluso y a la industria aseguradora.

La verdadera pregunta no es quién tiene la mejor solución: el plan propuesto por el gobierno o el plan propuesto por la industria privada. La verdadera pregunta es: *¿Por qué la industria privada no propuso su propia solución desde hace tiempo?*

Te diré por qué. Porque no tenía que hacerlo. Nadie se quejaba. Y la industria estaba impulsada por las utilidades.

Utilidades, utilidades, *utilidades*.

Mi punto, por lo tanto, es éste: Podemos despotricar y gritar y quejarnos todo lo que queramos. La simple verdad es que los gobiernos proporcionan soluciones cuando el sector privado no lo hace.

Podemos también afirmar que los gobiernos están haciendo lo que están haciendo contra los deseos del pueblo, pero mientras el pueblo controle al gobierno —como lo hace en un alto grado en Estados Unidos—, éste continuará produciendo y requiriendo soluciones para los males sociales debido a que la mayoría de los habitantes no son ricos y poderosos, y, por lo tanto, legislan para sí mismos lo que la sociedad no les dará voluntariamente.

Sólo en los países donde la mayoría de la población no controla al gobierno, éste hace poco o nada acerca de las injusticias.

De ahí, entonces, el problema: ¿En qué medida es demasiado el gobierno? ¿Y en qué medida es demasiado poco? ¿Dónde y cómo lograremos un equilibrio?

¡Uau! ¡Nunca te había oído explayarte así! Es el tiempo más largo, en los dos libros, en que nos has tenido pendientes de tus palabras.

Bien, dijiste que en este libro abordarías algunos de los problemas globales más grandes que enfrenta la familia del hombre. Me parece que he expuesto uno muy importante.

Elocuentemente, sí. Todo mundo, durante cientos de años, pasando por Toynbee, Jefferson y Marx, han tratado de solucionarlo.

De acuerdo, ¿cuál es *Tu* solución?

Vamos a tener que retroceder; vamos a tener que revisar ciertos antecedentes.

Adelante. Tal vez necesito oírlos dos veces.

Entonces empezaremos con el hecho de que Yo no *tengo* la "solución". Y eso se debe a que no veo nada de esto como problemático. Sólo es lo que es, y no tengo preferencias al respecto. Aquí sólo describo lo que es observable; lo que todos pueden ver fácilmente.

Bien, Tú no tienes ninguna solución y ninguna preferencia. ¿Me puedes ofrecer una observación?

Observo que el mundo todavía tiene que proponer un sistema de gobierno que proporcione una solución total, si bien, hasta ahora, el gobierno en Estados Unidos es el que se ha aproximado más a ese fin.

La dificultad es que la bondad y la justicia no son cuestiones políticas, sino morales.

El gobierno es el intento humano para imponer la bondad y asegurar la justicia. Sin embargo, sólo hay un lugar donde nace la bondad, y ése es el corazón humano. Sólo hay un lugar donde se puede conceptualizar la justicia, y ése es la mente humana. Sólo hay un lugar donde se puede experimentar verdaderamente el amor, y ése es el alma humana, porque el *alma humana es amor*.

No puedes legislar la moralidad. No puedes aprobar una ley que diga: "Amaos los unos a los otros".

Ahora estamos dando vueltas en círculos, puesto que ya hemos cubierto todo esto antes. Sin embargo, la discusión es útil, así que sigue trabajando en eso. Incluso es provechoso si cubrimos el mismo terreno dos o tres veces. El intento aquí consiste en llegar al fondo del asunto; ver cómo quieres crearlo ahora.

Pues bien, te plantearé la misma pregunta que te formulé antes. ¿Todas las leyes no son simplemente un intento del hombre por codificar los conceptos morales? ¿La "legislación" no es simplemente nuestro convenio combinado respecto a lo que está "bien" y lo que está "mal"?

Sí. Y en tu sociedad primitiva se requieren ciertas leyes civiles, normas y reglamentos. (Entiende que en las sociedades avanzadas esas leyes son innecesarias. Todos los seres se rigen a sí mismos.) En esta sociedad, las personas aún se enfrentan a algunas preguntas muy elementales. ¿Te detendrías en la esquina antes de proseguir? ¿Comprarías y venderías de acuerdo con ciertos términos? ¿Habrá restricciones acerca de cómo se comportan entre sí?

Pero, verdaderamente, incluso estas leyes básicas —prohibiciones contra el asesinato, el perjuicio, el fraude, o incluso pasarse una luz roja— no deben ser necesarias y *no serían* necesarias si todas las personas en todas partes siguieran simplemente las *Leyes del Amor*.

Es decir, la ley de Dios.

Lo que se necesita es un desarrollo de la conciencia, no una expansión del gobierno.

¿Quieres decir que si sólo siguiéramos los Diez Mandamientos estaríamos bien?

No existe algo como los Diez Mandamientos. (Véase el libro anterior para un análisis completo del tema.) La Ley de Dios es No Ley. Esto es algo que no puedes entender.

Yo no requiero nada.

Muchas personas no podrán creer Tu última declaración.

Pídeles que lean el libro anterior. En él se explica completamente todo esto.

¿Es eso lo que sugieres para este mundo? ¿La anarquía completa?

No sugiero nada. Sólo observo lo que funciona. Te estoy diciendo lo que es observable. Y no, no observo que pudiese funcionar esa anarquía —la ausencia de gobierno, normas, reglamentos o limitaciones de cualquier clase—. Un arreglo de ese tipo sólo es práctico en seres avanzados, lo que no observo que sean los seres humanos.

Por lo tanto, se va a requerir cierto nivel de gobierno hasta que evolucionen al punto en que harán *naturalmente* lo que es *naturalmente correcto*.

Entre tanto, son muy sabios en gobernarse. Los puntos que estableciste hace un momento son sobresalientes, irrebatibles. Con frecuencia, las personas *no* hacen lo que es "correcto" cuando se les deja actuar como se les da la gana.

La verdadera pregunta no es por qué los gobiernos imponen tantas normas y regulaciones en la población, sino ¿por qué los gobiernos *tienen* que hacerlo?

La respuesta se relaciona con la Conciencia de Separación.

El hecho de que nos veamos a nosotros mismos como separados uno del otro.

Sí.

Pero si no estamos separados, entonces somos Uno. ¿Y no significa eso que somos responsables unos de otros?

Sí.

¿Y acaso eso no nos inhabilita para alcanzar la grandeza individual? ¡Si yo soy responsable de todos los demás, entonces el *Manifiesto Comunista* estaba en lo correcto! "De cada quien según su capacidad, para cada quien según su necesidad."

Ésa es, como ya he dicho, una idea muy noble. Pero se le despoja de su nobleza cuando se impone despiadadamente. Ésa fue la dificultad con el comunismo. No fue el concepto, sino su ejecución.

Hay quienes dicen que el concepto tenía que imponerse, ya que violaba la naturaleza básica del hombre.

Le has dado al clavo. Lo que necesita cambiarse es la naturaleza básica del hombre. Ahí es donde debe realizarse el trabajo.

Para crear el cambio de conciencia del cual nos has hablado.

Sí.

Pero estamos dando vueltas en círculos de nuevo. ¿Una conciencia de grupo no ocasionaría la falta de poder en los individuos?

Vamos a examinarlo. Si a cada persona en el planeta se le satisfacen sus necesidades —si la masa de la población pudiese vivir con dignidad y librarse de la lucha por la simple supervivencia—, ¿no abriría esto un camino para que toda la humanidad se ocupara de actividades más nobles?

¿Si se garantizara la supervivencia espiritual, se suprimiría realmente la grandeza individual?

¿Debe sacrificarse la dignidad individual por la gloria individual?

¿Qué clase de gloria se obtiene cuando se logra a expensas de otro?

En este planeta coloqué suficientes recursos para asegurar suministros adecuados para todos. ¿Cómo puede ser que miles se mueran de hambre cada año? ¿Cuántos se queden sin casa? ¿Cuántos millones imploran por simplemente vivir con dignidad?

La clase de ayuda que terminaría con *esto* no es la clase de ayuda que quita el poder.

Si aquellos que disfrutan de una buena situación dicen que no quieren ayudar a los hambrientos y a quienes carecen de vivienda porque no quieren inhabilitarlos, entonces los adinerados son unos hipócritas. Nadie está realmente en una "buena posición" mientras otros se están muriendo.

La evolución de una sociedad se mide por el beneficio que aporta a los menos entre sus integrantes. Como he dicho, el reto consiste en encontrar un equilibrio entre ayudar a la gente y perjudicarla.

¿Puedes ofrecernos algunos lineamientos?

Un lineamiento general podría ser éste: cuando estés en duda, más vale pecar por el lado de la compasión.

He aquí una prueba de si estás ayudando o perjudicando: ¿Tu prójimo se engrandece o se empequeñece como resultado de tu ayuda? ¿Los hiciste más grandes o más pequeños? ¿Son más capaces o menos capaces?

Se dice que si les das todo a los individuos, estarán menos dispuestos a trabajar para sí mismos.

Sin embargo, ¿por qué deberían tener que trabajar por la dignidad más simple? ¿No hay suficiente para todos? ¿Por qué es necesario que "trabajar por ella" tenga que ver con todo lo demás?

¿No es la dignidad humana un derecho de nacimiento de todos los seres humanos? *¿No debe ser?*

171

Si uno busca *más* que los niveles mínimos —más alimento, viviendas más grandes, vestimentas más finas para el cuerpo— es válido que se busque alcanzar estos objetivos. ¿Pero debe uno tener que luchar para *sobrevivir* siquiera, en un planeta donde hay más que suficiente para todos?

Ésa es la pregunta central que enfrenta la humanidad.

El reto *no* consiste en pugnar porque todos sean iguales, sino en darles a todos, por lo menos, la seguridad de una supervivencia básica digna, de modo que cada uno tenga la oportunidad de elegir qué más quiere a partir de ahí.

Hay quien aduce que algunos, incluso cuando se les da, no aprovechan la oportunidad.

Y es un argumento correcto. Esto origina otra pregunta más: ¿A aquellos que no aprovechan las oportunidades que se les presentan, se les debe dar otra y otra más?

No.

Si Yo asumiera esa actitud, todos estarían perdidos en el infierno para siempre.

Yo te digo: la compasión nunca termina, el amor nunca se detiene, la paciencia nunca se acaba en el Mundo de Dios. La bondad sólo está limitada en el mundo del hombre.

En Mi Mundo, la bondad es infinita.

Aun cuando no la merezcamos.

¡Ustedes *siempre* la merecen!

¿Incluso si te lanzamos al rostro Tu bondad?

Especialmente si lo hacen ("Si un hombre te da una bofetada en la mejilla derecha, date vuelta y ofrécele la izquierda. Si un hombre te pide que recorras una milla con él, recorre dos con él".) Cuando me lanzan al rostro Mi bondad (lo cual, por cierto, la raza humana se lo ha estado haciendo a Dios durante milenios), veo que únicamente están equivocados. Desconocen lo que es en su mejor interés. Yo siento compasión porque el error no está basado en el mal, sino en la ignorancia.

Pero algunas personas son *básicamente perversas*. Algunas personas son intrínsecamente malas.

¿Quién te dijo eso?

Es mi propia observación.

Entonces hay algo que te impide ver bien. Ya te he dicho antes: nadie hace nada malo en función de su modelo del mundo.

Expuesto en otra forma, todos hacen lo mejor que pueden en cualquier momento determinado.

Todas las acciones de los seres humanos dependen de los datos a la mano.

Ya lo he dicho antes: la conciencia es todo. ¿De qué estás consciente? ¿Qué es lo que sabes?

¿Pero cuando la gente nos ataca, nos hiere, nos perjudica, incluso nos mata para sus propios fines, no es eso perverso?

Te lo he dicho antes: *todo ataque es una llamada de auxilio.*

Nadie desea verdaderamente herir a otro. Aquellos que lo hacen, incluyendo a los gobiernos, por cierto, lo hacen por una idea equivocada de que es la única forma en que pueden obtener lo que desean.

En este libro ya definí la solución *más elevada* a este problema. *No quieras nada simplemente.* Ten preferencias, pero no *necesidades.*

Sin embargo, éste es un estado muy alto del ser; es el lugar de los Maestros.

En términos geopolíticos, ¿por qué no trabajan juntos como un mundo para satisfacer las necesidades más básicas de todos?

Lo estamos haciendo —o tratando.

¿Después de todos estos miles de años de historia humana, es lo más que puedes decir?

El hecho es que apenas han evolucionado. Todavía operan con una mentalidad primitiva de "cada hombre para sí mismo".

Saquean la Tierra, destruyen todos sus recursos, explotan a su población, y sistemáticamente descalifican a aquellos que están en desacuerdo con esas acciones, llamándolos "radicales".

Todo esto lo hacen para sus propios objetivos egoístas, porque desarrollan un estilo de vida que *no pueden mantener de otra forma.*

Tienen que derribar millones de hectáreas de árboles cada año o no podrán leer su periódico dominical. *Tienen* que destruir kilómetros y kilómetros del ozono protector que cubre el planeta, o no pueden disponer de aerosol para el cabello. *Tienen* que contaminar ríos y arroyos más allá de cualquier posible remedio; o no podrán lograr que sus industrias les den Más Grande, Mejor y Más. Y *tienen* que explotar a otros —los menos favorecidos, los menos preparados, los menos enterados— o no podrán vivir en la cumbre de la escala humana en un lujo inaudito (e innecesario). Por último, *tienen* que *negar que están haciendo esto,* o no podrán vivir con ustedes mismos.

Les resulta casi imposible encontrar en su corazón el concepto de "vivir simplemente", como para que otros simplemente vivan. Ese engomado en el parachoques sobre la sabiduría es demasiado sencillo para ustedes. Es pedir demasiado. Es dar demasiado. ¡Después de todo, trabajan tan *duro* para obtener lo que quieren! *¡No están dispuestos a renunciar a nada!* Y si el resto de la raza humana, por no hablar de los hijos de sus hijos, tiene que sufrir por eso, mala suerte, ¿no es así? Ustedes hicieron lo que tenían que hacer para sobrevivir, para "triunfar". ¡Ellos pueden actuar igual! Después de todo, cada hombre *es* para sí mismo, ¿verdad?

¿Hay alguna salida de este desastre?

Sí. ¿Debo decirlo de nuevo? Un *cambio de conciencia.*

No pueden resolver los problemas que acosan a la humanidad a través de la acción gubernamental o por medios políticos. Ya lo intentaron durante miles de años.

El cambio que debe efectuarse sólo se puede lograr en el corazón de los hombres.

¿Puedes resumir en una sola frase el cambio que debe hacerse?

Ya lo hice varias veces.

Deben dejar de ver a Dios como separado de ustedes, y a ustedes como separados de los demás.

La *única* solución es la Verdad Fundamental; no existe nada en el universo que esté separado de cualquier otra cosa. *Todo* está intrínsecamente conectado, todo es interdependiente de manera irrevocable e interactiva, entrelazado en la estructura de todo lo que existe.

Todos los gobiernos, todas las políticas, deben basarse en esta verdad. Todas las leyes deben estar enraizadas en ella.

Ésta es la esperanza futura de la raza humana; la única esperanza para este planeta.

¿Cómo funciona la Ley del Amor de la que hablaste anteriormente?

El amor lo da todo y no requiere nada.

¿Cómo podemos no requerir nada?

Si todos dieran todo, ¿qué requerirías? La única razón por lo que requieres *algo* es que alguien más lo está *reteniendo*. ¡Deja de retener!

Esto no podría funcionar a menos que todos lo hiciéramos a la vez.

En efecto, lo que se requiere *es* una conciencia global.
Sin embargo, ¿cómo se alcanzará? *Alguien tiene que empezar.*
Aquí está la oportunidad para ti.
Tú puedes ser la fuente de esta Nueva Conciencia.
Tú puedes ser la inspiración.
Sin duda, *debes* serlo.

¿Debo?

¿Con quién más contamos?

13

¿Cómo empiezo?

Sé una luz en el mundo, y no lo perjudiques. Busca construir, no destruir.
Lleva a Mi gente a casa.

¿Cómo?

Con tu ejemplo brillante. Busca sólo la Divinidad. Habla sólo con la
verdad. Actúa únicamente con amor.
Vive la Ley del Amor ahora y siempre. Da todo, no requieras nada.
Evita lo mundano.
No aceptes lo inaceptable.
Enseña a todos los que buscan aprender de Mí.
Convierte cada momento de tu vida en una efusión de amor.
Utiliza cada momento para invocar el pensamiento más elevado,
pronuncia la palabra más noble, realiza el hecho más sublime. Con esto,
glorificas tu Ser Sagrado, y así, también, me glorificas a Mí.
Lleva paz a la Tierra llevando paz a todos aquellos con cuyas vidas
estás vinculado.
Sé la paz.
Siente y expresa en cada momento tu Divina Conexión con el Todo, y
con cada persona, lugar y cosa.
Aprovecha cada circunstancia, reconoce cada falta, comparte todo el
júbilo, contempla cada misterio, camina en los zapatos de cada hombre,
perdona cada ofensa (incluyendo las propias), sana todos los corazones,
respeta la verdad de cada persona, adora al Dios de cada uno, protege
los derechos de todos los seres humanos, preserva la dignidad de cada

quien, promueve los intereses de todas las personas, provee las necesidades de los que te rodean, da como un hecho la santidad de cada persona, saca a la luz los mayores dones de tus semejantes, propicia la bendición de todos, y pronuncia la seguridad de su futuro en el firme amor de Dios.

Sé una viva representación ejemplar de la Verdad más Elevada que reside en tu interior.

Habla sobre ti mismo con humildad, para que nadie confunda tu Verdad más Elevada con un alarde.

Habla suavemente para que nadie piense que sólo estás llamando la atención.

Habla con amabilidad, para que todos puedan conocer acerca del Amor.

Habla abiertamente, para que nadie piense que tienes algo que ocultar.

Habla con sinceridad, para que no se te interprete erróneamente.

Habla con frecuencia, para que realmente se propague tu palabra.

Habla respetuosamente, ya que todos merecen tu consideración.

Habla amorosamente, para que cada sílaba sirva como un alivio.

Habla de Mí en cada expresión.

Haz de tu vida un don. Recuerda siempre: ¡tú *eres* el don!

Sé un don para cada persona que entre en tu vida, y para todos aquellos en cuya vida tú participas. Ten cuidado de *no entrar* en la vida de otro si no puedes ser un don.

(Siempre puedes ser un don, porque siempre lo eres, aun cuando algunas veces no te permitas a ti mismo saberlo.)

Cuando alguien entre en tu vida inesperadamente, *busca el don que esa persona espera recibir de ti.*

Qué forma tan extraordinaria de exponerlo.

¿Cuál, entonces, crees que es la razón para que una persona llegue a ti?

Yo te digo: *cada* persona que llegue a tu vida, llega para recibir de ti un don. Y, al hacerlo, a su vez te da un don, el don de que experimentes y cumplas con la realización plena de Quién Eres.

Cuando ves esta simple verdad, cuando la comprendes, percibes la verdad más grandiosa de todas:

YO NO TE ENVÍO
SINO ÁNGELES

14

Estoy confundido. ¿Podemos retroceder un poco? Me parece que hay ciertas contradicciones. Pensé que estabas diciendo que, algunas veces, la mejor ayuda que se les puede dar a las personas es dejarlas solas. Después creí que habías dicho que nunca dejáramos de asistir a alguien si esa persona necesitaba ayuda. Aparentemente, se contraponen estas dos exposiciones.

Déjame aclarar tu pensamiento al respecto.

Nunca ofrezcas la clase de ayuda que inhabilita. Nunca insistas en ofrecer ayuda cuando tú piensas que se necesita. Permite que las personas conozcan todo lo que tienes para dar, y entonces escucha lo que quieren; percibe lo que están preparados para recibir.

Ofrece la ayuda que se quiere. Con frecuencia, te dirán, o lo mostrarán con su conducta, que sólo quieren que se les deje en paz. A pesar de lo que *tú* pienses que te gustaría darles, el dejarlos solos podría ser el Regalo Más Elevado que les puedes ofrecer.

Si, posteriormente, se quiere o se desea algo, te darás cuenta de si tú eres el llamado a dar. Si así es, da entonces.

Sin embargo, procura no dar nada que inhabilite. Lo que inhabilita es lo que promueve u origina la dependencia.

En verdad, *siempre* hay una forma en que puedes ayudar a los demás y que, a la vez, los faculta.

La respuesta no consiste en *ignorar* la situación difícil de otro que está buscando verdaderamente tu ayuda, ya que si lo que haces es demasiado poco no habilitas más al otro que si actúas en demasía. Cuando tu conciencia es elevada, no puedes ignorar deliberadamente la situación apremiante de hermanos o hermanas, aduciendo que el permitirles que "sufran las consecuencias de sus actos" es el mayor regalo que les puedes dar. Esa actitud es soberbia y arrogante en el nivel más alto. Sólo te permite justificar tu falta de colaboración.

Me refiero de nuevo a la vida de Jesús y sus enseñanzas.

Fue Jesús quien instruyó que Yo diría a aquellos a Mi derecha: "Venid, vosotros Mis hijos benditos, heredad el reino que he preparado para vosotros.

"Porque tuve hambre y vosotros me disteis de comer; tuve sed y me disteis de beber; estaba sin hogar, y me encontrasteis un albergue.

"Estaba desnudo y me vestisteis; estaba enfermo y me visitasteis; estuve en prisión y me llevasteis consuelo".

Y ellos me dirán: "Señor, ¿cuándo Te vimos hambriento, y Te alimentamos? ¿O sediento, y Te dimos de beber? Y cuándo Te vimos sin casa y Te encontramos un albergue? ¿O desnudo y Te vestimos? ¿Y cuándo Te vimos enfermo, o en prisión y Te consolamos?"

Y Yo les contestaré:

"En verdad, en verdad, os digo: cuanto hayais hecho por el menor de éstos, Mis hermanos, lo habréis hecho por Mí".

Ésa es Mi verdad, y todavía se sostiene para todas las épocas.

15

Te amo, ¿lo sabes, verdad?

Sé que me amas. Y Yo te amo.

16

Puesto que estamos conversando sobre aspectos más grandes de la vida en una escala planetaria, así como revisando algunos de los elementos de nuestra vida individual, los cuales se analizaron inicialmente en el volumen previo, me gustaría preguntarte acerca del ambiente.

¿Qué quieres saber?

¿Realmente se está destruyendo, como afirman algunos ecologistas, o son ellos simplemente extremistas políticos radicales, comunistas rojillos liberales, que se graduaron todos en Berkeley y fumaron mariguana?

Sí a ambas preguntas.

¿Queeeé?

Estoy bromeando. En realidad, sí a la primera pregunta, no a la segunda.

¿Se *ha* mermado la capa de ozono? ¿Se *están* diezmando los bosques?

Sí, pero no sólo se trata de esas situaciones tan obvias. Hay problemas menos obvios acerca de los cuales preocuparse.

Por favor, ayúdame a entender el problema.

Bien. Por ejemplo, observamos una acelerada escasez de tierra en este planeta. Es decir, se están quedando sin tierra buena para cultivar alimentos. Esto se debe a que la tierra necesita tiempo para reconstituirse, y los agricultores corporativos no *tienen* tiempo. Ellos quieren que los terrenos produzcan, produzcan, *produzcan*. De ese modo, se ha abandonado o reducido la vieja práctica de alternar los cultivos de temporada a temporada. A fin de compensar la pérdida de tiempo, a la tierra se le agregan productos químicos con el objetivo de que se vuelva más fértil con mayor rapidez. Sin embargo, en esto, como en todas las cosas, no se puede elaborar un sustituto artificial para la Madre Naturaleza que se aproxime siquiera a lo que Ella proporciona.

El resultado es que, en algunos lugares, se erosiona, hasta unos cuantos centímetros realmente, la reserva disponible de la capa superficial de la tierra. En otras palabras, cultivan más y más alimentos en una tierra que cada vez tiene menos contenido nutricional. Sin hierro. Sin minerales. Nada de lo que podrías confiar en que la tierra te proporcionaría. Peor aún, comes alimentos llenos de productos químicos que se vierten en la tierra en un intento desesperado por reconstituirla. Si bien en el corto plazo no ocasionan daño aparente al organismo, a la larga se descubrirá, para la desolación humana, que estos rastros de productos químicos que permanecen en el cuerpo, no producen salud.

Este problema de la erosión de la tierra por medio de la rotación rápida de cultivos no es algo de lo que esté consciente la población, ni tampoco es la menguante reserva de tierra cultivable una fantasía forjada por ecologistas *yuppies* en busca de su próxima causa más llamativa. Pregunta a cualquier científico comprometido con la salud de la Tierra y escucharás más que suficiente. Es un problema de proporciones epidémicas; es mundial, y es serio.

Éste es sólo un ejemplo de las muchas formas en que se perjudica y agota a la Madre, la Tierra, la dadora de vida, con una total indiferencia hacia sus necesidades y sus procesos naturales.

A ustedes les preocupa muy poco su planeta, excepto para satisfacer sus propias pasiones, el cumplimiento de sus propias necesidades más inmediatas (y abotagadas, mayormente), y apagar el interminable deseo humano de Más Grande, Mejor, Más. Sin embargo, como especie humana, harían bien en preguntarse, ¿en qué medida bastante es bastante?

¿Por qué no escuchamos a nuestros ecologistas? ¿Por qué no prestamos atención a sus advertencias?

Al respecto, como en todas las cuestiones realmente importantes que afectan la calidad y el estilo de vida en tu planeta, se presenta un patrón que es fácilmente discernible. En este mundo acuñaron una frase que responde perfectamente a tu pregunta: "Sigue la senda del dinero".

¿Cómo podemos alguna vez empezar a tener la esperanza de resolver estos problemas cuando luchamos por algo tan común y tan insidioso como eso?

Muy sencillo. Eliminen el dinero.

¿Eliminar el dinero?

Sí. O, por lo menos, eliminar su invisibilidad.

No entiendo.

La mayoría de las personas ocultan las cosas de las cuales se avergüenzan o no quieren que otros las conozcan. Ésa es la razón por la cual la mayoría oculta su sexualidad, y casi todos ocultan su dinero. Es decir, no son abiertos respecto a estas cuestiones. Consideran su dinero como un asunto muy privado. Y ahí radica el problema.

Si cada una de las personas supieran todo lo relacionado con la situación económica de los demás, habría una sublevación en el país y en el planeta, que no tendría semejanza con nada que se haya visto. Y como secuela de eso habría justicia y equidad, honestidad y verdad en beneficio de lo prioritario en la conducción de los asuntos humanos.

Por ahora, no es posible introducir al mercado la justicia o la equidad, o el bien común, dada la facilidad con que se oculta el dinero. En realidad, se le puede tomar y *ocultar* físicamente. Asimismo, hay toda suerte de medios por los cuales los contadores creativos pueden maniobrar para que se "oculte" o "desaparezca" el dinero de las empresas y las personas.

Puesto que el dinero se puede esconder, no hay forma de que nadie conozca exactamente cuánto tiene otra persona o qué hace con él. Esto propicia que exista una plétora de inequidad, por no hablar de juegos dobles. Las corporaciones, por ejemplo, pueden pagar a dos personas salarios extremadamente diferentes por el mismo trabajo. A un empleado le pueden pagar $57 000 y a otro $42 000 al año por desempeñar exactamente la misma función. A un empleado se le paga más que al otro debido sencillamente a que el primer empleado tiene algo de lo que carece el segundo.

¿Y qué es eso?

Un pene.

Oh.

Sí. Oh, en efecto.

Pero Tú no entiendes. Con un pene, el primer empleado es más valioso que el segundo; más perspicaz, mucho más inteligente, y, obviamente, más eficiente.

Huumm... No recuerdo haberlos formado así. Quiero decir, tan desiguales en capacidad.

Pues bien, lo hiciste, y me sorprende que Tú no lo sepas. En este planeta, todo el mundo lo sabe.

Mejor dejamos este enfoque, o los lectores pensarán que hablamos en serio.

¿Quieres decir que Tú no hablas en serio? ¡Vaya, nosotros sí! Los habitantes de este planeta lo saben. Ésa es la razón por la cual las mujeres no pueden ser sacerdotes católicos romanos o mormones, o situarse en el lado contrario del Muro de las Lamentaciones en Jerusalén, o ascender al primer lugar de las compañías de *Fortune 500*, o ser pilotos de líneas aéreas, o...

Sí, entendemos el punto. Y *Mi* punto consiste en que si todas las transacciones monetarias se hiciesen visibles, en vez de ocultarse, sería mucho más difícil, por lo menos, salir impune de esa discriminación en los salarios. ¿Te puedes imaginar lo que pasaría si a todas las compañías del globo se les obligara a publicar todos los salarios de sus empleados? No me refiero a las *escalas* de salarios para clasificaciones particulares de trabajo, sino a la compensación real que se *otorga a* cada individuo.

Bueno, así se iría por la ventana el enfrentar intereses de otros para el beneficio propio.

En efecto.

Y también "el no saber, no lastima".

En efecto.

Y lo mismo pasaría con "Vaya, ¿si podemos conseguirla por una tercera parte menos, por qué debemos pagarle más?"

Ajá.

Y así desaparecería el sacarles brillo a las manzanas, la adulación al jefe y "las prebendas secretas" y las políticas de la compañía, y...

Y desaparecería mucho, mucho más del lugar de trabajo, y del mundo, por medio del simple recurso de descubrir la senda del dinero.

Piensa en eso. Si tú supieras exactamente cuánto dinero posee cada quién, y las utilidades reales de todas las industrias y corporaciones y cada uno de sus ejecutivos, así como el *uso* que le está dando al dinero cada persona y corporación, ¿no crees que cambiarían las cosas?

El hecho evidente es que si se *supiera* lo que está pasando realmente en el mundo, nunca nadie estaría de acuerdo con 90 por ciento de lo que pasa. Si todas las personas en todas partes conocieran esos hechos, específica e inmediatamente, la sociedad nunca aprobaría la distribución extraordinariamente desproporcionada de la riqueza, y mucho menos los medios por los cuales se ganó, o la manera en que se utiliza para ganar aún más.

Nada propicia con más rapidez la conducta adecuada que la exposición a la luz del escrutinio público. Ésta es la razón por la cual las llamadas "Leyes Sunshine" han hecho tanto bien para disipar una fracción del horrible desorden del sistema político y gubernamental. Las audiencias públicas y la responsabilidad pública han avanzado un buen trecho en la eliminación de las clases de maniobras secretas que tuvieron lugar en los años veinte, treinta, cuarenta y cincuenta en los municipios y consejos escolares y recintos políticos, y, asimismo, en el gobierno nacional.

Ya es hora de sacar a la luz la forma en que se maneja la compensación de bienes y servicios en este planeta.

¿Qué estás sugiriendo?

No es una sugerencia, es un desafío. Desafío al ser humano a tirar todo su dinero, todos sus papeles y monedas y unidades monetarias individuales, y a empezar de nuevo. A elaborar un sistema monetario internacional que sea abierto, totalmente visible, rastreable de inmediato, y completamente explicable. A establecer un Sistema de Compensación Mundial por medio del cual se otorguen Créditos por servicios prestados y bienes producidos, y Débitos por servicios usados y productos consumidos.

Todo estaría en el sistema de Créditos y Débitos. Restituciones por inversiones, herencias, ganancias por apuestas, salarios y sueldos, propinas y gratificaciones, todo. Y nada podría comprarse sin los Créditos. No habría otra moneda negociable. Y los registros de todas las personas estarían abiertos al público.

Se ha dicho: muéstrame la cuenta bancaria de un hombre, y te mostraré al hombre. Este sistema se acerca a ese escenario. La población sabría, o al menos podría conocer bastante más acerca de lo que conoce ahora. Pero no sólo se sabría más acerca de cada uno; se sabría más acerca de *todo*. Más acerca de lo que las corporaciones pagan y gastan, y cuál es el costo de cada producto, así como el precio. (¿Te puedes imaginar lo que harían las corporaciones si tuviesen que poner ambas cifras en cada etiqueta? ¡Disminuirían los precios! ¿Aumentaría la competencia, promovería el comercio justo? No te puedes imaginar las consecuencias de una disposición como ésa.)

Bajo el nuevo Sistema de Compensación Mundial, SCM, la transferencia de Débitos y Créditos sería inmediata y totalmente visible. Es decir, cualquiera y todos podrían inspeccionar la cuenta de otra persona u organización en algún momento. Nada se mantendría secreto, nada sería "privado".

Cada año, el SCM deduciría 10 por ciento de todas las utilidades de los ingresos de aquellos que *voluntariamente solicitaran* esa deducción. ¡No habría impuestos sobre la renta, no habría que presentar formas, no aparecerían deducciones, no se construiría una "escotilla de escape" ni se elaborarían medios para dificultar y confundir los datos! Puesto que todos los registros estarían abiertos, cualquier persona en la sociedad podría observar quién estaba eligiendo ofrecer 10 por ciento para el bien general de todos, y quién no. Esta deducción voluntaria se destinaría al apoyo de todos los programas y servicios del gobierno, de acuerdo con la votación del pueblo.

Todo el sistema sería muy sencillo, y todo muy visible.

El mundo nunca estaría de acuerdo con un sistema de ese tipo.

Desde luego que no. ¿Y sabes por qué? Porque ese sistema haría imposible que las personas hicieran *algo que no quisieran que supieran los demás*. Sin embargo, ¿por qué querrían hacer algo así? Te diré la razón. Porque actualmente viven en un sistema social interactivo basado en "sacar ventaja", "obtener beneficio", "lograr lo máximo" y "la supervivencia del llamado más apto".

Cuando el principal objetivo y la meta primordial de la sociedad (como es el caso en todas las sociedades realmente iluminadas) sea la supervivencia de *todos*; el beneficio, igualmente, de *todos*; el suministro de una buena vida para *todos*, entonces desaparecerá la necesidad del secreto y los acuerdos callados y las maniobras bajo la mesa y el dinero que puede ocultarse.

¿Te das cuenta de cuánta *corrupción* antigua, por no hablar de injusticias e inequidades menores, se eliminarían por medio de la aplicación de ese sistema?

El secreto aquí, el santo y seña aquí, es *la visibilidad*.

Vaya, qué concepto. Qué idea. Visibilidad absoluta en la administración de nuestros asuntos monetarios. Sigo tratando de encontrar una razón por la cual eso estaría "mal", por qué no sería lo indicado, pero no puedo encontrar una.

Por supuesto que no puedes, *porque tú no tienes nada que ocultar*. ¿Pero te puedes imaginar lo que haría la gente del dinero y el poder en el mundo, y cómo protestaría, si pensara que cualquiera podría revisar, si mirara simplemente el fondo del asunto, cada movimiento, cada compra, cada venta, cada trato, cada acción corporativa y cada elección de precio y negociación de salarios, cada decisión, sea la que fuere?

Yo te digo: *nada* genera justicia con más rapidez que la *visibilidad*.

Visibilidad es simplemente otra palabra para *verdad*.

Conoced la verdad, y la verdad os liberará.

Los gobiernos, las corporaciones, la gente de poder lo saben, y por esa razón nunca permitirán que la verdad —la verdad simple y evidente— sea la base de ningún sistema político, social o económico que inventen.

En las sociedades iluminadas *no hay secretos*. Todos saben lo que tienen los demás, lo que ganan los demás, lo que se pagan en salarios e impuestos y beneficios, el precio que impone cada corporación y lo que compra y vende y por cuánto y para cuánta utilidad y *todo*. TODO.

¿Sabes la razón por la cual esto sólo es posible en sociedades iluminadas? Porque en las sociedades iluminadas nadie está dispuesto a obtener *algo*, o a *tener* algo, *a expensas de otro*.

Es una forma radical de vivir.

Parece radical en las sociedades primitivas, sí. En las sociedades iluminadas parece obviamente adecuado.

Estoy intrigado con ese concepto de "visibilidad". ¿Podría extenderse más allá de los asuntos monetarios? ¿Podría también ser un santo y seña para nuestras relaciones personales?

Sería de esperarse.

Y sin embargo, no lo es.

Como una regla, no. En tu planeta, todavía no. La mayoría de la gente aún tiene demasiado que ocultar.

¿Por qué? ¿De qué se trata?

En las relaciones personales (y en todas las relaciones, en verdad) se trata de *pérdida*. Se trata de tener miedo a lo que se podría perder o dejar de ganar. Sin embargo, las mejores relaciones personales, y ciertamente las románticas más valiosas, son relaciones en las cuales cada uno conoce todo; en las cuales la *visibilidad* no es sólo el santo y seña, sino la *única palabra*; y en las cuales no hay secretos, sencillamente. En estas relaciones nada se retiene, nada se ensombrece o colorea, ni se oculta o disfraza. No hay nada que se deje fuera o de lo que no se hable. No hay conjeturas, ninguna participación en juegos; nadie está "engañando", nadie "dirige la situación", o "prevalece", o "deslumbra al otro".

Pero si cualquiera supiera todo lo que estamos pensando...

Espera. Esto no tiene nada que ver con carecer de intimidad mental, de espacio seguro en el cual moverte a través de *tu proceso* mental. No estoy hablando de eso.

Tiene que ver únicamente con ser abierto y honesto en tus tratos con otro. Tiene que ver, simplemente, con decir la verdad cuando hablas, y de no callar la verdad cuando sabes que debe decirse. Se trata de nunca mentir de nuevo, o ensombrecer, o manipular verbal o mentalmente, ni tergiversar tu verdad con los innumerables trucos que caracterizan el mayor número de las comunicaciones humanas.

Se trata de ser sincero, decir las cosas como son, sin tapujos. Tiene que ver con asegurarse de que todos los individuos cuentan con todos los datos y saben todo lo que tienen que saber sobre un asunto. Tiene que ver con justicia y apertura y... *visibilidad*.

Sin embargo, esto no significa que cada pensamiento, cada temor privado, cada recuerdo más oscuro, cada juicio efímero, opinión o reacción deba colocarse en la mesa para su discusión y examen. Eso no es visibilidad, es demencia, y te hará perder la cordura.

Estamos hablando de comunicación simple, directa, franca, abierta, honesta, completa. Sin embargo, es un concepto impresionante y que se usa muy poco.

Puedes decirlo de nuevo.

Sin embargo, es un concepto impresionante y que se usa muy poco.

Deberías haber estado en el vodevil.

¿Estás bromeando? Lo estoy.

Pero en serio, es una idea magnífica. Imagínate, una sociedad completa construida alrededor del Principio de la Visibilidad. ¿Estás seguro de que funcionaría?

Yo te digo: Mañana mismo desaparecería la mitad de los males del mundo. La mitad de las preocupaciones del mundo, la mitad de los conflictos del mundo, la mitad del enojo del mundo, la mitad de la frustración del mundo.

Oh, al principio habría enojo y frustración, no te equivoques al respecto. Cuando por fin llegue la hora en que se descubra que a la persona promedio *se* le estafa impunemente, se le usa como un bien desechable, se le manipula, se le miente y se le engaña sin ningún recato, se originaría *una buena cantidad* de frustración y enojo. Sin embargo, la "visibilidad" limpiaría la mayor parte de eso en un término de 60 días; lo haría desaparecer.

Déjame invitarte de nuevo; sólo piensa en todo esto.

¿Crees que podrías vivir una vida como ésta? ¿No más secretos? ¿Visibilidad absoluta?

De no ser así, ¿por qué no?

¿Qué ocultas a otros que no quieres que sepan?

¿Qué dices a otras personas que no es verdad?

¿Qué no dices que sí es la verdad?

¿La mentira por omisión o comisión ha llevado al mundo a las condiciones que realmente se quieren? ¿La manipulación (del mercado, de una situación particular, o de una persona simplemente), por medio del silencio y el secreto, nos beneficia sin duda alguna? ¿De veras, la "privacidad" es lo que hace que funcionen los gobiernos, las corporaciones y las vidas individuales?

¿Qué sucedería si todos pudiesen ver todo?

Aquí nos encontramos con una ironía. ¿No ves que eso es lo que temes acerca de tu primer encuentro con Dios? ¿No te das cuenta de que temes que el concierto termine, el juego se acabe, el baile concluya, el boxeo finalice, y la larga, larga estela de engaños, grandes y pequeños, llegue literalmente a un *punto muerto*?

Sin embargo, la buena noticia es que no hay razón para temer, ninguna causa para tener miedo. Nadie te va a juzgar, nadie te va a calificar de "malo", nadie te va a lanzar al eterno fuego del infierno.

(Y los católicos romanos ni siquiera irán al purgatorio.)

(Y los mormones no quedarán atrapados para siempre en el cielo más bajo, imposibilitados para tener acceso al "cielo más alto", ni se les etiquetará como Hijos de la Perdición, ni se desvanecerán para siempre en dominios desconocidos.)

(Y los...)

Bueno, ya todos captaron el punto. Cada uno construye, en la estructura de su propia teología particular, alguna idea, algún concepto del Peor Castigo de Dios. Y detesto decir esto, porque veo que les divierten los dramas de todas esas representaciones, pero... *ese castigo no existe.*

Es factible que cuando pierdan el miedo a que la vida se vuelva totalmente visible en el momento de la muerte, puedan superar el temor a que la vida se vuelva completamente visible *mientras la están viviendo*.

¿No sería algo...?

Sí, en efecto. Por lo tanto, he aquí la fórmula que te ayudará a empezar. Regresa al principio de este libro y revisa de nuevo los *Cinco Niveles de Veracidad*. Toma la determinación de memorizar este modelo y ponlo en práctica. Busca la verdad, di la verdad, vive la verdad cada día. Haz esto contigo mismo y con cada persona con cuya vida te vincules.

Después, prepárate para estar desnudo. Prepárate para *la visibilidad*.

Se siente espeluznante. Se siente realmente espeluznante.

Analiza a qué le temes.

Tengo miedo de que todos me abandonen. Tengo miedo de no agradarle a nadie.

Ya veo. ¿Sientes que tienes que mentir para agradar a los demás?

No mentir, exactamente. Sólo omitir el decir todo.

Recuerda lo que dije antes. No se trata de revelar cada sentimiento pequeño, pensamiento, idea, temor, recuerdo, confesión, o lo que sea. Se trata simplemente de decir siempre la verdad, mostrándote a ti mismo por completo.

Con tu ser más querido puedes estar físicamente desnudo, ¿no es así?

Sí.

¿Entonces, por qué no puedes también estar desnudo emocionalmente?

Lo segundo es mucho más difícil que lo primero.

Lo entiendo. Sin embargo, ése no es motivo para no recomendarlo, ya que las recompensas son enormes.

Bueno, ciertamente has expuesto algunas ideas interesantes. Abolir las agendas ocultas, construir una sociedad sobre la visibilidad, decir la verdad todo el tiempo a todos acerca de todo. ¡Uau!

Sobre este puñado de conceptos se han construido sociedades enteras. Las sociedades iluminadas.

Yo no he encontrado ninguna.

No hablo de tu planeta.

Oh.

Ni siquiera de este sistema solar.

OH.

Pero no tienes que salir del planeta o salir de tu casa siquiera para empezar a experimentar cómo sería ese sistema del Pensamiento Nuevo. Comienza con tu propia familia, en tu propio hogar. Si eres dueño de un negocio, empieza con tu propia compañía. Diles a todos los que integran tu empresa cuánto ganas exactamente, cuánto está ganando y gastando la compañía, y cuánto gana cada uno de los empleados. Les producirás una conmoción de todos los demonios. Y lo digo literalmente. Les producirás justo una conmoción de todos los demonios. Si todo aquel que posee una compañía hiciera esto, el trabajo ya no sería un infierno viviente para tantos, puesto que, automáticamente, en el lugar de trabajo habrá un mayor sentido de equidad, de juego limpio, y una compensación adecuada.

Diles a tus clientes cuánto te cuesta exactamente proporcionar un producto o un servicio. Coloca estas dos cifras en la etiqueta de precio: el costo y el precio. ¿Aún podrías estar orgulloso de lo que pides? ¿Temes que alguien, si conociera tu relación costo/precio, pudiera pensar que lo estás "estafando"? Si es así, revisa para ver qué clase de ajuste quieres hacer en tus precios para regresarlos a la esfera de la justicia básica, en vez de "obtén lo que puedas mientras la ganancia sea buena".

Te desafío a hacer esto. Te desafío.

Se requerirá un cambio completo en tu pensamiento. El interés por tus consumidores o clientes tendrá que ser de la misma magnitud que el interés por ti mismo.

Sí, puedes empezar a construir esta Nueva Sociedad ahora mismo, aquí, el día de hoy. La elección es tuya. Puedes continuar apoyando al viejo sistema, al paradigma presente, o puedes incendiar la senda y mostrar a tu mundo un nuevo camino.

Tú puedes *ser* el nuevo camino. En todo. No sólo en los negocios, no sólo en tus relaciones personales, no sólo en la política o la economía, o en la religión, o en este o aquel aspecto de la experiencia de la vida en su conjunto. En todo.

Tú puedes *ser* el nuevo camino. Sé el camino más elevado. Sé el camino más grandioso. Entonces podrás decir, con toda la verdad: *"Yo soy el camino y la vida. Seguidme".*

¿Si el mundo entero te siguiera, estarías satisfecho con el nuevo giro que le diste?

Dejemos que ésa sea tu pregunta del día.

17

Escuché Tu desafío, lo escuché muy bien. Por favor, dime ahora más sobre la vida en este planeta en una escala mayor. Dime cómo un país puede vivir con otro de modo tal que "ya no haya guerras".

Siempre habrá desacuerdos entre las naciones, ya que el desacuerdo es simplemente un signo —y un signo saludable, por cierto— de individualidad. Sin embargo, *la resolución violenta* de desacuerdos es un signo de inmadurez extrema.

No hay razón alguna en el mundo que justifique evitar la solución violenta, considerando la buena voluntad de las naciones para evitarla.

Podría pensarse que el costo enorme en muertes y destrucción podría ser lo suficientemente grande como para producir esta buena voluntad, pero tratándose de culturas primitivas, como la de ustedes, no es así.

En la medida en que pienses que ganarás una discusión, la tendrás. En la medida en que se piense que se ganará una guerra, se tendrá una guerra.

¿Cuál es la respuesta a todo esto?

No tengo una respuesta, sólo tengo...

¡Lo sé, lo sé! Una observación.

Sí. Te diré lo que observé antes. Podría ser una respuesta a corto plazo para establecer lo que algunos llaman un gobierno mundial, con una instancia jurídica que resolviera las desavenencias (un tribunal cuyos veredictos no podrían ser pasados por alto, como ocurre hoy en día con el Tribunal Internacional de Justicia) y una fuerza global para el mantenimiento de la paz que garantiza que ninguna nación, por poderosa que sea y por mucha influencia que tenga, pueda agredir a otra.

Sin embargo, habrá que entender que no terminará la violencia en la Tierra. La fuerza de paz podría *necesitar* usar la violencia para *evitar* que alguien lo haga. Como observamos en el libro anterior, el no detener a un déspota alienta a otros déspotas. En ocasiones el único medio de *evitar* una guerra es *librar* una guerra. En ocasiones será necesario hacer lo que *no queremos hacer* para asegurarnos de que *ya no tendremos que hacerlo de nuevo*. Esta contradicción aparente es parte de la Divina Dicotomía, según la cual en ocasiones el único modo de que algo *Sea* —en este caso, "ser pacífico"— implicaría, al principio, *¡no serlo!*

En otras palabras, a menudo el único modo de conocer Lo Que Eres es obrar como Lo Que No Eres.

Es una verdad observable que en este mundo el poder no puede descansar desproporcionadamente en manos de una sola nación, sino que debe distribuirse en el grupo total de naciones que existen en el planeta. Sólo de esta manera podrá el mundo alcanzar finalmente la paz, descansando en la firme seguridad de que ningún déspota, no importa lo grande y poderosa que sea su nación, podrá jamás violar los territorios de otros países ni amenazar sus libertades.

Tampoco necesitarían ya las naciones pequeñas depender de la buena voluntad de las naciones grandes, como ocurre actualmente, que con frecuencia tienen que ofrecer sus propios recursos e inclusive sus mejores tierras para la instalación de bases militares extranjeras como único modo de ganar ese apoyo. Con este nuevo sistema, la seguridad de las naciones pequeñas estaría garantizada no por aquellas a las que se sometan, sino por aquellas que *las respalden*.

Todas las 160 naciones se levantarían en caso de que una sola fuera invadida. Todas esas 160 naciones dirían "¡No!" cuando a una nación se le violara o amenazara en cualquier forma.

Análogamente, ya no tendría vigencia la coacción económica, el chantaje a los países por medio de ciertas acciones por parte de sus asociados comerciales mayores, que los obligan a obedecer ciertos "lineamientos" a cambio de ayuda, o las fuerzan a actuar de cierta manera para ser calificadas dignas de ayuda humanitaria simple.

Sin embargo, no faltaría quien arguyera que un sistema de gobierno mundial erosionaría la independencia y la grandeza de naciones individuales. La verdad es que las *engrandecería*, y eso es precisamente lo que temen las naciones desarrolladas, cuya independencia está asegurada por el poderío, no por la ley de la justicia. Para entonces, tales naciones mayores ya no serían las únicas que lograran abrirse paso automáticamente, sino que las consideraciones y los elementos de justicia de todas las demás se escucharían igualmente. Y las grandes naciones no podrían controlar y atesorar los recursos del mundo, sino que estarían obligadas a compartirlos con más equidad, a hacerlos accesibles cuando tuviesen la posibilidad de ello y a proporcionar ayuda y beneficios más uniformemente a los pueblos de *todo* el mundo.

Un gobierno mundial nivelaría el terreno del juego —y esta idea, al mismo tiempo que impulsaría la marcha hacia el seno del debate sobre la dignidad humana básica, sería un anatema para los más ricos del mundo, que quieren que los que "nada tienen" tracen como puedan sus propios destinos—, desentendiéndose, por supuesto, del hecho de que "los que tienen" *controlan* todo lo que buscan los demás.

Sin embargo, parece que estamos hablando de la redistribución de la riqueza: ¿Cómo podríamos mantener el incentivo de los que quieren más, y están dispuestos a trabajar para tenerlo, si saben que deben compartirlo con aquellos a quienes no les interesa el trabajo duro?

En primer lugar, no solamente se trata de determinar quiénes quieren "trabajar duro" y quiénes no. Se trata de un modo en verdad simplista de esgrimir el razonamiento (usualmente, construido de ese modo por los que "tienen"). Con frecuencia, es más bien una cuestión de oportunidad, no de buena voluntad. Por consiguiente, el trabajo verdadero y el principal en la reestructuración del orden social es asegurar que cada persona y cada nación tengan iguales *oportunidades*.

Lo cual nunca ocurrirá mientras aquellos que actualmente poseen y controlan el mayor volumen de la riqueza y de los recursos del mundo, se aferren a ese control.

Sí. Hablé de México, y sin querer vapulear a ninguna nación, considero que este país ofrece un ejemplo excelente de tal situación. Un puñado de familias ricas y poderosas controlan la riqueza y los recursos del país desde hace 40 años. Las "elecciones" en esta llamada Democracia Occidental son una farsa porque las mismas familias han controlado a lo largo de varios decenios el mismo partido político, asegurándose virtualmente que no tendrán oposición. ¿Resultado? "Los ricos se hacen más ricos y los pobres se hacen más pobres."

Si los salarios pasaran de $1.75 a un atractivo impulso de $3.15 la hora, el punto decimal marcaría cuánto han hecho los ricos en favor de los pobres en cuanto a proporcionarles trabajos y oportunidades de desarrollo económico. El caso es que los únicos que avanzan en este escenario son *los ricos* —los industriales y los dueños de negocios que venden sus mercancías en los mercados nacional y mundial logrando enormes utilidades, dado el bajo costo de su mano de obra.

Los ricos de Estados Unidos saben que esto es verdad, razón por la que numerosas compañías ricas y poderosas instalan sus plantas y fábricas en México y en otros países en los cuales los salarios son irrisorios, pero se consideran una gran oportunidad para los campesinos. Entre tanto, los trabajadores se desempeñan en condiciones insalubres y sin ninguna seguridad, pero los gobiernos locales, controlados por un puñado de políticos que se benefician con las utilidades de estas empresas, imponen pocas regulaciones. No existen normas de sanidad y de seguridad, ni protección ambiental, desconocidas en los lugares de trabajo.

No se da atención a las personas, ni tampoco a la Tierra. Hay regiones en las cuales los obreros construyen casas de cartón cerca de ríos, en los cuales lavan su ropa y, con frecuencia, realizan en ellos o en sus cercanías sus necesidades fisiológicas, ya que se carece de instalaciones sanitarias.

Esta absoluta falta de interés por la suerte de las masas crea una población que no puede consumir muchos de los productos que manufactura. Pero ello importa muy poco a los dueños de las fábricas, quienes trasladan sus mercancías a naciones cuyos habitantes poseen mayor capacidad de compra.

Sin embargo, creo que tarde o temprano esta espiral se volverá en sentido inverso y las consecuencias serán devastadoras. No nada más en México, sino en cualquier lugar en que los humanos sean explotados.

Revoluciones y guerras civiles son inevitables, así como las guerras entre las naciones mientras los que "tienen" sigan explotando a los que "no tienen", con el disfraz de proporcionarles *oportunidades*.

Aferrarse a la riqueza y a los recursos se ha *institucionalizado* de modo tal, que hoy el modelo parece *aceptable* aun para algunas personas de amplio criterio, que ven en él simplemente una economía de mercado abierto.

El caso es que solamente el *poder* en manos de las personas y de las naciones ricas del mundo permite que este engaño, que esta ilusión de justicia, sea posible. Ciertamente, *no* es justo que las mayorías estén sometidas y, no obstante, deseen lograr lo que ya tienen ahora las naciones poderosas.

El sistema de gobierno que describí cambiaría drásticamente el equilibrio de poder y lo quitaría a los ricos para darlo a los pobres, obligando así a que los recursos sean compartidos con más justicia.

Eso es lo que temen los poderosos.

Sí. La solución a corto plazo al crecimiento del mundo podría muy bien ser una nueva estructura social, un gobierno nuevo y de corte mundial. Entre los lectores habrá líderes con la perspicacia y el valor suficientes para proponer el comienzo de este orden mundial nuevo. George Bush, a quien la historia juzgará como un hombre de mayor sapiencia, visión, compasión y valor que la sociedad contemporánea hubiera querido admitir, fue un líder así. También lo fue Mijail Gorbachov, presidente del Soviet Supremo de la URSS, el primer jefe de estado comunista en ganar el Premio Nobel de la Paz, hombre que propuso enormes cambios políticos que dieron fin, de hecho, a la llamada Guerra Fría. En el mismo plano se sitúa el presidente Carter, que indujo a Menahem Begin y a Anwar el-Sadat a firmar acuerdos que nadie antes había jamás soñado, y que, mucho después de su gestión presidencial, evitó en el mundo la confrontación violenta una y otra vez mediante la enunciación simple de una verdad igualmente simple. Ningún punto de vista u opinión es menos valioso que otro para ser escuchado; ningún ser humano tiene menos dignidad que otro.

No deja de ser interesante que estos valerosos líderes, que en su tiempo libraron al mundo de la guerra, y apoyaron y propusieron grandes movimientos contra la estructura política prevaleciente, actuaron solamente por un plazo breve, ya que los desplazaron aquellos a quienes habían querido elevar. Increíblemente populares en todo el mundo, en sus países fueron rotundamente rechazados. Se dice que nadie es profeta en su tierra. En el caso de estos hombres, ello se debió a que su visión estaba a miles de kilómetros adelante de sus pueblos, los cuales sólo podían ver intereses muy limitados y circunscritos, y únicamente imaginar las pérdidas resultantes de esas visiones amplias.

Del mismo modo, todos los líderes que se atrevieron a apretar el paso y a querer dejar atrás la opresión de los poderosos, acabaron siendo vejados y desalentados.

Por consiguiente, la situación no cambiará sino hasta que se aplique una solución a *largo plazo que no es política.* Esta solución a largo plazo, la única que es real, es una Nueva Conciencia y una Nueva Percepción. Una percepción de Unidad y una conciencia de Amor.

El incentivo para tener éxito, para hacer lo mejor de la propia vida, no debe ser un premio o recompensa económica o materialista. No se trata de eso. La mala colocación de esta prioridad crea todos los problemas de que nos hemos ocupado aquí.

Cuando el incentivo de grandeza no sea económico, cuando la seguridad económica y las necesidades materiales estén garantizadas para todo el mundo, entonces el incentivo no desaparecerá, pero sí será diferente, *aumentará* en cuanto a vigor y a determinación, y producirá grandeza *verdadera,* no el tipo de "grandeza" transparente y transitoria que producen los incentivos actuales.

Pero, ¿por qué vivir una vida mejor, crear una vida mejor para nuestros hijos no es un buen incentivo?

"Vivir una vida mejor" *es* un buen incentivo. Crear una "vida mejor" para nuestros hijos *es* un buen incentivo, pero cabe preguntarnos: ¿qué crea una "vida mejor"?

¿Cómo defines "lo mejor"? ¿Cómo defines "vida"?

Si defines "mejor" como *mayor, buenísimo, más* dinero, poder, sexo y *posesiones* (casas, automóviles, ropa, colecciones de CD, etcétera)... y si defines a la "vida" como el periodo que transcurre entre el nacimiento y la muerte en su existencia actual, entonces no estarás haciendo nada para salir de la trampa que creó la propia situación de este planeta.

Pero si defines "mejor" como una experiencia más amplia y como una expresión más generosa de nuestro grandioso Estado del *Ser,* y a la "vida" como un proceso de *Ser* eterno, constante, sin fin, lo más probable es que hallemos nuestro camino.

Una "vida mejor" no se crea mediante la acumulación de bienes materiales. Casi todos lo saben, todos dicen que lo entienden, pese a lo cual sus vidas —y las decisiones que toman y que los impulsan— tienen mucho que ver con esos bienes.

Se esfuerzan por tener cosas, trabajan por ellas, y cuando consiguen lo que quieren, nunca lo dejan ir.

El incentivo para la mayor parte de la humanidad es lograr, adquirir, obtener *cosas.* Aquellos a quienes no les interesan, las dejan ir con facilidad.

Debido a que nuestro actual incentivo de grandeza está relacionado con la acumulación de todo aquello que el mundo nos ofrece, lograrlo implica diversas etapas de lucha. Grandes *porciones* de la población siguen esforzándose por lograr la simple supervivencia física. Cada día está lleno de momentos de ansiedad, de medidas desesperadas. La mente se enfoca en cuestiones básicas, vitales. ¿Tendremos suficiente comida? ¿Abrigo, protección? ¿No pasaremos frío? *Masas enormes* siguen preocupándose diariamente por estas cuestiones; son millares las que mueren cotidianamente sólo por falta de comida.

Cantidades menores de personas pueden sobrevivir razonablemente con los elementos básicos de sus vidas, pero luchan por conseguir más, una pequeña cantidad de seguridad, un hogar decoroso, un mañana mejor. Trabajan duro, se esfuerzan por el cómo y el si seguir adelante. Su mente está ocupada con consideraciones urgentes, dolorosas.

Son muchísimo menos los que tienen todo lo que necesitan, ciertamente, todo aquello que los otros dos grupos anhelan, pero, es sorprendente, muchos de este último grupo siguen *pidiendo más todavía*.

Sus mentes están preocupadas con *retener* todo aquello que han adquirido y con acrecentar lo que tienen.

Ahora bien, además de estos tres grupos, hay un cuarto. Es el menos numeroso. De hecho, es muy pequeño.

Este grupo se ha liberado de la necesidad de las cosas materiales. Le importan la verdad espiritual, la realidad espiritual, la experiencia espiritual.

Los miembros de este grupo ven la vida como un encuentro espiritual, como un viaje del alma. Responden a todos los hechos humanos dentro de ese contexto. Retienen a toda la experiencia humana en el seno de ese paradigma. Su lucha tiene que ver con la búsqueda de Dios, con la realización del Yo y con la expresión de la verdad.

Conforme evolucionan, esta lucha deja de ser una lucha y se convierte en un proceso, un proceso de Autodefinición (no autodescubrimiento), de Crecimiento (no aprendizaje), de Ser (no hacer).

La *razón* de buscar, esforzarse, indagar, trabajar duro y *tener éxito* se torna totalmente diferente. Cambió la razón de *hacer algo,* y con ello cambia igualmente el hacedor. La razón se convierte en el proceso, y el hacedor se convierte en ser pleno.

Sea como fuere, antes, la razón para alcanzar, para luchar, para trabajar duro toda nuestra vida fue proporcionarnos cosas materiales; ahora la razón es experimentar cosas celestiales.

Dado que anteriormente los intereses fueron sobre todo intereses del cuerpo, ahora los intereses son principalmente del alma.

Todo se mueve, todo cambia. Al cambiar el propósito de la vida, consiguientemente cambia la propia vida.

El "incentivo de grandeza" cambió, y, así, desaparece la necesidad de codiciar, de adquirir, de proteger y de aumentar nuestras posesiones mundanas.

La grandeza ya no se mide por cuanto se acumula. Aplicándolo al mundo, los recursos se considerarían correctamente como pertenecientes a todos los habitantes de la Tierra. En un mundo bendecido con abundancia suficiente, *se* satisfarían las necesidades básicas de todos.

Todo el mundo lo querría así. Ya no habría necesidad de someter a alguien a un impuesto involuntario. Todos cederían voluntariamente 10 por ciento de sus cosechas y de su abundancia para programas de apoyo a quienes tienen menos. Ya no se vería que otros murieran de hambre por falta de comida; la cuestión sería contar con suficiente *buena voluntad* para crear un mecanismo político por medio del cual la gente pudiera obtener alimento.

Obscenidades morales como las que son comunes en esta sociedad primitiva borrarán para siempre el mismo día en que se cambie el incentivo por grandeza y la definición de él.

He aquí el nuevo incentivo: Volver a ser aquello para lo que fueron creados, nada menos que la imagen física de la Deidad Misma.

Cuando ustedes decidan ser Quiénes Son Realmente —Dios hecho manifiesto—, nunca más obrarán de un modo impío, malvado. Ya no será necesario que usen letreros en las defensas de sus automóviles que digan:

DIOS ME LIBRE
DE TUS SEGUIDORES

18

Veamos si estoy entendiendo bien. Aquí, lo que parece surgir es una visión ecuménica, un modo de ser universal de igualdad y ecuanimidad, en el cual todas las naciones se sometan a un gobierno global y en el que todos compartan las riquezas del mundo.

Recuerda que cuando hablamos de igualdad, hablábamos de *oportunidad igual,* no de *igualdad de hecho.*
La "igualdad" real nunca se logrará, por lo cual debemos estar agradecidos.

¿Por qué?

Porque igualdad es uniformidad, y lo último que el mundo necesita es uniformidad.
No, no estoy proponiendo un mundo de autómatas, cada uno de los cuales reciba dotaciones idénticas de un *Gobierno Central Prepotente.*
Hablo de un mundo en el que se garanticen dos aspectos:
1. La satisfacción de las necesidades básicas.
2. La oportunidad de desarrollo.
Con todos los recursos del mundo, con toda la abundancia que existe, no han logrado administrar estas dos cuestiones tan sencillas. En vez de eso, millones de personas están atrapadas en el nivel más bajo de la escala socioeconómica y conciben una visión del mundo que sistemáticamente los mantiene ahí. Ustedes mismos permiten que mueran millones cada año por carecer de lo básico.
Pese a la magnificencia del mundo, no han hallado el camino hacia lo suficientemente magnífico para evitar que sigan ocurriendo muertes por

hambre y, mucho menos, para evitar que dejen de matarse entre sí. Incluso permiten que los *niños* fallezcan de desnutrición ante ustedes. En realidad se permite que ello suceda, o se da muerte a otros porque están en desacuerdo con otros.

Son primitivos.

Y creemos que estamos muy adelantados.

La primera característica de una sociedad primitiva es que piensa que es avanzada. La primera señal de una conciencia primitiva es que piensa que es iluminada.

Resumamos. El modo en que lograremos ascender al primer peldaño para garantizar esos dos aspectos fundamentales para cada quién...

Es mediante dos cambios, dos variaciones: una en el paradigma político y otra en el espiritual.

El movimiento hacia un gobierno unificado incluiría un tribunal mundial suficientemente poderoso para resolver disputas internacionales, y una fuerza de paz que dé poder a las leyes por cuyo medio resuelvan gobernarse.

El gobierno del mundo incluiría un Congreso de Naciones —dos representantes por cada país de la Tierra— y una Asamblea del Pueblo con representación proporcional directa de los habitantes de cada nación.

Exactamente en la forma en que el gobierno de Estados Unidos está constituido, con dos cámaras, una de las cuales da representación proporcional y otra da igualdad de voto a todos los estados.

Sí. La Constitución de Estados Unidos la inspiró Dios.

Este mismo equilibrio de poderes se encontrará en la constitución del nuevo mundo.

Habrá, igualmente, una rama ejecutiva, una legislativa y una judicial.

Cada nación mantendría su policía interna de paz, pero todos los ejércitos nacionales serían disueltos, análogamente a como los estados individuales licenciaran a sus ejércitos y armadas en favor de una fuerza pacificadora federal que sirviera a todo el grupo de estados que llamamos hoy en día una nación.

Las naciones se reservarían el derecho de formar y hacer llamar su propia milicia al instante, tal como los estados tienen el derecho constitucional de mantener y activar una milicia estatal.

Y, también como lo hacen los estados ahora, cada uno de los 160 estados nacionales de la unión tendría el derecho a separarse si contara con el voto del pueblo. (Sin embargo, ¿por qué razón querrían hacerlo si estarían más seguros y tendrían más abundancia que nunca antes?)

Y, una vez más para aquellos que son lentos: ¿qué produciría una federación mundial unificada?

1. El final de las guerras entre naciones y el arreglo de las disputas por medio de la violencia y la muerte.

2. El final de la pobreza abyecta, de la muerte por hambre, la explotación en masa de las personas y de los recursos, por parte de quienes tienen el poder.

3. Poner fin a la destrucción ambiental sistemática de la Tierra.

4. Escapar de la interminable lucha de Mayor, Mejor, Más.

5. Una oportunidad —*en verdad* igual— para que todo ser humano pueda acceder a la más elevada expresión del Yo.

6. Poner fin a todas las limitaciones y discriminaciones que frenan a la gente, sea en sus hogares, en el lugar de trabajo, en el sistema político o en sus relaciones sexuales personales.

¿Requeriría Tu nuevo orden mundial redistribuir la riqueza?

No requeriría nada. Produciría, voluntaria y casi automáticamente, una redistribución *de recursos*.

A *todos* se les ofrecería una educación más apropiada, por ejemplo. A *todos* se les ofrecería la oportunidad abierta de usar esa instrucción en el lugar de trabajo, seguirían carreras que les produjeran *alegría*.

A *todos* se les garantizaría el acceso a la atención médica cuando y como la necesitaran.

A *todos* se les garantizaría no padecer hambre ni tener que vivir sin vestido ni techo.

A *todos* se les permitiría vivir con dignidad, de modo que *la supervivencia* dejaría de ser para siempre un problema, y las comodidades y los elementos básicos estarían al alcance de *todos* los seres humanos.

¿Aun cuando nada hicieran para ganárselos?

La idea de que ello deba ganarse es la base del pensamiento de que hay *que ganarse el camino al cielo*. Sin embargo, no podrás ganar tu camino a la gracia de Dios, ni tampoco te verás obligado a hacerlo, porque ya estás ahí. Esto es algo que no puedes aceptar, porque es algo que no puedes *dar*. Cuando aprendas a dar incondicionalmente (es decir, a *amar* incondicionalmente), entonces habrás aprendido a *recibir* incondicionalmente.

Esta vida fue creada como un vehículo por cuyo medio puedas experimentar eso.

Esfuérzate por asimilar este pensamiento: Las personas tienen derecho a la supervivencia básica. Aun cuando no hagan *nada*. Aun cuando no aporten *nada*. La supervivencia con dignidad es uno de los derechos básicos de la vida. Te he dado suficientes recursos para que lo garantices a todo el mundo. Lo único que necesitas hacer es compartir.

Pero, entonces, ¿qué va a impedir que la gente desperdicie su vida en asuntos intrascendentes o acopiando "ventajas"?

Primero que nada, no te corresponde juzgar qué es desperdiciar una vida. ¿Se desperdicia una vida si la persona no hace otra cosa que pensar en poesía durante 70 años, y luego se presenta con un solo soneto que abre una puerta al entendimiento y la iluminación de millones de personas? ¿Se desperdicia una vida si la persona miente, engaña, hace proyectos, causa daño, manipula o arruina a otros la vida, pero al fin recuerda algo de su verdadera naturaleza como resultado de ello, y recuerda, probablemente, algo que ha tratado de recordar durante muchísimos años, y de este modo evoluciona y llega al Nivel Siguiente? ¿Fue "desperdiciada" esa vida?

No te corresponde juzgar el viaje de otra alma. Lo que sí te es propio, es decidir *Quién* Eres, no quién es o no ha podido ser otro.

Así, al planteamiento de qué evitará que los demás simplemente desperdicien sus vidas en la intrascendencia o reuniendo "ventajas", la respuesta es: nada.

Pero, ¿es que en verdad Tú crees que esto funcionaría? ¿No crees que quienes están aportando acabarán resentidos con quienes no aporten nada?

Sí, ello ocurriría si no están iluminados. Sin embargo, los iluminados verán a los que no contribuyen, con una gran compasión, no con resentimiento.

¿Compasión?

Sí, porque los que dieran sabrían que los que no contribuyen estarían perdiendo la mejor oportunidad y la gloria más amplia: La oportunidad de crear y la gloria de experimentar la *idea más elevada* de Quiénes Son Realmente. Y también sabrían que este "castigo" sería por su pereza, si efectivamente se requiriera "castigarlos", mas ello no ocurrirá.

Pero, ¿no sucedería que quienes en verdad aporten se molesten al ver que los frutos de su trabajo van a dar a manos de los perezosos?

No me has escuchado. *A todos* se les darán porciones mínimas de supervivencia. Aquellos que tienen más tendrán ocasión de contribuir con 10 por ciento de sus ingresos para permitir que esto sea posible.
  Y, respecto a decidir montos, el mercado abierto determinaría el valor de la aportación de cada quién, tal como se hace en tu país.

Entonces, ¡habría aún "ricos" y "pobres", tal como ahora! Eso no es *igualdad.*

Es igualdad de *oportunidades,* ya que todo el mundo tendría la *oportunidad* de vivir una existencia básica sin preocupaciones de supervivencia. Y a todo el mundo se le daría una oportunidad igual de adquirir conocimientos, de desarrollar aptitudes y de usar sus talentos naturales en el Lugar de la Alegría.

¿El Lugar de la Alegría?

Así se le llamaría al "lugar de trabajo".

Pero, ¿habría envidias?

Envidias, sí; celos, no. La envidia es una emoción natural en el sentido de que nos insta a buscar más, no en el sentido de resentirse porque otros tienen. Es el caso del niño de dos años que suspira por alcanzar el

206

picaporte que su hermano mayor sí alcanza. No hay nada malo en ello. La envidia en ese sentido no tiene nada de malo. Es un motivador, un deseo puro, da nacimiento a la grandeza.

Por otra parte, los celos son una emoción hija del temor, que nos hace desear que los demás tengan menos. Es una emoción que suele basarse en la amargura. Es hija de la ira y a ella conduce. Y mata. Los celos pueden matar. Todo aquel que ha estado en un triángulo de celos, lo sabe.

Los celos matan, la envidia hace nacer.

A los envidiosos se les dará oportunidad de tener éxito a *su* modo. Nadie los detendrá, económica, política y socialmente. No por razón de raza, género u orientación sexual. No por razón de nacimiento, condición de clase o edad. No por ninguna razón en absoluto. La discriminación por *cualquier* razón sencillamente no se toleraría.

Y, sin embargo, seguiría habiendo "ricos" y "pobres", pero no "indigentes y famélicos".

Como ves, *no* se retira el incentivo de la vida... *simplemente la desesperación.*

¿Pero qué garantizará que tendremos suficientes aportadores para "dar" a los que no contribuyan?

La grandeza del espíritu humano.

Oh.

Contrariamente a lo espantoso que crees que sería todo, la persona promedio *no* se sentirá satisfecha con niveles de subsistencia y nada más. Todo el incentivo de grandeza se transformará cuando el segundo paradigma —el espiritual— cambie también.

¿Qué causará este cambio? Es algo que no ha ocurrido en 2 000 años de historia...

Digamos *dos mil millones* de años de historia...

¿Por qué debería ocurrir ahora?

Porque con el cambio que implica dejar de preocuparse por la supervivencia material —con la eliminación de la necesidad compulsiva

207

de triunfar para adquirir una cantidad mínima de seguridad— no habrá otra razón de logro; los intereses se enfocarán en otras direcciones y no se buscará ser magnífico, para opacar a otros, sino que se buscará *¡la experiencia de la magnificencia por ella misma!*

¿Y será motivación suficiente?

El espíritu humano se yergue; no se desploma ante el rostro de una verdadera oportunidad. El alma busca una experiencia más elevada de sí misma, no una experiencia inferior. Todo aquel que haya experimentado la *magnificencia verdadera,* aunque sea por un momento, sabe lo que es esto.

¿Y qué decir sobre el poder? En este reordenamiento especial, seguirá existiendo el exceso de riqueza y de poder.

Las percepciones financieras serían limitadas.

Bueno, aquí vamos. ¿Quieres explicar cómo ocurriría esto antes de que yo explique por qué no ocurriría?

Sí. Así como habrá límites inferiores de ingresos, también habrá límites superiores. Primeramente, casi todo el mundo pagará 10 por ciento de sus ingresos al gobierno mundial. Ésta es la deducción voluntaria que mencioné antes.

Sí... la antigua propuesta de "igualdad de impuestos".

En la sociedad actual se requeriría adoptar la forma de un impuesto porque no están lo suficientemente iluminados para ver que esa deducción voluntaria para el bien común de todos es para el mejor interés de todos. Sin embargo, cuando se dé el cambio en la conciencia, la deducción será abierta, interesada en los demás y se ofrecerá libremente como algo apropiado.

Tengo que decirte algo. ¿Me permites interrumpirte para hacer un comentario?

Sí, adelante.

Esta conversación me parece ya muy extraña. Nunca imaginé dialogar con Dios y que sus palabras fueran para recomendar políticas o modos de actuar. Quiero decir, ¡cómo convenzo a la gente de que *Dios se inclina por el impuesto raso*!

Veo que insistes en interpretarlo como un "impuesto", pero lo entiendo, porque el concepto de ofrecer simplemente 10 por ciento de lo que se tiene parece en verdad muy extraño para ti. Sin embargo, ¿por qué te parece tan difícil creer que yo tenga ideas al respecto?

Pensé que Dios no juzgaba, que no opinaba, que no le interesaban estos temas.

Permíteme aclarar esto. En nuestra conversación anterior, que consta en el libro que precede a éste, respondí a toda clase de preguntas. Preguntas sobre qué hace que las relaciones funcionen, sobre el modo de vida apropiado, inclusive sobre dieta. ¿Cómo difiere esto de lo otro?

No lo sé. *Me parece* diferente. ¿Es que tienes en realidad un punto de vista político? ¿Eres republicano? ¡Qué verdad surge de este libro! ¡Dios es *republicano*!

¡Buen Dios! ¿Preferirías que fuera demócrata?

Ingenioso. No, preferiría que fueras *apolítico*.

Soy apolítico. No tengo ningún punto de vista político *sobre nada*.

Algo así como Bill Clinton.

¡Vaya! ¡Ahora te muestras agudo! Me gusta el buen humor, ¿y a ti?

No esperaba que Dios bromeara *o* que fuera político.

O que tuviera otro rasgo humano, ¿verdad?

Muy bien, permíteme colocar una vez más este libro y el libro anterior, en el contexto en el que puedas entender. No tengo preferencia en cuanto a la forma en que los seres humanos conducen su vida. Mí único deseo es que se experimenten plenamente como seres creativos, de modo que puedan saber Quiénes Son Realmente.

Magnífico. Lo entiendo. Hasta aquí, vamos bien.

Todas las preguntas que he contestado aquí, y todas las que respondí en el primer volumen las escuché y respondí en el contexto del cual tú, como ser creativo, dices estar esforzándote por ser y hacer. Por ejemplo, en el otro libro quisiste que te dijera cómo proceder para tener buenas relaciones. ¿Te acuerdas?

Sí, por supuesto.

¿Te parecieron muy problemáticas mis contestaciones? ¿Te pareció difícil creer que yo tuviera un punto de vista al respecto?

Nunca pensé en ello. Simplemente, leí las respuestas.

Sin embargo, adaptaba Mis palabras al contexto de tus preguntas. Es decir, dado que tú deseabas ser u obrar de este o de otro modo, ¿cuál era la forma de lograrlo? Y entonces, te mostré un camino.

Sí, así lo hiciste.

Hago lo mismo aquí.

Es precisamente... no sé... es más difícil creer que Dios hable de unos temas que de otros.

¿Encuentras más difícil estar de acuerdo con algunos conceptos que expongo aquí?

Bueno...

Porque si así ocurre, está muy bien.

¿Te parece?

Claro.

¿Está bien estar en desacuerdo con Dios?

Por supuesto. ¿Acaso crees que te voy a aplastar como si fueras un insecto?

No había pensado en eso.

Mira, el mundo está en desacuerdo conmigo desde que empezó la vida. Apenas alguien ha procedido a Mi Modo desde el principio.

Cierto, así lo creo.

Puedes estar seguro de que es cierto. Si la gente hubiera seguido Mis instrucciones —que dejé para ustedes en centenares de maestros a lo largo de miles de años— el mundo sería muy diferente. De manera que si ahora quieres estar en desacuerdo conmigo, muy bien, sigue. Por otra parte, yo podría estar del lado. equivocado.

¿Cómo?

Dije que, por otra parte, podría equivocarme. ¿Estás tomando Mis palabras como si fueran un evangelio?

¿Quieres decir que debo añadir alguna nota a pie de página?

Me da la impresión de que has perdido una parte importante. Regresemos al Paso Uno: *Estás volviendo a hacer todo esto.*

Muy bien, es un alivio. Por un momento pensé que estaba recibiendo alguna guía en verdad real.

La guía que estás recibiendo no es otra cosa que *seguir tu corazón*. Escuchar a tu *yo*. Oírte a ti mismo. Incluso cuando te ofrezco una opción, una idea, un punto de vista, no tienes la menor obligación de aceptarlo como tuyo. Si estás en desacuerdo, así es. Tal es *el punto más importante de este ejercicio*. La idea no fue que sustituyeras tu dependencia sobre todo y sobre todos con *dependencia hacia este libro*. La idea era hacerte *pensar*. Pensar por *ti mismo*. Y eso ocurre ahora. Yo soy tú, "*pensando*"; Yo soy tú, pensando en voz alta.

¿Quieres decir que este material no proviene de la más Elevada Fuente?

¡Desde luego que sí! Pero todavía hay algo que no puedes creer: *que tú eres la Fuente Más Elevada.* Y hay algo más que al parecer no has captado: *tú creas todo —todo lo que concierne a tu vida, aquí y ahora.*

Tú, USTEDES, están creando, no Yo. Ustedes.

Así pues, ¿hay todavía algunas contestaciones a estas preguntas puramente políticas que no te agradan? *Entonces cámbialas.* Hazlo. Ahora mismo. Antes de que empieces a oírlas como si fueran el evangelio. Antes de que empieces a hacerlas reales. Antes de que las llames el último pensamiento sobre algo más importante, más válido, más verdadero que tu próximo pensamiento.

Recuerda, siempre es *tu pensamiento nuevo* el que crea tu realidad. Siempre.

Ahora, dime, ¿encuentras algo en esta disertación política que quisieras cambiar?

Bueno, en realidad no. Me siento muy inclinado a convenir Contigo, aunque por otra parte no sabría qué hacer con todo esto.

Haz con ello lo que quieras. ¿Te das cuenta? *¡Eso es lo que has estado haciendo con toda tu vida!*

Muy bien, creo que ya lo capté. Me gustaría seguir con esta conversación, si puedo saber a dónde nos llevará.

Muy bien, hagámoslo.

Ibas a decir...

Iba a decir que en otras sociedades —sociedades iluminadas— el apartar una fracción de lo que se recibe (lo que llamamos "ingreso") para el bien general de la sociedad misma, es una práctica bastante común. Conforme al nuevo sistema que estamos explorando para esta sociedad, todo el mundo ganaría anualmente lo que pudiera y conservaría lo que ganara, hasta un cierto límite.

¿Qué límite?

Un límite arbitrario convenido por todos.

¿Y arriba de este límite?

Se aportaría al fondo de caridad mundial *a nombre del donante,* de modo que todo el mundo pudiera conocer a sus benefactores.

Los benefactores tendrían la opción de controlar directamente el desembolso de 60 por ciento de sus contribuciones, lo cual les proporcionaría la satisfacción de situar su dinero exactamente donde quisieran.

El otro 40 por ciento se destinaría a programas puestos en vigor por la federación mundial y administrados por ella.

Si después de un cierto límite de ingresos, todo el remanente tuviera que donarse, ¿qué incentivo tendría que seguir trabajando? ¿Qué motivaría a no detenerse a medio camino una vez alcanzado el "límite" de ingresos?

Algunos lo harían, por supuesto. Dejémoslos que se detengan. No se requeriría el trabajo obligatorio una vez alcanzado el límite de ingresos y de aportaciones al fondo mundial de caridad. El dinero ahorrado por la eliminación de la producción en masa de armas de guerra bastaría para satisfacer las necesidades básicas de todo el mundo. El impuesto de 10 por ciento de todo lo ganado en el mundo más los donativos de excedentes elevarían todo el ingreso de la sociedad, no nada más los de unos pocos escogidos, hasta alcanzar un nuevo nivel de dignidad y abundancia. Y la aportación de ingresos por arriba del límite convenido produciría una amplia oportunidad, así como una satisfacción, para todos los que resultaran poco menos que desintegrados por obra de celos y de rabietas sociales.

Así pues, *algunos* dejarían de trabajar, en especial los que vieran su actividad social como *verdadero* trabajo, en tanto que aquellos que vieran su actividad como *alegría absoluta,* nunca se detendrían.

Amén de que no todos podrían tener un trabajo que les diera alegría.

Falso. Todos podrían.
La alegría en el lugar de trabajo no tiene nada que ver con la función y sí con todo lo relacionado con la finalidad.
La madre que despierta a las cuatro de la madrugada para cambiar el pañal del bebé, lo entiende perfectamente. Arrulla al bebé y en absoluto siente que lo que está haciendo es un trabajo. Su actitud hacia lo que

hace es lo que cuenta, así como su *intención*. Es la actitud en el desarrollo del trabajo lo que permite el contento.

Ya antes usé el ejemplo de la maternidad, sencillamente porque el amor de una madre por su hijo es lo más cercano a la comprensión de algunos conceptos que señalo en este libro y en esta trilogía.

Así pues, ¿cuál sería la finalidad de eliminar "el potencial ilimitado de percepciones"? ¿No robaría a la experiencia humana una de sus más grandes oportunidades, una de sus aventuras más gloriosas?

Aun tendrían la oportunidad y la aventura de ganar una cantidad de dinero ridícula. El límite superior del ingreso retenible sería en verdad muy alto, más del que la persona promedio... las diez personas promedio... necesitarían en ningún momento. Y el monto del ingreso que se podría *ganar* no sería limitado, simplemente la cantidad que quisieran retener para el uso personal. El resto, que según el criterio general sería de más de 25 millones de dólares al año (estoy valiéndome de una cifra en verdad arbitraria para destacar el punto), se gastaría en programas y servicios que beneficiaran a toda la humanidad.

Y la razón, el *porqué* de ello...

El límite superior del ingreso que se retendría, mostraría una conciencia diferente en el planeta; una percepción de que la meta más alta de la vida no es la acumulación de riquezas, sino el hacer el mayor bien posible, y la percepción correlativa de que la *concentración de la riqueza*, no el compartirla, es *el* factor individual más importante en la creación de los dilemas sociales y políticos más persistentes y nefastos del mundo.

La oportunidad para amasar riquezas —riquezas ilimitadas— es la piedra miliar del sistema capitalista, un sistema de libre empresa y de competencia abierta que ha producido la sociedad más compleja que el mundo haya jamás conocido.

El problema es que creas eso en verdad.

No, no lo creo. Pero lo señalo aquí en nombre de los que así lo creen.

Quienes lo creen están engañados terriblemente y no ven nada de la realidad actual en este planeta.

En Estados Unidos, 1.5 por ciento de la población tiene más riquezas que 90 por ciento de los habitantes. Los más ricos, 834 000 personas, poseen casi un trillón de dólares más que el total de los bienes de *84 millones de personas*.

¿Qué hay de malo en ello? Para eso trabajaron.

Ustedes los estadounidenses tienden a ver la posición de clase como una función del esfuerzo individual. Como algunos alcanzaron el éxito monetario, creen que todo el mundo puede hacer lo mismo. Esta opinión es simplista y peca de ingenua. Da por sentado que todos tienen oportunidades iguales, cuando, en verdad, en Estados Unidos al igual que en México, los ricos y poderosos se empeñan y esfuerzan por retener su dinero y su poderío y también *por acrecentarlo*.

¿Así de sencillo? ¿Qué tiene de malo?

Logran esto *eliminando* sistemáticamente la competencia, *minimizando* institucionalmente la oportunidad verdadera, y *controlando* colectivamente el flujo y el crecimiento de la riqueza.

Para ello se sirven de todo tipo de procedimientos, desde prácticas y costumbres injustas de trabajo que explotan a las masas de los más pobres del mundo, hasta prácticas competitivas del tipo de redes y de halagos que minimizan y que de hecho destruyen las oportunidades de los recién llegados de entrar al Círculo Interno de los afortunados.

Buscan controlar la política y los programas gubernamentales de todo el mundo para *asegurarse* de que las masas sigan estando reguladas, controladas y subordinadas.

Por mi parte, no creo que los ricos hagan esto, no la mayoría. Supongo que ha de haber un puñado de conspiradores...

En la mayoría de los casos no son los *individuos* ricos quienes lo hacen; son los sistemas e instituciones sociales que representan, que fueron creados por ellos y que, por lo tanto, los siguen apoyando.

Por el hecho de situarse atrás de estos sistemas e instituciones sociales, los individuos pueden lavarse las manos de cualquier responsabilidad personal por las condiciones que oprimen a las masas, en tanto que favorecen a los ricos y a los poderosos.

215

Por ejemplo, volvamos al campo de la salud en Estados Unidos. Hay millones de pobres que no tienen acceso a la atención médica preventiva. No se puede señalar a *un médico individual* y decirle: todo esto es obra tuya, es tu culpa que en la nación más rica del mundo, haya millones de personas que no reciben atención médica a menos que se encuentren en la sala de emergencias.

Ningún médico *individual* es culpable de esto, aunque *sí* beneficia a todos los médicos. Toda la profesión médica y, por supuesto, todas las industrias vinculadas, reciben utilidades sin precedente de un sistema de entrega que ha *institucionalizado* la discriminación contra los trabajadores y los desempleados pobres.

Y todo lo anterior no es más que un ejemplo de cómo el "sistema" mantiene ricos a los ricos y pobres a los pobres.

Lo importante es que son los ricos y poderosos los que apoyan estas estructuras sociales y *resisten tenazmente cualquier esfuerzo por cambiarlas.* Enfrentan cualquier esfuerzo político o económico que busque proporcionar verdadera oportunidad y dignidad genuina a todas las personas.

La mayoría de los ricos y poderosos, tomados individualmente, son, sin la menor duda, gente buena, agradable, con tanta compasión y simpatía como cualquiera. Pero al mencionarles un concepto tan amenazador para ellos como límites anuales al ingreso (inclusive límites ridículamente elevados, digamos 25 millones anuales), empiezan a gimotear y a quejarse de usurpación de derechos individuales, de erosión del modo de vida y de "pérdida de incentivos".

Empero, ¿qué decir del derecho de *toda* la gente de vivir en alrededores mínimamente decorosos, con suficiente comida para evitar la desnutrición, y suficiente con qué vestirse? ¿Qué decir del derecho de la gente de cualquier parte del mundo de recibir atención adecuada para su salud, el derecho a no tener que *sufrir o morir* por causa de complicaciones médicas relativamente menores, a las cuales los ricos combaten con el simple chasquido de un dedo?

Los recursos de este planeta, *incluyendo los frutos del trabajo* de las masas y de los indescriptiblemente pobres que constante y sistemáticamente son explotados, pertenecen a la población de todo el mundo, no nada más a quienes son lo bastante ricos y poderosos para explotarlos.

Veamos cómo funciona la explotación: Los ricos industriales se presentan en un país o en una región donde no hay trabajo en absoluto,

216

donde la indigencia es un hecho, donde hay pobreza abyecta. Los ricos establecen ahí una fábrica y ofrecen trabajo a los pobres con jornadas a veces de 10, 12 y hasta 14 horas al día, sueldos bajos, por no decir *subhumanos*. No se les paga lo suficiente como para permitirles escapar de sus pueblos, donde viven de forma insalubre, pero sí lo suficiente para sobrevivir de este modo, que es "mejor" que *carecer por completo de comida o de abrigo*.

Y cuando se les hace ver la situación, estos capitalistas replican: "Pero están mejor que nunca antes, ¿no es cierto? ¡Mejoramos su situación! Tienen empleo, trajimos la oportunidad y encima de todo corremos con todos *los riesgos*".

El caso es que, ¿cuánto riesgo hay en pagar a la gente 75 centavos de dólar por hora para fabricar lujosos zapatos de goma que se venderán a 125 dólares el par?

¿Es explotación pura y simple, o una riesgosa operación?

Un sistema así, de descarada explotación, puede existir únicamente *en un mundo motivado por la codicia, donde el margen de utilidad, no la dignidad humana, es la primera consideración*.

Quienes dicen que "en relación con los niveles de su sociedad, a estos campesinos les está yendo *de maravilla*", son hipócritas de primer orden. Arrojarían una cuerda a un hombre que estuviera ahogándose, pero *se negarían a llevarlo a la orilla*. Así las cosas, mejor harían en enviar *una piedra en lugar de una cuerda*.

En vez de elevar a estas personas a la verdadera dignidad, los "que tienen" dan a "los que no tienen" apenas lo justo para hacerlos dependientes, pero nunca lo bastante para hacerlos fuertes en verdad. La élite de verdadero poderío económico tiene la aptitud y luego el *impacto,* y no está realmente sometida "al sistema". ¡Y es esto precisamente lo que menos quieren los creadores del sistema!

Y así prosigue la conspiración. Y sucede que para la mayor parte de los ricos y poderosos no se trata de una conspiración de actos, de obras, sino una *conspiración del silencio*.

Así pues, sigamos nuestro camino y de ningún modo hablemos de la obscenidad, de la infamia de un sistema socioeconómico que premia al ejecutivo de una empresa con un bono de 70 millones de dólares por aumentar las ventas de un refresco, al mismo tiempo que 70 millones de personas no pueden darse el lujo de beber leche, y menos aún de comer lo suficiente para mantenerse sanas.

No veamos la obscenidad de esta situación. Llamémosle Economía de Libre Mercado, y digamos a todo el mundo cuán *orgullosos* están de ello.

Pese a todo, está escrito:

> *Si quieres ser perfecto,*
> *ve y vende lo que tienes y dalo a los pobres,*
> *y habrás ganado un tesoro en el cielo.*
> *Pero cuando el joven hombre oyó esto, se alejó,*
> *lleno de pena,*
> *porque era muy rico.*

19

Muy pocas veces Te he visto tan indignado. Dios no se indigna, lo cual demuestra que no Eres Dios.

Dios es *todo,* y Dios *se vuelve* todo. No hay nada que no sea Dios, y todo lo que Dios está experimentando en sí mismo, Dios está experimentando en, y, a través de ti. Lo que sientes es tu propia indignación.

Es verdad. Convengo con todo lo que has dicho.

Sabrás que todos los pensamientos que te envío, los recibes pasándolos por el filtro de tu propia experiencia, de tu propia verdad, de tu propia comprensión y de tus propias decisiones, elecciones y declaraciones sobre Quién Eres y Quién Eliges Ser. No hay otra manera de que los puedas recibir, no hay otra manera de que sean.

Bien, aquí vamos otra vez. ¿Dices que ninguna de estas ideas y sentimientos son Tuyos, que *todo este libro* podría estar equivocado? ¿Dices que toda esta experiencia de mi conversación contigo no es otra cosa que una compilación de *mis* pensamientos y sensaciones sobre el mundo?

Considera la posibilidad de que te estoy dando tus pensamientos y sentimientos sobre lo que tratamos (¿de dónde supones que vienen los conceptos?); que estoy co-creando contigo tus experiencias; que soy parte de tus decisiones, elecciones y declaraciones. Considera la posibilidad de que te escogí, junto con muchos otros, para ser Mi mensajero desde mucho antes de que este libro llegara a ser.

Esto me resulta difícil de creer.

Sí, ya hablamos al respecto en el libro anterior. Sin embargo, me comunicaré con este mundo, lo haré, entre otros modos, por medio de mis maestros y de mis mensajeros. Y en este libro yo digo al mundo que sus sistemas económicos, políticos, sociales y religiosos son primitivos. Veo que compartes la arrogancia colectiva de creer que son lo mejor. Veo que ustedes en gran número se oponen a cualquier cambio o mejoramiento que entrañe quitarles algo, no piensan que podrían ayudar a alguien.

Yo te digo de nuevo, que lo que necesita este planeta es un gran cambio en la conciencia. Un cambio en la percepción. Un respeto renovado por todo lo que concierne a la vida, y una comprensión profunda de la interrelación de todo lo que existe.

Muy bien, Tú eres Dios. Si no quieres que las cosas ocurran como están ocurriendo, ¿por qué no las cambias?

Como ya te expliqué, Mi decisión desde el principio fue dar a los seres humanos la libertad para crear su vida y, consiguientemente, su Yo, como quisieran *ser*. Ustedes no pueden conocer su Yo como el Creador si les digo qué crear, o cómo crear, y luego los fuerzo, los orillo o los obligo a hacer lo que quiero. En tal caso, Mi propósito se pierde.

Pero ahora, limitémonos a observar *qué* han creado ustedes mismos en su planeta, y veamos si no *les* causa indignación.

Veamos cuatro páginas interiores de uno de los grandes diarios en un día cualquiera.

Tomemos el periódico del día.

Muy bien. Es el sábado 9 de abril de 1994, y estoy viendo el *San Francisco Chronicle*.

Bien, ábrelo en cualquier página.

Que sea... la página A-7.

Estupendo. ¿Qué tenemos ahí?

El encabezado dice: "Naciones en desarrollo analizarán derechos laborales".

Excelente. Continúa.

La nota habla de un "viejo cisma" entre países industrializados y en desarrollo sobre derechos laborales. Los líderes de algunos países en desarrollo "temen que una campaña para aumentar los derechos laborales cree una puerta trasera, lo cual significaría expulsar a los productos de salarios bajos de los mercados de consumidores más ricos de la nación".

Luego habla de negociadores de Brasil, Malasia, India, Singapur y otros países en desarrollo que se niegan a establecer un comité permanente de la Organización Mundial de Comercio que tendría a su cargo hacer un borrador sobre derechos laborales.

¿Qué derechos menciona específicamente?

Dice: "Derechos básicos de trabajadores, tales como prohibiciones de trabajo forzado, establecimiento de normas de seguridad en el centro laboral y una garantía de la oportunidad de negociar colectivamente".

¿Por qué las naciones en desarrollo no quieren que tales derechos sean parte de un acuerdo internacional? Te diré por qué. Por principio de cuentas, dejemos en claro que no son *los trabajadores* de estos países los que se oponen a tales derechos. Los "negociadores" de los países en desarrollo son, o están vinculados muy estrechamente, con los *propietarios y los administradores de las fábricas*. En otras palabras, los ricos y poderosos.

Como en los días que precedieron al movimiento obrero en Estados Unidos, se trata de personas que hoy en día se benefician de la explotación de las masas de trabajadores.

Puedes estar seguro de que reciben ayuda en grande no nada más de Estados Unidos y de otras naciones ricas, en donde los industriales —que ya no pueden explotar impunemente a los trabajadores en sus propias naciones— están subcontratando dueños de fábricas en estos países en desarrollo (o construyendo sus propias plantas ahí) para explotar a la fuerza de trabajo extranjera que todavía no está protegida de que otros los usen para aumentar sus utilidades ya de por sí obscenas.

Pero lo cierto es que nuestro gobierno está impulsando el establecimiento de esos derechos para que formen parte de un acuerdo comercial mundial.

Su gobernante actual, Bill Clinton, cree en los derechos básicos de los trabajadores, aun cuando los poderosos industriales no crean en ellos. Con todo valor está luchando contra grandes intereses. Otros presidentes y líderes estadounidenses y del resto del mundo han sido asesinados por menos.

¿Quieres decir que van a matar al presidente Clinton?

Digamos simplemente que habrá esfuerzos enormes para deponerlo. Procurarán eliminarlo del juego político. Hace 30 años lo hicieron con John Kennedy.

Al igual que Kennedy, Bill Clinton está haciendo todo aquello que detestan los ricos. No nada más apoya los derechos de los trabajadores en todo el mundo, sino que se alinea con los representantes de causas sociales.

Cree que es el derecho de todos, por ejemplo, tener acceso a la atención adecuada de la salud, se puedan o no pagar los precios exorbitantes que la comunidad médica de Estados Unidos disfruta hoy en día. Ha dicho que estos costos deben bajar, lo cual le restó popularidad en otro gran segmento rico y poderoso de Estados Unidos: los fabricantes de medicinas y los consorcios de seguros, corporaciones médicas de los dueños de instituciones, todos los cuales serían obligados a proporcionar una cobertura apropiada a sus trabajadores. Muchísima gente que hoy en día se enriquece, ganará menos en caso de que a los pobres del país se les proporcione atención médica general.

Esto disminuye la popularidad de Clinton entre ciertos elementos, que ya probaron en este mismo siglo que tienen la capacidad para obligar a un presidente a dejar el puesto.

¿Estás diciendo que...?

Estoy diciendo que la lucha entre los que "tienen" y los que "no tienen" es muy antigua y epidémica en el planeta. Seguirá siéndolo mientras intereses económicos, no humanitarios, manejen el mundo, mientras el cuerpo, y no el alma del hombre, sea la mayor preocupación.

Bien, creo que tienes razón. En la página A-14 del mismo periódico hay este encabezado: "La recesión causa descontento en Alemania". Como subtítulo dice: "Con más desempleados que nunca después de la guerra, ricos y pobres se apartan".

¿Y qué dice esta noticia?

Que hay una gran inquietud entre ingenieros, profesores, científicos, obreros, carpinteros y cocineros de todo el país. La nación ha tropezado con algunos obstáculos económicos y hay "sentimientos generalizados en el sentido de que esta situación adversa no ha sido distribuida con justicia".

Es cierto. ¿Dice qué causó tantos despidos?

Sí. Se trata de "trabajadores cuyos patrones se han dirigido a los países donde la mano de obra es más barata".

Me pregunto si los lectores del *San Francisco Chronicle* percibieron la conexión entre las noticias de las páginas A-7 y A-14.

La noticia también señala que cuando hay despidos, los trabajadores de más bajo rango son los primeros en irse. Añade que "las mujeres comprenden más de la mitad de la población sin trabajo y representan dos tercios en la zona oriental".

Por supuesto. Bien, insisto en puntualizar —aunque pocos no quieran ver ni admitir — que el mecanismo socioeconómico actual discrimina *sistemáticamente* a todas las clases. No proporciona igualdad de oportunidades a todos al mismo tiempo, aunque griten que sí lo están haciendo. Se necesita creer que la ficción no existe para mantener la sensación de que todo marcha bien, y a nadie le gusta que se hable con la verdad. Todos negarán la evidencia tal como se está presentando.
Esta sociedad es una sociedad de avestruces.
Bien, ¿qué más hay en el periódico de este día?

En la página A-4 hay un artículo que anuncia: "Nueva presión federal para terminar el problema habitacional". Dice: "Funcionarios federales del ramo de la vivienda elaboran un plan que forzaría [...] los empeños más serios jamás hechos para eliminar la discriminación racial en materia de habitación".

Cabe preguntarse por qué tales esfuerzos deben ser forzados.

Contamos con una Ley Equitativa sobre Vivienda, que prohíbe la discriminación por motivos de raza, color, religión, sexo, origen nacional, incapacidad, o composición de la familia, pese a lo cual muchas comunidades locales han hecho muy poco para eliminar este prejuicio. Muchas personas consideran todavía que un propietario debe tener la capacidad de hacer lo que quiera con sus bienes inmuebles, incluso rentarlos o *no* a quien ellos elijan.

Sin embargo, si todos estuvieran facultados para hacer tales elecciones, y ellas tendieran a reflejar la conciencia de un grupo, así como una actitud generalizada hacia ciertas categorías y clases de personas, entonces segmentos completos de la población podrían eliminarse sistemáticamente y no hallarían lugares decorosos para vivir. Y, a falta de *casas decentes a su alcance,* los opulentos propietarios de casas y de barrios bajos podrían cargar precios exorbitantes a habitaciones terribles a las que darían poco o ningún mantenimiento. Y una vez más los ricos y poderosos explotarían a las masas, pero ahora con el disfraz de "derechos de propiedad".

Bueno, los propietarios bien pueden tener *algunos* derechos.

¿Cuándo los derechos de los pocos lesionan los derechos de los muchos?
Éste es, y siempre ha sido, el problema que enfrentan todas las sociedades civilizadas.
¿Habrá llegado el día en que el bien más elevado de todos se sobreponga a los derechos individuales? ¿Es que la sociedad tiene ahora una responsabilidad hacia sí misma?
Sus leyes sobre habitaciones le indicarán si puede o no decir que "sí".
Todas las fallas que siguen y que hacen obligatorias a estas leyes son la forma en que ricos y poderosos dicen "No, lo único que cuenta son *nuestros* derechos".
Una vez más, el presidente a cargo, así como su administración, están forzando el problema. No todos los presidentes estadounidenses se han mostrado tan inclinados a enfrentar a ricos y poderosos en otro terreno.

Y yo entiendo. La nota del periódico dice que el gobierno de Clinton y sus funcionarios de vivienda emprendieron investigaciones de discriminación habitacional en el breve tiempo que llevan en el poder *en un número superior a lo investigado en los 10 años anteriores.* Un vocero oficial de Fair Housing Alliance, grupo asesor nacional de Washington, dijo que la insistencia del gobierno de Clinton en que se cumplan las normas sobre habitación es algo que otros gobiernos han pugnado por lograr durante años.

Y es así como el presidente actual se granjea aún más enemigos entre los ricos y los poderosos: fabricantes e industriales, compañías de drogas y firmas de seguros, médicos y consorcios médicos y dueños de propiedades de inversión. Todos ellos gente con dinero e influencias.

Como observamos antes, al gobierno de Clinton le esperan tiempos difíciles.

Incluso al escribir estas líneas —abril de 1994— aumenta la presión contra el presidente.

¿La edición del periódico del 9 de abril de 1994 nos dice algo sobre la raza humana?

Bueno, en la página A-14 hay una foto de un líder político ruso que amenaza con los puños, y un reportaje subtitulado "Zhirinovsky ataca a colegas en el Parlamento". Señala que Vladimir Zhirinovsky "libró ayer otra pelea con el puño, golpeando" a un rival político, a quien dijo: "¡Te mandaré a podrir en la cárcel, te arrancaré cabello tras cabello!"

Y todavía nos preguntamos *por qué las naciones* van a la guerra. Aquí tenemos a un gran líder de un gran movimiento político, y en los pasillos del Parlamento tiene que demostrar su razón *golpeando a su oponente*.

El caso es que la raza humana es muy primitiva, pues la fuerza es lo único que entiende. No hay una verdadera ley en este planeta. La Verdadera Ley es la Ley Natural, inexplicable y que no *necesita* exponerse o enseñarse. Es *observable*.

La verdadera ley es aquella por medio de la cual la gente conviene libremente en ser gobernada, por la sencilla razón de que es gobernada por ella, de un modo natural. Por consiguiente, su acuerdo no es propiamente un acuerdo, sino una admisión mutua de lo que es.

Esas leyes no necesitan cumplirse por la fuerza. Ya son o están cumplidas por el hecho claro e innegable de sus consecuencias, de su importancia. Permíteme dar un ejemplo. Seres altamente evolucionados no se golpean la cabeza con un martillo, porque eso duele; tampoco lo hacen a otro, por la misma razón.

Los seres evolucionados han observado que si se golpea a alguien con un martillo, se le hiere. Si lo seguimos haciendo, esa persona se enfurece. Si seguimos enfureciéndola, hallará un martillo y acabará golpeando también. Así, pues, los seres evolucionados saben que si golpean a alguien es como si se golpearan a sí mismos. No hay diferencia entre que tengamos más martillos, o un martillo mayor. Tarde o temprano ellos mismos acabarán lastimados.

Este resultado es observable.

Hoy en día seres no evolucionados —*primitivos*— observan lo mismo, pero simplemente no les importa.

Los seres evolucionados no quieren jugar a Gana El Que Tenga el Martillo Mayor. Los seres primitivos sólo juegan así.

Incidentalmente se trata de un juego de machos. En esta especie, muy pocas mujeres quieren jugar a Los Martillos Lastiman. Juegan algo nuevo. Dicen: "Si yo tuviera un martillo, martillaría justicia, martillaría libertad y martillaría amor entre mis hermanos y hermanas en toda esta tierra".

¿Estás diciendo que las mujeres están más evolucionadas que los hombres?

No estoy emitiendo juicio alguno. Simplemente observo.

La verdad, al igual que ley natural, es observable.

Ahora bien, cualquier ley que no sea ley natural no es observable, y ha de ser explicada. Han de señalar por qué es necesaria. Han de demostrar su validez, lo cual no es una tarea fácil, porque si una cosa es para el propio bien, es evidente *por sí mismo*.

Sólo aquello que no es evidente por sí mismo debe ser explicado.

Se requiere que una persona muy poco común, pero resuelta, persuada a alguien de algo que no es evidente por sí mismo. Para esto se inventaron los políticos.

Y el clero.

Los científicos no hablan mucho. En general, son muy reservados, y no tienen por qué serlo. Si realizan un experimento, y tiene éxito, simplemente muestran lo que han hecho; los resultados hablan por sí mismos. Por ello, los científicos suelen ser gente tranquila, poco dada a la verbosidad. No les hace falta. La razón de su trabajo es evidente por sí misma. Por otra parte, si tratan de hacer algo y fracasan, no tienen nada que decir.

No así los políticos, los cuales incluso cuando fallan, hablan. De hecho, en ocasiones mientras más fallan, más hablan.

Lo mismo ocurre en las religiones. Mientras más fallan, más hablan. Sin embargo, yo te digo:

La verdad y Dios se encuentran en el mismo lugar: en el silencio.

Cuando se encuentra a Dios y cuando se encuentra la verdad, no es necesario hablar de ello. Es evidente por sí mismo.

Si hablas mucho sobre Dios, lo más probable es que lo estés buscando todavía. Muy bien. Muy bien. Simplemente, entérate de dónde estás ubicado.

Pero el caso es que los maestros hablan de Dios todo el tiempo. Sólo de esto *hablamos* en este *libro*.

Enseñamos lo que queremos aprender, y es así como este libro habla sobre Mí, así como sobre la vida, lo cual hace que este libro sea un buen ejemplo. Te comprometiste a escribir este libro *porque aún estás buscando*.

Sí.

Claro. Y lo mismo ocurre a aquellos que lo están leyendo.

Pero estábamos hablando de creación. Al comienzo de este capítulo me preguntaste por qué si no me gustaba lo que veía en la Tierra, no lo cambiaba.

No tengo opinión sobre lo que ustedes hacen. Simplemente lo observo de vez en cuando como he hecho en esta obra; lo describo.

Pero ahora debo pedirte que olvides Mis observaciones y que olvides Mis descripciones. ¿Cómo te sientes en relación con lo que has observado en las creaciones de este planeta? Abordaste situaciones citadas en el periódico de un día, y hasta ahora has descubierto:

• Naciones que se niegan a otorgar derechos básicos a los trabajadores.

• Ricos enriqueciéndose más y pobres empobreciéndose ante una depresión en Alemania.

• El gobierno obliga a los dueños a obedecer leyes justas de habitación en Estados Unidos.

• Un poderoso líder dice a su rival político: "¡Te meteré en la cárcel!" "¡Cabello tras cabello te arrancaré!", al mismo tiempo que lo golpea en la cara en un salón de la legislatura nacional de Rusia.

¿Algo más en este periódico va a mostrarme algo de tu "civilizada" sociedad?

Bueno, en la página A-13 hay una noticia con este encabezado: "Los civiles sufren muchísimo en la guerra civil de Angola". Luego precisa: "En regiones rebeldes, los muy importantes viven en el lujo, mientras miles mueren de hambre".

Es bastante. Estoy haciendo un cuadro. ¿Y esto es solamente el periódico de un día?

Una *sección* de un día del periódico. No he salido de la sección A.

Y entonces vuelvo a decir: en todo el mundo la economía, la política, los sistemas social y religioso son *primitivos*. No haré nada por cambiarlos, por las razones que di. Ustedes deben tener *elección libre* y *voluntad libre* en estas cuestiones para que experimenten Mi meta más elevada, que no es otra cosa que conocerse como el Creador.

Y ahora, después de todos estos millares de años, es lo que han logrado evolucionar, lo que han creado.

¿No les indigna?

Sin embargo, hacen algo bueno. Recurren a Mí en busca de consejo.

Repetidamente su "civilización" ha vuelto los ojos a Dios, preguntando: "¿Dónde me equivoqué?" "¿Cómo puedo mejorar lo que hago?" El hecho de que sistemáticamente te hayas desentendido de Mi consejo no me impide ofrecértelo otra vez. Como si fuera un buen padre, siempre estoy deseoso de ofrecerte una observación que te ayude cuando me lo pides. Igualmente, como un buen padre, estoy deseoso de seguirte amando aun cuando no me tomes en cuenta.

De esta suerte, estoy describiendo situaciones tal como son en la realidad, y estoy diciendo cómo pueden mejorar. Lo hago de un modo que cause cierta indignación porque quiero ganarme la atención de ustedes, lo que ya logré.

¿Qué pudo *causar* el tipo de cambio enorme en la conciencia del cual has estado hablando repetidamente en este libro?

Hay un lento desmenuzamiento de lo que sucede. Estamos raspando gradualmente el bloque de granito que es la experiencia humana de sus excesos no queridos, del mismo modo que los escultores quitan sobrantes para crear y revelar la verdadera belleza del resultado final.

"¿Nosotros?"

Tú y yo, mediante nuestro trabajo en estos libros y en otros muchos, todos ellos mensajeros. Escritores, artistas, productores de televisión y de cine. Músicos, cantantes, actores, bailarines, maestros, chamanes, gurús, políticos, líderes (sí, algunos son muy buenos, e inclusive son muy sinceros), médicos, abogados (sí, hay algunos muy buenos, ¡hasta sinceros!), madres y padres, abuelas y abuelos en salas y en cocinas y en patios por todo el país, por todo el mundo.

Son ustedes los precursores, los antepasados.

Y la conciencia de mucha gente está cambiando.

Por ustedes.

¿Se requerirá una calamidad de alcance mundial, un desastre de proporciones gigantescas, como algunos han sugerido? ¿Deberá la Tierra inclinarse sobre su eje, ser golpeada por un meteoro, tragar todos sus continentes para que la gente escuche? ¿Debemos ser visitados por seres del espacio exterior y asustarnos hasta perder la razón, para percibir perfectamente el hecho de que somos Uno? ¿Es necesario que enfrentemos la amenaza de muerte para que seamos galvanizados y encontremos un nuevo modo de vivir?

Tales hechos no son necesarios, pero podrían ocurrir.

¿Ocurrirán?

¿Imaginas que el futuro es predecible, incluso por Dios? Yo te digo: tu futuro es creable. Créalo como lo quieras.

Pero antes insististe en que en la verdadera naturaleza del tiempo no hay "futuro"; que todas las cosas están ocurriendo en el Momento Presente, el Momento Eterno del Ahora.

Lo cual es cierto.

Bien. ¿Hay terremotos, inundaciones y meteoros golpeando al planeta "ahora mismo"? No me digas que como Dios no lo *sabes*.

¿Quieres que ocurra todo eso?

Claro que no. Pero dijiste que todo lo que *va* a ocurrir ya ocurrió, *está* ocurriendo *ahora*.

Lo cual es cierto, pero el Momento Eterno del Ahora está también *cambiando siempre*. Es como un caleidoscopio, que siempre está ahí pero que cambia constantemente. No podemos parpadear, porque será diferente cuando abramos los ojos otra vez. ¡Observa! ¡Mira! ¿Ves? ¡Empieza otra vez!

ESTOY CAMBIANDO CONSTANTEMENTE

¿Qué te hace cambiar?

¡Tu idea sobre Mí! Tu *pensamiento* sobre *todo* ello es lo que Lo hace cambiar, *instantáneamente*.

A veces el cambio en el Todo es sutil, de hecho indiscernible, depende del poder del *pensamiento*, pero cuando hay un pensamiento intenso, o un *pensamiento colectivo*, entonces hay un *impacto enorme*, un efecto increíble.

Todo cambia.

Entonces, ¿habrá una calamidad mayor en toda la Tierra?

No lo sé. ¿La habrá?

Tú decides. Recuérdalo, tú estás escogiendo tu realidad *ahora*.

Yo escojo que no suceda.

Entonces no sucederá. A menos que sí suceda.

Volvemos a empezar.

Sí. Debes aprender a vivir con la contradicción. Y debes entender la gran verdad: Nada Importa.

¿Nada importa?

Lo explicaré en el Libro 3.

Bien, muy bien, pero no me gusta tener que esperar.

Aquí hay muchísimo que puedes absorber ya. Date tiempo. Date espacio.

¿Ya podemos retirarnos? Siento que estás yéndote. Siempre empiezas a hablar como ahora cuando te estás preparando para irte. Me gustaría hablar sobre otras cosas... por ejemplo, seres del espacio exterior. ¿Existen?

De hecho, vamos a abordar ese tema, también, en el Libro 3.

Oh, vamos, por favor, dame un destello, una pista.

¿Quieres saber si hay vida inteligente en otra parte del universo? Sí, claro que la hay.

¿Es tan primitiva como la nuestra?

Algunas formas de vida son más primitivas, otras menos, y algunas son mucho más avanzadas.

¿Nos han visitado tales seres extraterrestres?

Sí, muchas veces.

¿Con qué objeto?

Indagar. En algunos casos para ayudar gentilmente.

¿Cómo ayudan?

Bueno, dan un empujoncito aquí y otro allá. Por ejemplo, sin duda estás enterado de que en los últimos 75 años ha habido más adelanto tecnológico que en *toda la historia de la especie humana*.

Sí.

¿Te imaginas que todo, desde observaciones CAT hasta vuelo supersónico y chips de computadora que se colocan en el cuerpo para regular el corazón, que todo ello es obra de la mente humana?

¡Bien... sí!

Entonces, ¿por qué el hombre no lo pensó miles de años antes de ahora?

No lo sé. No había tecnología, supongo. Quiero decir que un invento lleva a otro, pero la tecnología comenzó desde cero. Todo fue un proceso de evolución.

¿No te parece extraño que en este proceso de evolución de mil millones de años, en los últimos 75 a 100 años hubiera una enorme "explosión de comprensión"?
¿No ves como algo *situado fuera de la pauta* que muchas personas hayan visto en el planeta el desarrollo de instrumentos que van del radio al radar y a la radiónica *durante su lapso de vida*?
¿No te parece que lo que ocurre aquí significa un salto en el quántum? ¿Un paso hacia adelante de tal magnitud y de tal proporción que desafía cualquier marcha lógica?

¿Qué opinas?

Considero la posibilidad de que se les esté ayudando.

Si en verdad nos "ayudan" tecnológicamente, ¿por qué no nos ayudan espiritualmente? ¿Por qué no darnos alguna ayuda en este "cambio de conciencia"?

Tú eres el vehículo.

¿Yo?

¿Para qué crees que es este libro?

Hmmm.

Además, diariamente, nuevas ideas, nuevos pensamientos, nuevos conceptos transitan frente a ustedes.

El proceso de cambiar la conciencia, y aumentar la percepción espiritual en todo el planeta, es un proceso lento que requiere tiempo y una gran paciencia. Tiempo. Vidas, generaciones.

Pese a ello, lentamente están formándose. Poco a poco cambian. En silencio, hay un cambio.

¿Estás diciendo que seres del espacio exterior nos están ayudando?

Sin duda. Están entre nosotros ahora mismo, muchos. Durante años han estado ayudando.

¿Por qué no se dan a conocer? ¿Por qué no se revelan? ¿No haría ello que su impacto tuviera el doble de fuerza?

Su meta es ayudar al cambio que deseamos casi todos, no crearlo; propiciarlo, no forzarlo.

Si quisieran revelarse, ustedes se verían forzados por la sola fuerza de su presencia, a darles un gran honor y a atribuir a sus palabras un peso enorme. Es preferible que la masa humana reciba el peso de su propio saber. El saber que viene del interior no es descartado tan fácilmente como el que viene de otro. Tendemos a colgarnos mucho más de aquel que hemos creado del que se nos ha dicho.

¿Alguna vez los veremos? ¿Conoceremos algún día a estos visitantes extraterrestres tal como son?

Claro. Llegará la hora en que la conciencia se eleve, el temor se apague y entonces se revelen.

Algunos ya se revelaron, ante un puñado de personas.

¿Qué decir acerca de la teoría, cada día más popular, de que estos seres en realidad son malévolos? ¿Algunos tienen malas intenciones?

¿Hay algunos humanos que tienen malas intenciones?

Sí, por supuesto.

Ustedes podrían juzgar a algunos de estos seres, los menos evolucionados, del mismo modo. Sin embargo, no olvides Mis palabras: No juzgues. Nadie hace nada inapropiado de acuerdo con su modelo del universo.

Algunos seres han avanzado en su tecnología, pero no en su pensamiento. La raza humana es así.

Pero si estos seres malévolos están tan adelantados tecnológicamente, sin duda podrían destruirnos. ¿Qué los ha detenido?

Ustedes están protegidos.

¿De veras?

Sí. Se les está dando la oportunidad de vivir su propio destino. Su propia conciencia creará el resultado.

¿Lo cual significa...?

Significa que en esto, como en todo, lo que pensamos es lo que recibimos.
Lo que temes es lo que atraes.
Lo que resiste, persiste.
Lo que miras al desaparecer, te brinda la oportunidad de volverlo a crear, si lo deseas, o bien, de borrarlo para siempre de tu experiencia.
Aquello que eliges, será lo que experimentes.

Hmmm. En ocasiones no veo que esto ocurra así en mi vida.

Porque dudas del poder. Dudas de *Mí*.

Probablemente no sea una buena idea.

Definitivamente no.

20

¿Por qué la gente duda de Ti?

Porque duda de sí misma.

¿Por qué duda de sí misma?

Porque así se le dijo, así se le enseñó.

¿Quién le enseñó?

Gente que afirmaba representarme.

No lo creo. ¿Por qué?

Porque era una forma, el único modo de controlarla. *Debes* dudar de ti mismo, pues de lo contrario afirmarías tener todo el poder. Eso no funcionaría, no sería conveniente. Mucho menos para quienes hoy en día tienen el poder. Retienen el poder que es de todos, y lo saben. Y el único modo de retenerlo es combatir todos los movimientos que tienden a mirar, luego a resolver los dos problemas más grandes de la experiencia humana.

¿Cuáles son?

Los he analizado una y otra vez en este libro. Así que, en resumen...
La mayoría, si no es que todos, los problemas y conflictos del mundo, y los problemas y conflictos individuales, serían resueltos y solucionados si ustedes, como sociedad:

1. Abandonan el concepto de Separación.
2. Adoptan el concepto de Visibilidad.

Nunca se vean a sí mismos nuevamente como separados uno del otro, y nunca se vean separados de Mí. Nunca digan a nadie nada que no sea toda la verdad, y nunca acepten menos que *su* verdad más grande sobre Mí.

La primera elección producirá la segunda, porque cuando ustedes vean y comprendan que son Uno con Todos, ya no podrán mentir o retener un dato importante o ser algo que no sea totalmente visible para los demás, *porque tendrán muy en claro que hacerlo así es en el mayor bien de todos.*

Este cambio de paradigma requerirá gran sabiduría, gran valor y una determinación enorme. Porque el Temor golpeará en el corazón mismo de estos conceptos y los llamará falsos. El temor roerá el corazón de estas magníficas verdades y las hará ver huecas. El temor deformará, reducirá, destruirá. Y de este modo, y por esta razón, el Temor será el mayor enemigo.

Pese a todo, usted no tendrán, ni podrán producir la sociedad que siempre han anhelado, que siempre han soñado mientras no vean con sabiduría y claridad la Verdad fundamental: que lo que hacen a los demás, se lo hacen a sí mismos; lo que dejan de hacer por los demás, lo dejan de hacer a sí mismos; que el dolor de los demás es su dolor, y la alegría de los demás es la propia, y que cuando repudien alguna parte de los demás, repudian una parte de sí mismos. Es la hora de *reivindicarse*. Es la hora de verse a sí mismos como Quiénes Son Realmente, y de este modo volverse visibles otra vez, ya que cuando ustedes y su verdadera relación con Dios se tornen visibles, entonces Nosotros seremos *indivisibles*, y nada Nos volverá a dividir.

Y pese a que vivirán de nuevo en la ilusión de separación, usándola como herramienta para crear su Yo de nuevo, de aquí en adelante transitarán por sus encarnaciones con iluminación, y verán la ilusión como lo que es, sirviéndose de ella con alegría y gozo para experimentar cualquier aspecto de Quiénes Son que les plazca experimentar, a pesar de que nunca más la aceptarán como realidad. Nunca más volverán a usar el artificio del olvido para re-crear su Yo de nuevo, pero usarán *conscientemente* la Separación, simplemente *eligiendo* manifestar Lo Que Es Separado por una razón particular y un propósito particular.

Y cuando estén así totalmente iluminados, es decir, una vez más plenos de luz, podrán inclusive escoger, como razón particular para regresar a la vida física, el re-cuerdo de otros. Tal vez elijan regresar a su vida física no para crear ni experimentar ningún aspecto nuevo de su Yo, sino para traer la luz de la verdad a este lugar de ilusión, para que los demás puedan ver. Así, ustedes serán "portadores de luz". Entonces serán parte de El Despertar. Otros muchos ya lo hicieron.

Vinieron para ayudarnos a saber Quiénes Somos.

Sí. Son almas iluminadas, almas que han evolucionado. Ya no buscan la siguiente elevada experiencia de ellas mismas. Ya tuvieron esa experiencia altísima. Desean únicamente aportar novedades de esa experiencia y darlas. Traen las "buenas nuevas". Mostrarán el camino, y la vida, de Dios. Dirán: "Yo soy el camino y la vida. Sígueme". Entonces presentarán un modelo de cómo es vivir en el seno de la gloria eterna de unión consciente con Dios, a lo cual se llama Conciencia de Dios.

Siempre estamos unidos ustedes y yo. No podemos *no estar unidos*. Sencillamente es imposible, pese a lo cual ahora viven en la experiencia inconsciente de esa unificación. También es posible vivir en el cuerpo físico en unión consciente con Todo Lo Que Es; en percepción consciente *de la Verdad* Fundamental; en expresión consciente de Quiénes Son Realmente. Cuando lo hagan, fungirán como modelos a todos los demás, que están viviendo en el olvido. Se convertirán en re-cordadores vivos. Y de este modo salvarán a los demás de perderse permanentemente en su propio olvido.

Eso *es* el infierno, quedar permanentemente perdido en el olvido. Sin embargo, no lo permitiré. No permitiré que se pierda una sola oveja, pero enviaré... un pastor.

Por supuesto, tendré que enviar muchos pastores, y es probable que tú elijas ser uno de ellos. Y cuando las almas despierten de su sueño, recordarán una vez más Quiénes Son, y todos los ángeles del cielo se regocijarán por ellas, porque en otro tiempo estuvieron perdidas, pero encontraron el sendero.

¿Hay personas iluminadas actualmente en este planeta? ¿No nada más hubo en el pasado, sino que están ahora mismo?

Sí. Siempre ha habido. Siempre habrá. No los dejaré sin maestros; no abandonaré el rebaño, siempre iré detrás de Mis pastores. Y en este momento hay muchos de ellos en tu propio planeta y en otras partes del universo. Y en algunas partes del universo estos seres viven juntos en comunión constante y en expresión constante de la verdad más elevada. Son las sociedades iluminadas de las cuales hablé. Existen, son reales, y han enviado a sus emisarios.

¿Quieres decir que Buda, Krishna, Jesús, fueron *hombres del espacio*?

Tú lo dijiste, no yo.

¿Es cierto?

¿Es ésta la primera vez que escuchas este pensamiento?

No, ¿pero es cierto?

¿Crees que estos maestros existieron en alguna parte antes de venir a la Tierra y que regresaron a ese lugar después de lo que se llamó su muerte?

Sí, sí lo creo.

¿Y dónde supones que está ese lugar?

Siempre he pensado que es lo que llamamos "cielo". Creo que vienen del cielo.

¿Dónde supones que está ese cielo?

No sé. Supongo que en otro reino.

¿Otro mundo?

Sí... Oh, ya veo. Pero lo habría llamado *el mundo del espíritu*, no otro mundo como lo conocemos, no otro *planeta*.

Es el mundo del espíritu. Sin embargo, ¿qué te hace pensar que estos espíritus —estos Espíritus Sagrados— no pueden o no eligen vivir en otra parte en el universo, *tal como hicieron cuando vinieron a este mundo*?

En verdad nunca pensé al respecto de esa manera. No es parte de mis ideas.

"En el cielo y en la tierra hay más cosas, Horacio, que las que tú soñaste en tu filosofía."
El maravilloso metafísico William Shakespeare escribió esto.

Entonces, ¡Jesús *fue* un hombre del espacio!

Yo no dije eso.

Bueno, ¿fue o no fue?

Paciencia, Mi niño. Saltas mucho hacia adelante. Hay más. Mucho más. Todavía nos falta por escribir un libro.

¿Quieres decir que debo esperar el Libro 3?

Te lo dije, te lo prometí desde el principio. Habrá tres libros, dije. El primero se ocupará de las verdades individuales de la vida y de sus retos. El segundo analizará verdades de la vida como una familia en este planeta. Y el tercero cubrirá las verdades más grandes, relacionadas con cuestiones eternas. En él se revelarán los secretos del universo.
A menos que no haya.

Oye, oye. No sé cuánto más de esto pueda resistir. Quiero decir que en verdad estoy cansado de "vivir en la contradicción", como Tú siempre lo llamas. Quiero aquello que sea *como debe ser.*

Entonces *así deberá ser.*

A menos que no sea.

¡Eso es! ¡Eso es! ¡Ya lo captaste! Ahora entiendes la Divina Dicotomía. Ahora ves toda la imagen. Ahora *comprendes el plan.*
Todo —*todo— lo que siempre fue, es ahora y siempre será, existe ahora.* Y así, todo lo que es, Es. Sin embargo, todo lo que Es está *cambiando* constantemente, porque la vida es un *proceso constante de creación.* Por consiguiente, en un sentido muy real, Lo Que Es... NO ES. Este ES, NUNCA ES EL MISMO, Lo cual significa que ES y NO es.

Bien, discúlpame, Charlie Brown, lo siento, pero... ¿Cómo puede algo entonces significar algo?

No es así. Estás adelantándote de nuevo; todo esto a su debido tiempo, hijo, todo a su tiempo. Éstos y otros grandes misterios se entenderán después de leer el Libro 3. A menos que... todo ello...

A menos que no sea.

Precisamente.

Muy bien, muy bien, es suficiente. Pero entre ahora y entonces, o en este caso, para los que nunca puedan leer estos libros, ¿por qué senderos transitar aquí, ahora, para volver a la sabiduría, para volver a la claridad, para volver a Dios? ¿Necesitamos volver a la religión? ¿Es éste el eslabón perdido?

Regresemos a la espiritualidad. Olvidemos la religión.

Esta afirmación va a defraudar a mucha gente.

La gente reaccionará ante este libro con ira... a menos que no.

¿Por qué dices olvidar la religión?

Porque no es buena para ti. Entiende que para que tenga éxito la religión organizada, tiene que hacer que la gente crea que *la necesita*. Para que las personas pongan su fe en algo, deben primeramente perder su fe en sí mismas. Por esta razón, la primera tarea de la religión organizada es hacer que pierdas la fe en ti mismo. La segunda tarea es hacer que veas que *ella* tiene las respuestas que tú no tienes. Y la tercera y más importante es inducirte a aceptar sus respuestas sin cuestionarlas.

Si las cuestionas, ¡empiezas a pensar! y si piensas, ¡empiezas a regresar a la Fuente Interna! La religión no puede permitir que tú hagas eso, porque es probable que encuentres una respuesta diferente de la que se ha tejido. Por eso la religión debe hacerte dudar de tu Yo y de tu capacidad para pensar directamente.

El problema de la religión es que con mucha frecuencia toma caminos sinuosos, porque si no puedes aceptar sin duda alguna tus propios pensamientos, ¿cómo no vas a dudar de las ideas nuevas sobre Dios que la religión proporciona?

Muy pronto dudarás inclusive de Mi existencia, de la cual, irónicamente, nunca dudaste antes. Cuando vivías conforme a tu *saber intuitivo,* tal vez no me imaginaste, a pesar de que, definitivamente, tú sabías que yo estaba ahí.

Es la propia religión la que creó a los agnósticos.

Cualquier pensador de mente clara que vea lo que ha hecho la religión *debe* suponer que la religión no tiene Dios, porque es precisamente ella la que ha llenado los corazones de los hombres con el temor hacia Dios, cuando hubo un tiempo en que el hombre amó Lo Que Es en todo su esplendor.

Es la religión la que ordenó al hombre inclinarse ante Dios, cuando en otro tiempo el hombre se alzó alegremente hacia Dios.

Es la religión la que recargó al hombre con preocupaciones sobre la ira de Dios, cuando hubo un tiempo en que el hombre buscó a Dios para que *aligerara* su carga.

Es la religión la que enseñó al hombre a avergonzarse de su cuerpo y de sus funciones más naturales, cuando hubo un tiempo en que el hombre celebró tales funciones ¡como los dones más grandes de la vida!

Es la religión la que te enseñó que debes tener un *intermediario* para llegar a Dios, cuando hubo un tiempo en que pensaste que alcanzabas a Dios por el simple hecho de vivir con bondad y verdad.

Y es la religión la que *ordenó* a los humanos adorar a Dios, cuando hubo un tiempo en que los humanos adoraban a Dios, ¡porque era imposible *no* adorarlo!

Por donde quiera que la religión haya ido ha creado desunión, la cual es lo *opuesto* de Dios.

La religión separó al hombre de Dios, al hombre del hombre, al hombre de la mujer —algunas religiones afirman incluso que el hombre es superior a la mujer, y aun claman que Dios está muy por encima del hombre, con lo cual tienden el escenario para la más grande parodia jamás impuesta a la raza humana.

Yo te digo: Dios *no* está por encima del hombre, y el hombre tampoco respecto de la mujer; ése no es el "orden natural de las cosas", pero *es* la forma en que todo el que tiene poder (muy en particular, los hombres) *quiso* que así fuera al formar las religiones de culto al hombre, las cuales retiraron sistemáticamente la mitad de las versiones finales de las "sagradas escrituras" y deformaron el resto para que cupiera en el modelo varonil del mundo.

La religión insiste *todavía* en que las mujeres son seres menores, algo así como ciudadanos espirituales de segunda, no idóneas para enseñar la Palabra de Dios, para predicar la Palabra de Dios o para ser ministras del pueblo.

Como niños, siguen arguyendo sobre qué género dispuse que fuesen Mis sacerdotes.

Y yo te digo: *Todos* ustedes son sacerdotes. *Cada uno de ustedes.*

No hay persona o clase de personas más "conveniente" para hacer mi trabajo.

Pero sucede que un buen número de sus hombres se parecen a sus naciones. Tienen hambre de poder. No les gusta *compartir* el poder, sólo ejercerlo. Y construyeron un Dios de la misma especie. Un Dios hambriento de poder. Un Dios que no quiere compartir el poder, sino sólo ejercerlo. Empero, yo te digo: El don mayor de Dios es compartir el poder de Dios.

Yo te haría ser como Yo.

¡Pero no podemos ser como Tú! ¡Sería blasfemia!

Blasfemia es que hayas enseñado tales cosas. Yo te digo: *Fuiste hecho a Imagen y Semejanza de Dios, ése es el destino que viniste a cumplir.*

No viniste a codiciar y a luchar y a "no llegar nunca". Ni tampoco te envié a una misión imposible.

Cree en la bondad de Dios, y cree en la bondad de la creación de Dios, concretamente, en tu Yo sagrado.

Anteriormente en este libro dijiste algo que me intrigó. Me gustaría volver al tema al acercarnos al fin de este volumen. Dijiste. "El Poder Absoluto no pide nada". ¿Es ésta la naturaleza de *Dios*?

Ya entendiste.

He dicho: "Dios es todo, y Dios *se convierte* en todo. No hay nada que no sea Dios, y todo lo que Dios experimenta de Sí mismo, Dios lo experimenta en, cómo, y a través de ti". En Mi forma más pura, yo soy lo Absoluto. Yo soy Absolutamente Todo, y, por consiguiente, no necesito, no quiero, ni pido absolutamente nada.

A partir de esta forma absolutamente pura, yo soy lo que tú hiciste de Mí. Es como si fueras a ver finalmente a Dios y dijeras: "Bien, ¿ésta es mi obra?" Sin embargo, no importa lo que hayas hecho de Mí, no puedo olvidar, y siempre regresaré a Mi Forma Más Pura. Todo lo demás es una ficción, es algo que estás *creando*.

Hay algunos que hacen de Mí un Dios celoso; pero, ¿cómo podría ser celoso quien tiene y es Todo?

También hay quienes hacen de Mí un Dios irascible; pero, ¿qué podría volverme irascible si no puedo ser lastimado o dañado en modo alguno?

Otros me hacen vengativo; pero, ¿contra quién podría tomar venganza, si todo lo que existe Soy Yo?

¿Y por qué me castigaría yo mismo simplemente por crear? O, si debes pensar en nosotros como separados, ¿por qué te crearía, te daría poder para crear, libertad para elegir crear lo que quisieras experimentar, y luego te castigaría para siempre por haber hecho la elección "equivocada"?

Yo te digo: no haré nada semejante, y en esta verdad descansa tu libertad de la tiranía de Dios. En verdad, no hay tiranía, excepto en tu imaginación.

Puedes llegar a casa cuando quieras. Volveremos a estar juntos cuando quieras. El éxtasis de tu unión conmigo lo conocerás de nuevo. Y también la sensación del viento sobre tu rostro, y el sonido de un grillo bajo cielos diamantinos en una noche de verano.

A la primera señal de un arco iris y al primer grito de un bebé recién nacido. Al último rayo de un ocaso espectacular y a la última respiración de una vida espectacular.

Yo estoy contigo siempre hasta el fin mismo del tiempo. Tu unión conmigo es completa, siempre fue, siempre es, y siempre será.

Tú y yo *somos* Uno, tanto hoy como en la Eternidad.

Vete ahora y haz de tu vida una declaración de esta verdad.

Haz que tus días y tus noches sean reflejos de la más alta idea de tu interior. Permite que tus momentos de Ahora estén plenos de un éxtasis espectacular de Dios hecho manifiesto a través de ti. Hazlo mediante la expresión de tu Amor, eterno e incondicional, por todos aquellos cuyas vidas tocas. Sé una luz en la oscuridad y no la maldigas.

Sé un portador de la luz.

Tú lo *eres*.

Selo plenamente.

Para cerrar

Gracias por acompañarme en este viaje que para algunos de ustedes no habrá sido fácil. Muchas de las ideas expuestas aquí desafían gran parte de nuestras creencias y también de nuestro comportamiento antes de leer este libro. Este material invita a adoptar nuevas creencias, a mostrar nuevas conductas, a abrazar nuevas ideas sobre cómo podría ser todo. Se nos llama espectacular y urgentemente a poner en marcha un nuevo pensamiento sobre nuestras vidas y sobre las formas en que las vivimos

Éste es el "movimiento del nuevo pensamiento", sobre el cual seguramente usted habrá oído algo. No se trata de una organización o de una corriente de la sociedad, sino de un *proceso* por medio del cual toda la sociedad pasa de un modo de ser a otro. Es la teoría del centésimo mono en acción. Versa sobre la masa crítica. He presentado este material aquí, exactamente como me fue dado, con el fin de ayudar a facilitar ese movimiento, de ayudar a formar esa masa crítica, y a producir ese cambio.

Y debemos producirlo. Porque no es posible seguir marchando igual. Las ideas y las construcciones por medio de las cuales nos hemos guiado como una raza humana no nos sirven. De hecho, estuvieron a punto de destruirnos. Tenemos que cambiar; *debemos* cambiar si queremos tener el tipo de mundo que deseamos heredar a nuestros hijos y a sus propios hijos.

Quiero manifestar que abrigo para nosotros una gran esperanza. Creo que como raza humana enfrentamos ahora mismo una oportunidad sin paralelo para quitarnos esos estorbos enormes que nos han impedido alcanzar la realización de nuestras más grandes posibilidades; por doquier veo un crecimiento no sólo individual, sino también, finalmente, en la conciencia colectiva. Yo sé que se trata de una conciencia colectiva que forma la masa y se convierte en la energía que es el combustible del motor de nuestra experiencia en este planeta. Y por todo ello el nivel de nuestra conciencia colectiva es ya crítico.

La propuesta Divina de *Conversaciones con Dios,* ahora lo veo, es elevar esa conciencia colectiva. Las palabras en estos libros nunca tuvieron la intención de llegar únicamente a mí, sino que tuvieron la finalidad de pasar por mí y así llegar a todo el mundo, *precisamente como usted las está apuntando hacia el mismo blanco.* ¿Permitirá usted que las palabras de estos libros se detengan donde están ahora, para terminar su viaje en su mente? ¿O se unirá conmigo y será un mensajero que las lleve a una audiencia más numerosa?

Lo interesante en la condición actual de la especie humana tal como la veo es que casi todos aceptamos que el mundo no marcha bien. Sin embargo, si la mayoría estamos de acuerdo, ¿por qué no podemos colectivamente hacer algo significativo al respecto? Ésta es la pregunta que atosiga a la especie humana. *¿Cómo podemos convertir la conciencia individual en acción colectiva?*

Creo que podemos hacerlo no nada más viviéndolo y propagando el mensaje de *Conversaciones con Dios,* sino también haciendo un esfuerzo consciente para unirnos a otros que forman grupos y organizaciones que buscan cambios y soluciones similares, que se esfuerzan por alcanzar los mismos fines y que comparten las mismas metas. Quiero sugerir que formemos tres grupos. (Sé, por supuesto, que hay muchos otros.)

Si usted está de acuerdo con lo que ha leído aquí, lo aliento a ponerse en contacto y a apoyar el Instituto de Ecolonomía, creado por mi amigo Dennis Weaver. Este organismo sostiene como su principio fundamental la tesis de que la ecología y la economía no son enemigos, y que una mezcla de las dos en el seno de un enfoque unificado con vistas a mejorar la vida de este planeta, es la única forma en que tales mejoras serán posibles.

Una enorme cantidad de tiempo y energía están dedicando ahora Dennis y el Instituto a explorar nuevas avenidas de cooperación y de comunicación entre el sector de negocios en el seno de nuestra sociedad universal y entre individuos y organismos dedicados a conservar y a mejorar una ecología universal. Dennis cree que los movimientos económico y ecológico no necesitan contrapuntearse, y que tampoco tienen metas opuestas.

Lo que se necesita es el desarrollo de cierta solidez ecológica y económica en la forma en que negociamos, en los productos que creamos y en los servicios que ofrecemos. Para captar esta idea y para darle vigor, Dennis acuñó la palabra *ecolonomía.* Es una declaración de siete sílabas de su creencia de que el beneficio económico no se yuxtapone inherente ni tampoco

245

eternamente con la sensibilidad ecológica. Lo que es bueno para uno, no es automáticamente un desastre para otro.

Si usted quiere aceptar esta idea y propagarla, por favor, escriba a:

The Institute for Ecolonomics
Post Office Box 257
Ridgeway, CO 81432

Le enviarán información dándole a conocer cómo puede usted participar.

Otro organismo que ha captado mi atención y mi admiración es la Foundation For Ethics and Meaning, creada por Michael Lerner. Michael y yo hemos examinado un buen número de las cuestiones planteadas en *Conversaciones con Dios, Libro 2,* y él afirma que creó la fundación como un medio para forjar un movimiento cuyo objetivo es cambiar la base de la sociedad estadounidense, modificar el paradigma de egoísmo y cinismo, a interés y solidaridad.

Michael busca alterar las definiciones de nuestra sociedad, de modo tal que productividad o eficiencia de empresas, legislación y prácticas sociales ya no se midan únicamente por el grado en que maximizan la riqueza y el poder, sino también por el grado en que tienden a maximizar nuestras capacidades para sostener relaciones amorosas y de atención a los demás y para ser sensibles ética, espiritual y ecológicamente.

La fundación ha creado capítulos locales por todo el país y algunos están explorando iniciativas para pedir a gobiernos estatales y locales que consideren una historia de responsabilidad social de las corporaciones antes de firmar contratos con ellas, o incluso pedirles que renueven sus estatutos cada 20 años, para actualizar los registros de su responsabilidad social, lo que sería un factor para determinar la reincorporación. La fundación se enfoca tanto en necesidades económicas como en derechos individuales y se opone a que fuerzas corporativas o gubernamentales se nieguen mutuamente.

Michael es autor de *The Politics of Meaning,* que recomiendo mucho. Como señala Cornel West en la cubierta del libro: "Tenga el valor de leerlo". Usted también querrá leer más sobre estos temas en la revista *Tikkun,* publicada regularmente por la fundación.

Para suscribirse a esta publicación maravillosamente estimulante, y para saber más sobre el trabajo de Michael, comuníquese con:

The Foundation For Ethics and Meaning
26 Fell Street
San Francisco, CA 94103
Teléfono (415) 575-1200

Una tercera fuente es el Center Visionary Leadership fundado por Corinne McLaughlin y Gordon Davidson, que son coautores de otros dos libros, a mi juicio de contenido importante: *Spiritual Politics: Changing the World from the Inside Out* y *Builders of the Dawn.* Su centro educacional tiene por objetivo proporcionar criterios espirituales en soluciones innovadoras y de sistemas completos para problemas sociales. El centro ofrece programas públicos, liderazgo de consulta y de base de valores para capacitación individual y de organizaciones. Una de sus ideas más atractivas es un programa de diálogos de ciudadanos cuyo fin es contribuir a ventilar y solucionar las cuestiones que nos dividen en este planeta. Usted puede formar parte de este trabajo si establece contacto con:

The Center Visionary Leadership
3408 Wisconsin Ave NW
Suite 200
Washington, D.C. 20016
Teléfono (202) 237-2800
online at CVLDC@netrail.net

Entre ustedes habrá algunos que quieran respaldar estos tres esfuerzos, como yo. Sea lo que fuere, lo que espero y deseo que usted vea aquí es que no es cierto que un individuo no pueda tener un impacto muy real y duradero en cuestiones importantes, en los retos y problemas que nos acosan. La exclamación quejumbrosa: "pero, ¿qué puedo hacer?" Se contesta aquí. Hay muchas cosas que usted puede hacer, y hay muchos lugares en donde puede usted trabajar.

Así pues, éste es un llamamiento a la acción. Es una petición de refuerzos a la línea frontal. Es la invitación que se le hace a usted para que se una a mí en la formación de un ejército de trabajadores espirituales, unidos en un deseo común para aportar amor y salud y para devolver alegría al mundo.

Después de leer las palabras que se me dieron en los dos libros de *Conversaciones con Dios (CCD)* ya no podré ser nunca más el mismo. Ni usted. Ahora estamos, usted y yo, atraídos por el precipicio; impulsados hacia una confrontación con todas nuestras creencias y modos anteriores de hacer las cosas.

Muchas personas toleran algunas situaciones que se mencionan aquí. Como humanos que somos, nos declaramos ser de una magnífica raza, de una especie superior, miembros de un pueblo iluminado. Los libros CCD nos motivan a examinar en qué lugar afirmamos estar y nos dicen: *perdón, no es así.* Echan una ojeada al sitio en que declaramos querer ir y dicen: *No es ése el camino. No piensen ustedes así.* Y de este modo, los libros (muy en particular este Libro 2) pueden crear alguna incomodidad. Sin embargo, la incomodidad siempre señala crecimiento. La vida empieza al final de nuestra zona de comodidad.

En nuestro proceso de crecimiento no vamos a aceptar todas las ideas nuevas colocadas frente a nosotros por otras personas; y tampoco sugerimos que las ideas presentadas en la trilogía CCD sean aceptadas como "el evangelio". Ciertamente, eso es lo último que Dios escogería para nosotros, porque, como dice, el propio Dios, el tesoro radica en la pregunta, no en la respuesta. Este libro nos invita a no adoptar sus contestaciones, sino a *formular preguntas continua e incesantemente.*

Las preguntas que CCD coloca ante nosotros nos llevarán directamente al borde. No solamente al borde de nuestra zona de comodidad, sino también al borde de nuestra comprensión, de nuestras creencias, de nuestra experiencia. Nos desafían a introducirnos en una nueva experiencia.

Si usted desea unirse al proceso de co-creación de esa experiencia; si usted se considera proactivo, en vez de reactivo, en este proceso; si usted considera ser uno de los mensajeros, y también uno de los receptores, entonces, únase a nuestro nuevo ejército. Conviértase en un Portador de la Luz. Apoye los esfuerzos y a las organizaciones mencionadas aquí (o cualquier otra causa o grupo de cierto valor).

Hay otro grupo del cual quisiera hablarle. Es el grupo que Nancy y yo fundamos, llamado ReCreación. Su meta es regresar a las personas al seno de sí mismas y, por consiguiente, cambiar el mundo.

Nuestro trabajo empezó con una carta mensual enviada a todos los que querían una suscripción. (Millares alrededor del mundo entraron en contacto con nosotros después de la publicación del Libro 1). Continuó con un programa de participación individual para llevar el mensaje de CCD a comunidades por todo el país y por todo el mundo. Y consideramos que la culminación del trabajo radica en esta invitación a que se convierta en un verdadero agente del cambio en el mundo que usted toca, y que incluso usted se re-cree nuevamente.

Todo en la vida es un proceso de recreación, y el proceso empieza en nuestra propia alma. El alma sabe si éste es el momento en que usted emprende el proceso más dinámico de la vida —cambio y creación— en el siguiente nivel. Yo sé que es la hora para mí.

Por eso anuncié públicamente que la meta de nuestra fundación es auspiciar y crear el primer Simposio Internacional de la Integración de Espiritualidad y Gobierno. Creo que si los habitantes de este planeta deciden gobernarse a sí mismos desde el sitio de su comprensión espiritual más elevada en vez de desde sus pensamientos más bajos y sus temores más hondos, el mundo cambiaría de la noche a la mañana.

Planeamos realizar el simposio en 1999, y queremos que los documentos y las exposiciones, así como los diálogos que surjan de él, se vuelvan un catalizador importante para acrecentar y acelerar un proceso que ya vemos en marcha, el proceso de personas de buena voluntad y de intención elevada que se unen para trabajar en todo aquello que nos separa; celebrar las diferencias entre nosotros y enriquecer nuestra experiencia de todo lo que sí nos une, como seres grandes y gloriosos que habitan un lugar extraordinario en el universo.

Nuestra fundación organiza también talleres, seminarios, retiros, lecturas y programas de una gran variedad en todo el mundo. Mantenemos muy abajo las cuotas de todos los programas auspiciados por la fundación, y reservamos cuando menos 20 por ciento de los espacios para becas completas o parciales, con el fin de ponerlas al alcance del mayor número posible de personas, independientemente de sus posibilidades financieras.

Es así como Nancy y yo y unos cuantos amigos decidimos trabajar para cambiar el paradigma. En este comentario final deseo ofrecerle a usted varias formas de participar en ese proceso. El Libro 3 de la trilogía *Conversaciones con Dios* avanza más lejos aún que los libros 1 y 2 y describe en detalle tanto el proceso evolutivo de seres sensibles por doquier, como los trabajos y construcciones de civilizaciones altamente evolucionadas en el universo. En pocas palabras, un modelo extraordinario para quienes elijan marchar por la vida de un modo nuevo.

Nuestro material informativo contiene sugerencias y observaciones sobre cómo iniciar el proceso, y de este modo convertirse en un ser de cambio y en un creador de nuevas realidades, tanto para usted como para los demás. Esta información se presenta en forma de respuestas a las preguntas de los lectores de todo el mundo sobre los contenidos de los libros CCD. También contiene noticias de las actividades de nuestras fundaciones y de cómo puede usted llegar a ser miembro en caso de que le interese participar en alguna de ellas. Este material informativo es un modo más que apropiado de "conectarse" con la energía de CCD.

Para recibirlo, por favor escriba a:

ReCreation
*The Foundation for Personal Growth
and Spiritual Understanding*
Postal Drawer 3475
Central Point, Oregon 97502
Teléfono (514) 734-7222
online at Recreating@aol.com

El costo es de 25 dólares por año, que cubre el costo de envío de esta publicación y que además apoya el trabajo más amplio que he descrito aquí. Si a usted le interesa conectarse pero no puede contribuir en estos momentos para la fundación, con gusto le enviaremos una suscripción de beca. Simplemente pídala en su carta.

Quiero concluir con una nota personal.

Después de la publicación del libro anterior muchos me escribieron cartas llenas de comprensión, de compasión y de amor después de leer mi comentario sobre mi propia vida. Nunca podré decir cuánto significó todo ello para mí. Con frecuencia en esas cartas se me preguntaba cómo cambió mi vida con la recepción de estos libros. La respuesta sería demasiado larga para incluir en estas páginas los detalles, sin embargo puedo decir que los cambios son profundos.

Me siento como una persona nueva, por dentro y por fuera. Restablecí una relación amorosa con mis hijos. Conocí y me casé con la mujer más extraordinaria que jamás vi, y me siento bendecido por la gracia de su instrucción, que es su propia vida, y su amor. Me he perdonado el pasado, en el cual, según ya le dije a usted, hice una y otra vez lo que muchos llamarían lo imperdonable. Me reconcilié conmigo mismo, no solamente con quien fui, sino también con Quien Soy y con quien ahora Quiero Ser. Finalmente, sé que no permanezco en el ayer, y que creo mis mañanas más maravillosas cuando vivo hoy mismo mi visión más graciosa.

Al unirse ustedes a mí y al haberme ayudado con sus centenares de cartas, en esta curación y en este crecimiento, ya al ayudarme a marchar por el segundo libro, espero y deseo que estrechemos manos nuevamente y que creemos así esa visión grandiosa de toda la humanidad. Que se vuelva nuestra visión. Y entonces en verdad podremos cambiar al mundo.

Lo anterior requerirá mucho de nosotros. Sin embargo, a aquellos a quienes mucho se les ha dado también se les pide mucho, y aunque nos sintamos impelidos al borde mismo de nuestras zonas de comodidad —aun este libro puede impulsarlo—, debemos recordar que el borde está donde está la aventura. El borde es donde se encuentra la nueva oportunidad. El borde es el sitio en que empieza la verdadera creación, y es ahí donde debemos encontrarnos, usted y yo, si estamos, según las inspiradoras palabras de Robert Kennedy, en busca de un mundo más nuevo.

El poeta-filósofo francés Guillaume Apollinaire escribió:

"Vengan a la orilla."
"No podemos. Tenemos miedo."
"Vengan a la orilla."
"No podemos. ¡Caeremos!"

"Vengan a la orilla."

Y vinieron.
Y él los empujó.

Y volaron.

Venga. Volaremos juntos.

Neale Donald Walsh

Índice analítico

253

Conversaciones con Dios 2
de Neale Donald Walsch
se terminó de imprimir en **Enero** 2009 en
Comercializadora y Maquiladora Tucef, S.A. de C.V.
Venado N° 104, Col. Los Olivos
C.P. 13210, México, D. F.